"Life-Practice" Educology Research Volume 2

『生命·实践』教育学研究

第二辑

华东师范大学『生命·实践』教育学研究院 编

校园四季系列活动设计

上海教育出版社
SHANGHAI EDUCATIONAL PUBLISHING HOUSE

将“育人”安放在天地自然之中

——写在《“生命·实践”教育学研究》(第二辑)出版之际

李政涛

自从“生命·实践”教育学创始人叶澜教授将“教育”界定为“教天地人事,育生命自觉”以来,“生命自觉”与“人事”更为人所关注,解读者、践行者甚众。但“天地”二字却显得较为“冷寂”,回应者寥寥,少有人思索词语排序中的“微言大义”:为何把“天地”放在“人事”之前?又为何将“生命”置于“天地”之后?更深层次的问题则是:何谓“天地”?“天地”之于“人事”、对于“生命自觉”有何价值?

《“生命·实践”教育学研究》(第二辑)选题的拟定与出版,是对上述问题的集中回应。首要的回应者依然是叶澜教授。通过《溯源开来:寻回现代教育丢失的自然之维——〈回归突破:“生命·实践”教育学论纲〉续研究之二(上编)》这一长文(以下简称“叶文”),打开了学派理论研究的一扇新窗。

在她那里,天地与自然须臾不可分离,天地与生命的关系,就是自然与生命的关系,天地与教育的关系,即是自然与教育的关系。这是学派视域下做出新突破的重大问题,它来自研究问题的重大转换:从“社会与教育的关系”,转换并推进到“自然与教育的关系”。前者的载体和切入点,是过往的“当代社会发展的教育责任研究”,后者则是当今的“校园四季活动系列设计研究”,因此实现了这两大古老且基本的教育问题的现代转化。

之所以在此时代重返“自然与教育的关系”探究,是因为它是“当今我国教育学和教育改革中尚未深入触及,但却是不可不研究的重要问题”,也源于这是被“现代教育丢失的自然之维”。在现代科技文明日益发达以及城镇化的双重带动下,人类离开山峦、湖泊、草原和乡村,涌入被钢筋水泥、电脑手机、电线网络等缠绕、覆盖和笼罩的城市。即使以旅游的方式回归自然,以教育的名义走入自然,往往也被相机、摄像机的镜头和各种人造工具替代,人类已经习惯了用机器之眼和机器之光创造的物化产品,来审视和欣赏自然,我们已经逐渐遗忘了如何用眼睛、耳朵等身体感官,来直面自然,触摸自然,感知自然和倾听自然,将自身生命深深浸润在自然的怀抱之中,为自然所包裹、所浸染、所沉醉,如同我们的先人和古人那样……即使标榜为“自然”的“自然科学”,它所研究的“自然”,其实已非真正的“自然”,而是被实验室和各种技术手段扭曲和改变后的自然,成为以不自然的方式进行的自然科学研究。

最糟糕的还不在于“远离”和“异化”,而在于“麻木”和“漠然”:不知不觉间,人类将远离和扭曲自然,视为人生的常态,甚至视为另一种“自然而然”,是“失去自然的自然”。

在这个意义上,本辑的出版和“叶文”的推出,凝聚为“生命·实践”教育学派在新时期、新阶段的“回归与突破”。回归生命与教育的自然本源,在返回式的开掘中,展现出清晰且深沉的问题意识和思想脉络,“通过历史的回溯与分析梳理,形成对古代中华民族自然之‘道’,而非只局限于对‘节气’的认识,在此基础上,找回且重新构建教育和教育学中丢失已久的自然之维,就成了当前我们首先需要深入研究的新问题、大问题,成了‘生命·实践’教育学续研究的重要新领域。这意味着需从理论上重新认识当代教育与自然的关系”,进而重新找到未来教育和教育学的突破之路。显然,“叶文”带来的新突破,遵循了学派的两大思想传统:一是回到原点的溯源式思考方法,包括回到概念的原点(如对“自然”“天”的内涵挖掘),回到历史的原点(如对“自然之道”历史起点及其演变历程的梳理),回到传统文化的原点(如对“汉字”“中医”的探察);二是成事成人的思考方式。回归溯源的考察,不只是学问之事,也与做学问之人有关,如同“叶文”所言:“这一‘溯源’过程本身,也是我们自身对自然的再认识，对中国古代文化中自然观的再认识。就本人而言，这是一次个人意义上的对中华文明之根的回归，是因‘回归’而获得精神生命的滋养过程。没有这些改变，我们很难真正读懂传统，热爱传统，深度发挥传统的教育价值，很难真正使中华传统中精深的自然观，在今日得到复兴、发扬并实现创造性的转化。”

本辑中的另一篇重要论文，是刘良华教授的《四气调神与生命之道》（以下简称“刘文”）。他以《黄帝内经》这一中医四大经典之一为视角，厘清了“先讲天地（自然）如何，然后以类似‘故人亦应之’的修辞，劝告人类必须守护天人相应的养生大法”这一基本思路，并对《黄帝内经》一书中内含的“天人相应”“阴阳五行”“藏象论”等三大理论详加剖析。该文既是对“叶文”思想中有关中医的理解的具体呼应，也是对前者思想追求的共鸣式表达：以溯源的方式，将生命节律与自然节律融通起来，将生命之道置于自然之道的探寻之中。

“理实共生”是学派的又一重要传统，其要义在于实现思想与方法之间的双向融通，即“有思想的方法和有方法的思想”。除了如上两篇理论宏文之外，本辑还刊载了数量众多的来自教育实践者的相关论文。他们大多来自“生命·实践”教育学合作校的校长和教师。这些文字凝聚了他们将自然之道化入生命之道的实践经验与生命体验，那些蕴含其中的情感的悸动、思想的火花，以及无处不在的实践智慧，同样让人驻足、屏息，并投以深长的一瞥……他们以具身和置身实践的方式，对自然之道、生命之道及其关联进行了明道、证道和行道，并与“叶文”“刘文”一起，共同创生了“生命·实践”教育学的“生命·实践”之“道”：从社会中的教育，走向天地自然中的教育，从育人的社会之维，进入育人的自然之维，在天地自然中做教育之事，育自觉之人，最终促成天地自然与社会人事的大通和大同。这是“自然与生命”“自然与教育”和“社会与生命”“社会与教育”之间的“美美与共，天下大同”，是天地之美、自然之美、生命之美、教育之美的息息相通……

若以“道”为视角观之,本辑院刊的出版,开启了新时期“生命·实践”教育学的新的大道:将“育人”安放在天地自然之中,汲取以二十四节气为载体的万物之精华,汇通于鲜活的个体生命之中,以实践的方式,变成促成生命成长的力量——这是自然的伟力、生命的伟力、教育的伟力交融共生之后产生的天地玄黄之力,它必将绵绵不息,始终与天地同在,与生命同在,与教育同在,因而与我们同在。

目　　录

一、主题研讨：校园四季系列活动设计

二、基本理论研究

三、实 践 研 究

四、学派发展比较研究

五、新 人 新 作

一、主题研讨：校园四季系列活动设计

理论开掘

溯源开来：寻回现代教育丢失的自然之维

——《回归突破："生命·实践"教育学论纲》续研究之二(上编)*

叶　澜**

自然与教育的关系是当今我国教育学和教育改革中尚未深入触及，却是不可不研究的重要问题。我们意识到这一点，是"新基础教育"研究（以下简称"新基础"）深入开展、"生命·实践"教育学研究（以下简称"生命·实践"教育学）推进所致，是两项研究交互作用的产物。此文从简要回顾这一过程开始，继而重点阐述本人现阶段形成的基本认识，以上下两编分述之。

---

* 《回归突破："生命·实践"教育学论纲》续研究由本文作者承担，本文为"之二"。"之一"未标，题为"终身教育视界：当代中国社会教育力的聚通与提升"，首发于《中国教育科学》2016 年第 3 期，后刊于《"生命·实践"教育学研究》（第一辑）（上海教育出版社 2017 年版）。其主题是从"社会教育力"的角度，探讨教育基本理论中社会与教育的内在关系，并提出在国家加速城镇化背景下的教育改革诉求，以推进终身教育在理念与制度意义上的全方位、渗透式、多层面推进与加强。本文明确加副标题为"之二"，是继"之一"后，将"论纲"延伸到"自然与教育"的关系领域。无论"之一"还是"之二"，都是对当前中国社会改革深化的教育学探讨，是学校整体转型性变革对宏观教育改革深化作出的中观层面的回答，更是对教育基本理论建设领域拓展和研究的深化与推进。它秉持了"生命·实践"教育学论纲的研究风格：直面当代中国深化和教育改革深化的现实问题，用理论与实践交互生成的路线，为中国教育基本理论和教育学的当代发展作贡献。

** 作者简介：叶澜，华东师范大学教育学终身教授，华东师范大学基础教育改革与发展研究所名誉所长，"生命·实践"教育学研究院名誉院长，主要研究方向为教育基本理论、基础教育改革等。

一、问题生成与研究框架

(一) 问题生成

2012年是“新基础”完成了三年“扎根”阶段研究的第一年。当时已建立两批“新基础教育”研究基地校(以下简称“基地校”)、第一批“生命·实践”教育学研究合作校(以下简称“合作校”);上海市闵行区率先组建了以“合作校”为核心的5个“新基础”研究生态区;加之,一些新的城市、学校陆续参与进来,使“新基础”研究队伍人数速增,分布范围日益扩大,“全国‘新基础教育’研究共生体”应需而生,它意味着“新基础”在研究组织层面和范围上都开始了一个新阶段。

如何在推广已有研究成果,形成以区域为主、全国联动的新组织架构的基础上,走出一条以不“伤”学校根基,不把校长、教师轮换作基本策略,而以通过生态区多种形式的跨校合作研究为基本路径,深化学校在原有基础上自觉发展的内生力,促进校际、区际互动,走出以学校教育质量在不同水平上普遍提高为基础,实现宏观意义上的教育均衡之路,成了“新基础”在内外形势和新要求下,学校改革实践首先要探索的新问题。

然而,我们清醒地意识到,“新基础”若停留、满足于将发表的已有研究成果在校内日常化、区内普遍化、全国推广化,只在宏观均衡的意义上探索新路,还不足以满足新形势下一批改革先行学校继续发展的需求,也无济于“生命·实践”教育学自身的发展。于是,从2012年始,我们一方面集中精力,用三年时间完成了包括《回归突破:“生命·实践”教育学论纲》在内的三套系列丛书的撰写与出版;另一方面开始了对合作校继续发展的思考、策划和实践探索。其中,重要的涉及面之一,就是研究学生的在校活动如何与自然世界关联,使学生的校园生活在品质与组织形态上出现具有整体意义的重组,并以此为课题在个别学校开展了探索性研究。

2015年,本人在《人民教育》第一期上发表的随笔《人间“节”语》,就是对这一阶段学校实践中以引进二十四节气为抓手,将自然四季与学生校园活动融通研究的进一步思考。在这一看似随笔的小文中,提出了一系列新要求:

如何改变学校内以“学科”为核心的诸“节”林立，但每“节”每年又只过一次的现状？如何形成以“综合”的方式来命名学校的四季生活，如“探春”“嬉夏”“品秋”和“暖冬”等，并体现各年龄段孩子发展需要的差异性和连续性？如何创造属于学校生活的“节”语，包含着天地人事，情意、智慧、兴趣、教育美、多元综合渗透的学校生活之“节”语？

从2015年夏开始至今，这一研究主题和意义又增加了新的维度，进入各校自主研究、广泛开展的第二阶段。推进的动力一方面来自学校实践：各合作校、基地校自2015年春季学期伊始，纷纷以极大的热情投入了对校园四季活动的实践探索，创造了不少新经验，也出现了不少新问题。我们及时组织了地区内和全国共生体的交流活动。总体而言呈现的情况如下：

1. 各校都做到了二十四节气内容进学校，且形式多样，有节气歌、节气日历，有相关活动，并组织学生通过各种艺术方式表达活动及其感受，如学校里的花草树木由学生分管保养，有的还做观察笔记等。

2. 相对而言，“探春”“品秋”活动因在学期内，成为研究的重点，从而催生出了怎么组织开展寒假、暑假的活动，开展后又如何引入到新学期，成为新学期学校教育的教育资源，成为四季活动的系统构成等新问题。因广大家长参与“嬉夏”“暖冬”活动的积极性高，学生有了更多接触社会，到校外天地感受自然、社会，主动参与社会公益和环保活动的机会，这提高了学生的活动能力，与自然、社会亲密接触的成效也显著呈现。

3. 还有不少学校的做法是：校内原有的各种节照样过（因为已经有了经验，做起来驾轻就熟），再增加四个以季节命名的“自然节”。具体承担策划、组织、开展工作的老师反映，这增加了负担，是不是一定要过这样的“自然节”？还有些学校把四个季节的名称当作一个框，分别将原来在不同月份开展的活动装到不同的四个框中，完成“包装”意义上的组合式转换。

4. 对于不同年级段之间活动品质的发展差异怎么体现，每一季节相关活动的意义关联是什么，不清楚。

5. 许多学校把这些活动都纳入到课程的总框架之中。这与全国课程改革新一轮的推进相关，强调课程的个性化和淡化分科教学，强调学科综合。在实践中，学校出现了学科教学按主题组织开展活动的做法，提出了以学定教、以学生为中心等“改革”口号。

“新基础”的基本立场是：义务教育阶段不能削弱学科的基础教育；分学科教学本身是人类文化发展的产物，在当今人类科学技术发展中，为解决问题而进行的多学科综合研究，恰恰是以扎实的学科分工和基本训练为基础的；青少年学生只有在汲取人类已积累的文化知识的过程中，才有可能实现社会化和超越前人水平的创造与发展。义务教育阶段，在学科教学基础上，可积极开展跨学科的校内外综合活动，包括我们提倡的四季活动，它们不必被纳入学校课程的框架，而是为学生和教师提供更大的自主策划、探索空间，更灵活地创造性开展活动的发展空间，这是相对封闭的学校通向自然、社会的“窗”和“门”，它不是课程意义上的综合课程。

6. 令人欣喜的是，已有个别合作校迈出了按学生生命发展的节律，学生在学期内的需求、压力状态与学校要求之间的协调，对学期总时间及其活动重心作了非平均式的重新配置，尝试构建学校生活新节律，创造学校的新“节”语。

合作校和部分基地校在第二阶段普遍开展的近三年探索实践，对“生命·实践”教育学的理论研究，在提供丰富研究资料和启发的同时，也提出了挑战。

以上六点，无论呈现的是问题还是突破性创造，都可聚焦到对自然与教育内在关系性质的认识和把握程度上。我猛然意识到：当代的国人与教育，已经离开或忘记自然太久太久了，甚至这样的“远离”已成常态，使我们进入麻木态。教育学研究，包括自己的《回归突破：“生命·实践”教育学论纲》研究在内，同样没有把教育与自然的关系作为一个领域进行历史和理论的探讨，我在“回归突破”的路上，只走到个体生命的原点、民族的文化传统，却没有再进一步思考民族文化传统根植于何处。

于是，再一次通过历史的回溯与分析梳理，形成对古代中华民族自然之“道”，而非只局限于对“节气”的认识，在此基础上，找回且重新构建教育和教育学中丢失已久的自然之维，就成了当前我们首先需要深入研究的新问题、大问题，成了“生命·实践”教育学续研究的重要的新领域。这意味着需从理论上重新认识当代教育与自然的关系，在实践中将相关主题研究推进到第三阶段。本文在一定意义上可以看作是新阶段的破题之作。

（二）研究框架

何为“自然之道”？为何要问“自然之道”？这是确立研究框架首先要作出的回答。

平时，当我们用“自然”一词来概括人类周遭世界中先于人类且不以人的意志为转移、不借人的力量而自行运转的存在时，实际上已包含了对人与自然的最基本看法：人处在自然中，但自然先于人类存在，具有自运转的能力。相对于自然，人是渺小的。美国19世纪文艺复兴的领军人物爱默生（R. W. Emerson）在他的《自然沉思录》中，一开始就指出：“在普通意义上，自然是指未被人改变其本质特征的事物，如空间、空气、河流、植物的叶子等。而人工则是由人的意志与自然事物汇合而成。……这种将他的意志与自然物合成一体的行为其实是微不足道的。……世界给人的影响广大而深远，人对自然的改变毕竟微乎其微。所以我仍可以把人改造过的自然称作‘自然’。”①他在承认自然独立于人而存在的同时，还指出了尽管在他看来是微不足道的但是存在着的人与自然的另一层关系，即人取之于自然物，为自己的需要而改变自然物的关系，亦即人利用和改变自然的关系。

以上所言，只是为了确定我们思考“自然之道”的基本立足点：人类在用语言讨论“自然”时，是用人的眼光在打量自然。“自然之道”的探寻，是人对自身认识的探寻。自然本身不言说自然，它只是用自己的存在表达自己。中文的“自然”一词，即物自身、如其所然。英语的“nature”则含有本性之义。

人类自古至今一直在探寻自然之道，在一定意义上，是以人自身为参照系，通过人与自然的相互关联和作用，不只是不断加深对自然之道的认识，而且在此基础上，形成对人与自然多重关系的认识，确立对自然的态度和行为方式。认识自然之道是为了确立人在自然中的生存之道。

本文对“自然之道”的界定，就是基于这样的立场，主要从三个维度阐述：一是人类的自然观，即人对自然本身的认识，简称“本体观”；二是人对自然与

---

① 爱默生.自然沉思录[M].博凡，译.上海：上海社会科学院出版社，1993：3.

人的关系性质之认识,简称"关系观";三是人类对自然的意义观,即人对自然之于人类的价值判断,以及由此产生的人对自然的态度与行为方式,简称"价值观"。合称之为"三观"。

标题中的"溯源",是追溯中华民族古代文化中"自然之道"的生成变化过程。此过程可粗略分为三期:史前原生期、文明初创期和古代经典形成期。全文上编将以"三期"为纵轴、"三观"为横轴所形成的分析框架为据,依次简要论述每一时期的"自然之道"及其总体特征。通过回溯式梳理,初步勾勒出中华民族"自然之道"的演变历程,[①]析其原因,审其得失,以求明"道"。

二、史前原生期

人类文明史的研究不可回避地要以史前文明为起点。然而,这个距今以千万年计的时期是如此遥远、深邃、幽暗和神秘,人们只能借助地质学、考古学、人类学、历史学、民俗学等学者以艰辛研究取得的实证成果为据进行逻辑推理,在文字和头脑中复现原始人的生存世界与生存方式,他们的喜怒哀乐和对周遭自然界的认识。也许,为此还要加上我们自身的体验和推测。认识遥不可及的人类原始时代,和认识无边无际的宇宙空间一样艰难,因为我们永远回不去,摸不着底。

学界现在较为普遍公认的人类从动物界走出的时间,约在800万年到700万年前,区别的主要标志是:人可直立行走,有语言能力,能借助身边的自然物作工具去获得满足生存所需之物,以及与此相伴出现的群居生活。人类进入文明的标志则是文字的出现,私有财产和社会制度出现等级与特权,原始平等结束。

原始初民对居住地的选择,首先是对可生存自然的选择。"中国文明是新旧大陆上第一批原生文明之一",[②]它的独特性首先是由其自然环境形成的。中国文明的活动舞台位于亚欧大陆的东部、太平洋的西岸,地域辽阔,地

① 以下论述,在不同阶段会或多或少涉及其他国家或民族,或因有共同性(越是早期,人类的共同性表现越多),或因比较,或出于认识的完整,但主线和目的是为了说明中华民族。

② 王震中.中国文明起源的比较研究[M].西安:陕西人民出版社,1994:426.

势西高东低，山脉走向纵横交错，全国水系也相当复杂，构成了独特的山水网络。在气候方面，因地理位置的南北跨度大，使领土内具备了从热带到寒带的完备空间带。又由于中国位于最大的陆地与最大的海洋之间，具有大陆性季风气候的特征，总体上年温差大，大部分地区四季分明，雨量集中在夏季，东部充沛而西部稀少。[①] “如此多变的地理环境，决定了中国史前文化与古典文明的多样性和各地文化发展的不平衡性”。[②] 20 世纪 70 年代后期，中国考古学者相继在多处发现原始人的居住遗迹，证明了这一点。其中，黄河流域渭河边的中原文明是最早被发现的，且在古代长期为我国历史上各朝代的政治、文化中心，对中华民族文化独特性的形成起了决定性作用，故通常被称为中华文明的代表。

原始初民对自然的认识，首先是身边的地理环境。这片土地能提供维持生存所需的物质，人们从中可找到为更快、更易、更多获取物品而制作工具的自然材料，这些都是初民自身不具备的身外之物。尽管此时他们不可能用自然的“概念”来概括这些身外之物，包括植物、动物、日月山川、风雨雷电，但他们处于自然之中，用自己的身体和各种活动，真实地感受着这一切不是他们自己，也不是他们的同类，而是与同类不一样的身外之物。

把人与自然区别开来，承认自然外在于人类，这也许是人类关于自然的最原初认识。

原始初民对具体自然物的区分，首先以对自己的利害为标准：凡是有利的，都喜之、获之、用之，进而敬之、谢之；凡是有害的，则躲之、避之，一旦直面相遇，只能斗之，或因此而丧命，故而惧之、畏之。他们无法探寻“为什么”，于是就用自己因做梦、幻觉等而产生的在人肉身之外还有“灵魂”的感受，推至认定万物背后都有神灵，他们用放大自己的能力，加上想象，来形成各种神的形象和能力。在强大又不可捉摸、追究的自然万物面前，原始初民只能通过祈求神的恩赐、宽容，来取得心理上得到自然庇护的保证。在原始初民的集体表象中，存在着具有神秘力量的神秘抽象。[③] 人类学家称其处在“自然泛

---

① 王震中.中国文明起源的比较研究[M].西安：陕西人民出版社，1994：426—428.

② 同上：428.

③ 列维-布留尔.原始思维[M].丁由，译.北京：商务印书馆，1994：25—35，56—61.

神论”阶段。大自然对于原始初民而言,不但具有物质的意义,而且由此生出神与神秘力量的原始信仰。这种原始思维形成的“集体表象经常具有极大的情感的性质”。① “在他们的表象中,感性世界与彼世合而为一。对他们来说,看不见的东西与看得见的东西是分不开的。……一切的一切,事实上永远都决定于神秘的力量。”②“而秘密力量、神秘影响、形形色色的互渗则混进知觉所直接提供的材料中,组成了实在世界和看不见的世界的合而为一。”③

将自然现象及一切不可解释的外在力量都归于神秘力量,“在自然界中表现出的神秘力量,大部分都是弥漫性的同时又是人格化的”。④ 自然、神、人在意识中的共存,构成了原始初民与神的双重关系:认知与信仰、实用与崇拜、依存与敬畏并存的关系。这样的关系被史学家称为人与自然的“初始和谐”关系。

原始初民对自然神秘力量的信仰,不仅普遍存在于意识状态,在部落中往往还以祈神、祭祀等群体活动的方式呈现。由此而引申、发展出两个结果:一是具有代表人与自然神秘力量沟通能力的人之选择,即被称为巫师的人在每个部落中相对固定化,成为文化职业与体力劳动开始区分的标志。巫师又通过将特殊的占卜符号和活动过程形式符号的刻录式记载,构成了后人可发现的文字初创的物质证明。在中国,最突出的就是甲骨文的存在。⑤ 二是群体祭祀活动的程式化,通过人参与活动而得到强化,并同时用语言的方式记述、传播,渐渐地世代层积为相对固定的民俗和传统,后世还以语言和文字的双重方式代代相传。

作为祭祀、祈求活动中的被祭祀者,主要是神与祖先,每个部落还有自己的图腾。在活动中,因对这些功绩、神力和形象的叙说与展示需要,一方面会使崇拜对象渐渐集中化,从泛神、多神到一神,另一方面又促使叙说内容夸张,充满想象又与人世相关,故事化的、今天所称的“上古神话”逐渐形成。这

①② 列维-布留尔.原始思维[M].丁由,译.北京:商务印书馆,1994:376.

③ 同上:425.

④ 同上:380.

⑤ 关于中国文字的诞生,不只是可从甲骨文上溯源,还有不少地区发现的岩画等,也提供了资源,包括初民的生活情景记载。

些神话已成为研究原始社会的重要文化资源。神话使我们看到，神话创造者们已不再把与他们生活、生产活动相关的直接对象中的神秘力量作为膜拜对象，而是去追溯源头，即那些更宏大和遥远的创世式问题，诸如天地万物是如何产生的？人的祖先是谁？谁是人类中值得崇拜、感恩和纪念的神（或英雄）？他们的遭遇和行为则表达了神话创造者理想的人与自然关系。这是人类在史前原生期对关于自然、人与自然关系等一系列重要问题，在观念上的一个重要集聚与推进过程，标志着新文明诞生所需要的文化要素的渐生，各民族的文化基因之差异也正是在这一过程中产生的。

在梳理过程中，引起我惊叹的是：人类精神意义上初始文明的出现，恰恰是由对所谓超个体、超自然的神秘力量的信仰，而形成的对神及神话的创造、膜拜、集体仪式、巫师等在今天看来都属非理性力量的汇聚。何以会如此？

也许，这正是人的心灵之自然本性的原始式表现：对未知充满好奇、兴趣；遇到新鲜未知的事物会问是什么、为什么；面对无法直接求解的问题，会猜，会想象，会追寻是什么、为什么、从哪里来、会到哪里去的答案。这些创造物在今天看来会被科学家视作愚昧或迷信，可是，它不仅以其内在的原始力催生了文明，而且依然沉积在每个个体的心灵结构深处（如心理学家荣格所言的“集体无意识”），“是每个人刚刚学会说话，刚刚通过教育来与他个人的自然发展紧密结合的时候开始进行的”。[①] 如今，学者们对原始初民关于自然的集体意象和精神生活的回溯，也许，有利于我们理解何为人之自然的初心，有利于教育者读懂何为儿童的逻辑，提醒成人不要简单地用我们的思维“剥夺了它们里面的基本上具体的、情感的和有生命力的东西”。[②]

在这里，我只能用“也许”来表达自己赞成的观点和想法，不只是因为还有许多不同甚至相反的观点，[③]而且因为无论哪一种关于原始社会的观点，都只能还处在“也许”的地步。所以，在我看来，对原始初民的研究，还可以从

---

① 列维-布留尔.原始思维[M].丁由，译.北京：商务印书馆，1994：101.

② 同上：427.

③ 列维-布留尔的著作《原始思维》包含着大量的人类学调查实证资料。对他的观点，有赞同，也有批评，中文版由1930年的俄文版译出，用英文版校订。书中附录还保留了一些批评意见，以及对批评的批评。译者在译后记中也表达了自己的意见。

后期人类发展的实际进展中作出验证。一般而言,凡是经久不灭的东西,不被时光销蚀而顽强存在的东西,就是原始而自然的。这里的“自然”,更在“本性”的意义上使用。

三、文明初创期

中华民族古典传统中与众不同的具有如基因般重要,又十分鲜明且体现本性的一个特质,在我看来就是文化与自然深度的、难以分割的内在缠绕乃至化合。它首先表现在中国文字——汉字之中。

(一) 充满自然气息的文字符号系统——汉字

文字是区分前文明与文明的标志,也是文明和人的意识表达的基本符号。

汉字的独特性是世所公认的。就文字本身而言,基于形的形声义集于一字,是其结构的特殊,因基于形,故汉字被称为象形字。就其生存史而言,作为中华文明载体的汉字,“是世界上独一无二的、持续稳定发展且历久弥新的自源文字符号系统”,①该系统自形成至今,与同为自源的中华文明共生同存。正是这两个自源性,使我国的文化与文字都带着农耕社会浓浓的、独特的大自然气息。

可见,要读通汉字与中华文明之间的关系,进而识见其与认识自然的关系,尚须从汉字的字形结构入手。

汉字的形成,经历了漫长的几千年的过程。考古学家研究发现,早在距今 7500 年前的新石器时代,已有多处在龟甲、骨器、石器、陶器上刻画符号的存在,文字学家认为,这可看作是中华大地上文字初创的重要证据。② 夏代则被认为是汉字进入创制并形成体系的时代。殷墟大量甲骨文的发掘,则足以证明至少在公元前 1500 年左右的商朝,已经使用汉字作为占卜、记事之

① 黄德宽.书同文字:汉字与中国文化[M].南京:江苏人民出版社,2017:10.
② 同上:27—41.

用。同在安阳发现的约有 5 000 件带有铭文的商周青铜器，其中出现了近 2 000 个与今日汉字相对应的文字，这说明到商朝青铜时代，汉字的字形已在形态与结构上趋于稳定。全国意义上的“书同文”，则在公元前 200 年左右秦始皇下令统一文字之后。从此，“汉字”作为中华民族统一通用的文字符号系统，真实地存在和得以广泛使用。不久，又经隶书，发展到汉末更便于书写的楷书之推行，最终完成了书写的标准化且延续至今。历史上曾有的文字形态，从甲骨文到隶书，以书法篆刻的艺术方式代代相传，同样得到保留。

以上关于汉字创建历史的简要勾勒，说明其成熟性是由历史铸成且经受了历史持续的考验的。它从遥远的过去走来，至今仍以熟悉和亲切的面容与我们共处、交谈，带我们回到过去，启发我们筹划、思考未来。

汉字构成[①]在字形上的基本特点是象形，故又被称为“象形文字”，与西方国家的“记音文字”相比较，在构字的基准原则上就大不同。汉字的创造过程又逐步完成了由图式象形转化为笔画表形，通过构字的结构规定，将自然中存在的世界，转化为具有对应性和相对固定的文字符号式表达。而后，再将有形的字符与所指事物的语音对应，故见字能因形读音，且因形解义，汉字又被称为“形声字”，是借形而将发音、解义等形声义三结合的字。每个汉字所内含的信息量是三维异质且又内在关联的复合，它与语言所指代的事物对应。在语言向文字的转化上，汉字走出了独一无二的路径，体现了中华民族在文字创制中抽象思维不离情景的综合特性。

这一特征首先在独体字的创造中得到体现，如日、月、山、水、田、木等自然物，还有人以及表示人之姿势呈现形态与所占空间的“大”和“小”，它们成为汉字世界的首批成员。有了这些成员，随后的创作就以此为基础，用多种方式实现了汉字表达能力的扩大与提升。古人造字的方法主要有：

1. 添加笔画，如“日”加一横为“旦”，表示太阳从地平线上升起的天明时分，加这一“横”创造的新字，实现了由表现实体向表现抽象时间的转换。又如“大”字上方加一横为天，实现了由人的站姿表达的实际空间形态向天体空

---

① 瑞典学者林西莉著，李子义译的《汉字王国》(生活·读书·新知三联书店 2008 年版)有生动的汉字构造案例，且有深度地阐述了汉字的独特产生历史，及其与大自然、中华民族生存和文化的关系。本人称其为当代外国学者著的“说文解字”，推荐一读。

间的转换。

2. 将两个或更多独体字组合为新字,其结构有上中下、左中右等多种方式,目的是在直观综合的意义上表达字的音、形、义。如“日”“月”合为“明”,表达光亮,若“明”与“天”组合成“明天”,表达的则是经日与月一次转换后将开始的又一天,成了与时序有关的词。这种组合极具灵活性,其表意的能力也极强。如可表达一个动作:由“角”“刀”“牛”三个独体字组合而成的“解”字,形象地表达了抓住牛角,用刀解牛的分解式动作。又如可表达抽象的意义:由“日”“正”两个字组成的上下结构之“昰”(即“是”字),日照正中时,地上的人物与影子合为一体,用这种自然的、可观察的、可经验的事实,来体现系词的意义“是”,即该词上下两部分的词语具有同等意义。这种由现象向抽象转换的智慧,着实令人惊叹和着迷!汉字深刻地体现了华夏民族依赖周遭世界上可感知的自然之事与物,来认识世界并凝聚成抽象,但依然能在阅读者头脑中唤起具体形象、情景和经验感受的从具象到抽象转化自如的创造力。

3. 由一些独体字转化或特创为表示一类事物、意义的“偏旁部首”,组合成体量最大的新字。这些偏旁部首被约定俗成地赋予名称,如:“口”字旁、“心”字底、宝盖头“宀”等。至今,《新华词典》收集了201个部首,且将数以万计的汉字分归其中,不但便于词典查阅,而且在汉字符号系统中体现了类概念。一个汉字的部首大多表意,另外的部分表音。

4. 字音在调上分为四声,汉字在形、声关系上存在同字不同音和同音不同字两种关系形式。它有利于在不影响表意能力的前提下减少汉字总量,也为识记、掌握汉字减轻了负担。

上述所列汉字在独体字基础上的造字之法①让我们看到:大自然是汉字的根与魂,“近取诸身,远取诸物”;形是汉字的体,“以形表意”“形声相益”;魂体相符、根深叶茂,约定成规、灵活衍生,则是汉字强大生命力的所在与表现。汉字还能唤起阅读者对自然的生动表象和感受,具有在读书的同时产生激

① 本文的归纳不同于文字学家的“六书”造字论,语言学家对汉字的分析有很多专著可供大家参阅,不一一细述。本文的立足点是小学教育中识字教学的分类,但并不反对也不违背汉字构造的基本规则。取这一立场,是为了进一步开发汉字在教育中的育人价值。

活、沟通大脑两半球的独特功能。汉字是促进中国人思维能力，形成民族思维方式乃至文化基因的独特资源。多元综合、系统生成，是汉字自身创制过程依据的基本逻辑。此外，在汉字系统形成的过程中，一整套书写规则也逐渐完善：从单个字的笔顺架构，到成文的竖行直写，从右到左的排列等，用一系列结构将看似单个孤立、由点线组成的图式文字，整合到复杂、丰富且有序的篇章书写规则之中。在组建形式系统的意义上，也充分显示了中华民族的智慧，成为滋养世世代代中国人思维发展的无声却又无处不在、无穷无尽的宝库。

汉字，确实是中华天地滋生的瑰宝。

(二) 天、地、人共生的中华创世神话

神话一般被认为是原始初民的创造，多以口头传述的方式世代流传至今。几乎每个国家，乃至国家中不同的民族都有自己的神话，内容多为对自然、人间神秘力量的描摹与解释，离奇而充满想象。其中，创世神话是各国神话中普遍具有的一部分重要内容，且体现出民族集体对自然、万物起源的想象。我国学者陶阳、钟秀在专著《中国创世神话》中，将“主要包括天地开辟、人类起源、民族诞生、文化发端以及宇宙万物肇始的神话”归为“创世神话”，[①]并有详细的资料搜集、整理与评析，为我们提供了重要的分析资源。

在文化人类学研究中，普遍把神话归结为原始初民的创造，是民族文化的源头。但若从传播的角度看，我认为：神话尽管是在无文字记载之时就已有的口语创作，并借口头语言，或用叙说，或用诗歌唱词等方式，作共时性的空间横向传播和历时性的世代纵向传播。但每一次传播都是通过具体的传播者——人来实现的，而人的生存环境、文化和时代差异，以及个体的思想、理解、感受和表达，都会使神话的原型随传播而发生变化。至今，在一些相对尚处于原始社会形态的民族中，依然有用口头传播着的神话。何况文字产生之后，人们将神话加工整理至书面形式的过程，必然会将当时已具有的、被普

---

① 陶阳，钟秀.中国创世神话[M].上海：上海人民出版社，1989：2—3.两位作者是神话研究的专家。民族学家、神话学家杨堃在该书的“序”中指出，这是中国创世神话中推出的首部专著。

遍认同的观念渗入其中。不同整理者用的内容大致相似,但描述和表达意向有所区别的文字资料的存在,很可说明这一点。所以,当我们看到神话中传递的某些观念和后世有一致之处时,可作两种推测:一是神话作为最早的口头创作,其所形成的观念对后世有深入、持久的影响;二是神话从初始出现到相对稳定,是一个漫长的过程,现在尚为我们所知的还能读到的神话,实际已渗入了后世文明社会的观念和理解。但不管是哪一种推测,我们都可以认定:一个民族的神话之所以还被传颂、记述,是因为它反映了这个民族的集体记忆中最被看重和认同的文化精神,是值得这个民族世代相传的宝贵精神财富。

基于上述认识,本人不把神话绝对定于原始初民的创作,而是作为民族文化精神经长期积淀后形成的、独特的集聚式表达。将其列在由原始社会到文明时代的初创期,以显示这部分内容与史前原生期的紧密关联性。

中国的创世神话内容十分丰富,与自然观相关的神话也不少。本文集中选择流传面广、影响深远的几则作典型分析,以示神话中呈现的文化与自然之独特纠缠。

1. 宇宙起源神话

“盘古开天地”是此类神话中最具代表性和影响力的一则。

“天地混沌如鸡子,盘古生其中。万八千岁,天地开辟,阳清为天,阴浊为地。盘古在其中,一日九变,神于天,圣于地,天日高一丈,地日厚一丈,盘古日长一丈,如此万八千岁,天数极高,地数极深,盘古极长,后乃有三皇。”[①]

分析上述记载,至少可以得出以下四个观点。

第一,天地之初呈混沌、内具生命力的“一”,即“混沌如鸡子”之“一”。以“鸡子”作“一”之比喻,是一种有生命力的比喻。可见,中华民族文化中的天、地、人都是有生命的,在初始时期只是浑然一体,并非有无生命的区别。这种“生命意识”是后续“变化发生的基础”。在这浑然一体之中,包含着天、地、人(盘古)三类,人在天地之中。这里又确定了人与“天地”的空间关系。神话首

① 据作者所述,盘古神话在秦汉间已有多种说法,故“由此可以断定,盘古神话产生的年代,当早于秦汉”。请参阅:陶阳,钟秀.中国创世神话[M].上海:上海人民出版社,2006:40—41.

句将如此重要的两大观点作了明确显示。

第二，天、地、人同步变化。这是一个漫长至“万八千岁”的过程，而其中的关键是盘古“一日九变”，是人自身的生长与强大成就了“开天辟地”之伟业。盘古“日长一丈”，使天地在上下两个不同方向，日高一丈，日厚一丈，终达天数极高，地数极深，“天地开辟”，不再浑然一体，盘古也达“极长”。显然，这与西方神话中上帝先在并居于天，创造世界万物（包括人）的观念极不相同。盘古用的是自己的生长奋力。[①] 中华民族的宇宙起源神话，强调的是人之顽强成长，坚持不懈。盘古奋力生长的精神，是“君子自强不息”最为原始的神话式表达。

第三，天地性质的阴阳之别。这一段引文还值得我们关注的是：已出现了天为阳、地为阴的说法。由此可推测这一神话与阴阳学说的关系。正是这种文字上呈现的关联，使我们看到阴阳说在解释世界中的原始价值，所谓“天地交而万物生”“男阳女阴”，乃至万物都以其性质或性别而分阴阳。从“一”中区别出阴阳之“二”，从“二”中生出阴阳相交而成的“三”，“三”再生出“万物”。阴阳说是中国式自然创生说的基础，折射出中华传统文化中对自然生生不息顽强生命力的信仰，以及对生命生长伟力的崇拜。

最后，人类悠长的自身发展历史，是在天地开辟、各居其位之后始行的。全文以“后乃有三皇”作结尾，表明天地自然之道的确立为先，有了自然之道，方才可能有人类之史。这表明中华文明之初已确立了自然在先、人类生于大自然之后这样一种最原初的人与自然的时空序列关系。

以上粗略分析的启发在于：神话决不仅限于原始人猜测、想象思维的表达，后人更在乎的是神话内含的精神。直至今日，我们还常把具有重大历史意义的事件称为“开天辟地”之事，把这样的人物视为盘古式的英雄，就是一证。盘古是人式的神，是人之伟力的典型形象。

2. 人类起源神话

中国人类起源神话有多则、多种类型，其中，最为众人所知的是女娲造

---

① 其他版本中也有盘古执斧凿创世界之说，这显然是后期的演化之作，至少在青铜时代农民劳作已普遍能使用铁器之期，且会使人联想起“愚公移山”的故事。

人的神话。许慎《说文解字》释“娲”为“古之神圣女,化万物者也”,她可算是中国最古老的“女神”。除“抟土造人”外,她的另一个重要功绩是炼五彩石“补天”。在中国的神话世界里,男为盘古,女为女娲,这一男一女是最不能忘记的两位大神。在盘古“开天辟地”的神话里,盘古与天地共在,而女娲则是独存的,人由她创造而成。这个不同表明,在此神话创作时期,人与天地之分、人有人界的意识已清晰,天、地、人三界的关系在人的认识中已建立。

女娲不仅是创人之神,还是保护人生存之神。“补天”的神话让我们看到,自然对于人类而言,不只具有创生之善的恩惠,同时还有灾难的一面:“往古之时,四极废,九州裂;天不兼覆,地不周载;火爁炎而不灭,水浩洋而不息;猛兽食颛民,鸷鸟攫老弱。”[①]如此生境描述,让我们看到了人在自然中的渺小和在灾难前的柔弱,若要生存需有神力相助。与西方的上帝放下方舟助人逃离相同,中国女神用的也是自己的伟力:“女娲炼五色石以补苍天,断鳌足以立四极,杀黑龙以济冀州,积芦灰以止淫水。苍天补,四极正,淫水涸,冀州平;狡虫死,颛民生。”[②]“补天”神话的价值远不止于对女娲护人的感恩和对其伟力的歌颂,而是启示人们在自然灾难面前,要有战胜灾难的勇气和智慧。女娲所用的“补天”“止洪”“正极”之“材”,均是自然中已有之物。神话之巧思在于“炼”和“用”:“炼”之意在于对自然材料的改造,“用”之意在于发挥炼成之物克服灾难的价值。这是中国传统文化中持有的基本观点:人对自然不仅要有敬畏,还要有战胜灾难之勇和“善炼巧用”之智。它使人与自然关系的多面性得到了补充,也提出了人之生存所必须有的精神与能力。如果女娲只是创造了人,而没有启示人如何生存,那么在强大的自然面前,“创生出来”的人很快就会灭亡。因此,在我看来,女娲“抟土”“补天”两则神话的主角是同一个神,并非偶然,恰恰只有两个方面合一,才能构成人之创生与生存所必需的完整伟力。若与盘古神话联系起来,可再一次读出中华民族神话中崇尚自力更生、自强不息的一贯精神。

---

①② 淮南子·览冥训。

3. “三界”通、绝神话[①]

“许多创世神话讲，洪荒时代天与地相距很近，而且有‘天梯’作为天上神与地上人交往的工具。”[②]可作为“天梯”的有山，如昆仑山，有名为“建木”的巨树。通过“天梯”，人可上天，神可降落至地，天人交往借此变得容易。龚自珍则用“人之初，天下通，人上通；旦上天，夕下天；天与人，旦有语，夕有语”[③]寥寥数语勾画出了古代神话中“天人通”的常见局面。这个神话在一定意义上反映了当时人在意识中把天神看作“自家人”，希望能“互通信息”“友好往来”的愿望。这种天神与人平等的意识，在西方神话中似不多见。可以推测这是氏族社会尚无阶级、等级明显分裂时的产物。也有学者认为，这是“原始初民关于天体结构的‘盖天说’和天界（神界）、阳界（人界）、阴界（冥界）三界的宇宙观”[④]之反映。

但上述描写的“好景”不长，流传更广的则是“绝地天通”说法：“古者民神不杂，……及少皞之衰也，九黎乱德，民神杂糅，不可方物。……颛顼受之，乃命南正重司天以属神，命火正黎司地以属民，使复旧常，无相侵渎，是谓绝地天通。”[⑤]这段文字十分明白地告诉我们：“民神不杂”（分等）是天经地义的事，因最古时就如此。出现“民神通”，是管理失序、道德沦丧的结果。为纠正混乱，恢复往古之常，由颛顼担当并完成了秩序的重建，成“绝地天通”之大事。然而，人又不能完全与天绝，因此催生了一个重要的文化阶层，即因具有通天地特殊能力而拥有文化与特权的巫师阶层。一“通”、一“绝”、一“阶层”，恰恰反映了时代已进入到阶级社会，即人类文明的开启阶段，即使在神话中，也要将阶级秩序分明的道理讲个明白。正因为如此，“绝地天通”在一定意义上可以看作是维护“古已有之纲常”的代名词，从而在我国文化传统中更受重视。

---

① 这部分内容的神话素材可参阅：陶阳，钟秀.中国创世神话[M].上海：上海人民出版社，2006：165—169.书中原标题为“天梯与天的升起”，本文中的标题由本人自立。

② 陶阳，钟秀.中国创世神话[M].上海：上海人民出版社，2006：165.

③ 龚自珍.壬癸之际胎观第一。转引自：陶阳，钟秀.中国创世神话[M].上海：上海人民出版社，2006：166.

④ 陶阳，钟秀.中国创世神话[M].上海：上海人民出版社，2006：166，177—184.

⑤ 国语·楚语。转引自：陶阳，钟秀.中国创世神话[M].上海：上海人民出版社，2006：168.

依我之见,“绝地天通”之说对于传统文化更深层次的影响在于:它提供了一种确定、论证“天人关系”的思维模式,即天为上、为神,地为下、为民。天道、天序、天象是解释人道、人序和人间万象的依据与规定。亦即传统文化中“天人合一”之天理具有决定性地位。这种思维方式,一方面反映了农业社会中人类对大自然无法控制,但对生存十分重要的对象——天道的重视,另一方面又反映了作为神意的“自然”“天道”对于作为人间法则的“人道”之决定意义,由此而生对天的敬畏。天象则被人为地赋予了人世间的文化意义,在思维方式的层次上,发生了自然与人文的深度纠缠。此纠缠持续、广泛地影响着数千年中华文明的发展。

华夏民族的创世神话还涉及天象起源、氏族与民族起源和文化起源等多种神话。细读下来可明显感到:这是人类进入文明社会,有了文字之后,在前文明和文明初期形成的深深的英雄崇拜。将上述几个方面的起源、创造或变化都归之于英雄式的神或祖先、祖师之功绩,为社会各个层次和领域都树立了顶礼膜拜的神、祖或偶像,进而为社会礼制的系统创建奠定了基础。这些神话所表达的精神和思维方式,与上面已述的三则神话基本相同,不再一一述评。

以上列举神话中呈现的自然观,是中华民族最初意义上的自然观:自然、自然与人的关系,由混沌而有生命的“一”开始,而后因生长和人的力量一分为三;自然的伟力对人具有养育和伤害乃至灾难的双重作用;代表人之生存需要的神,倾自身之神力与“炼”“用”之智慧,改变自然,战胜困难,使人能安居乐业、世代繁衍;人们将这些神当作英雄、天界的神和人的祖先、祖师来崇拜、颂扬,形成了最初形态的天、神、祖崇拜与信仰。三分之初的天神与地民有过自然方便、平等交往的日子,但因犯界而造成无德失序,最终“绝地天通”,天与人的关系转化为界线分明的等级关系,依天行事成为准则;自然对于人类的价值一分为三——作为准则的天,作为提供养育之资源之材和制作生活与生产工具之料的天,作为外在观察、研究和认识对象的天。

人与自然的分与别、相互关系及价值的多维度框架已初步形成,尽管只是用原始神话的形态表达,但文化与自然的深度纠缠已进入到多层面。中华民族文化中的自然观之独特性，不仅在具体解释上，而且在思维方式上，都已初步形成结构性的内核。

（三）阴阳合历的农历

进入农耕社会并持续以数千年计的中华民族，因生存与生产的需要，最关注的是人所不能把握、有其自行法则的自然界。农业生产中创造、积淀的世代相传之经验、知识、种植技能与生产工具的使用和制作，以农民大量的周而复始的日常实践方式，发挥着维持生命、创造财富和物质文明的重要作用。

与农业生产把自然主要当作劳动实践对象不同，农历的创制和形成过程，是把自然当作观察、记录并以自身体验而形成觉知的对象，进而抽象为把握大自然周期性变化规律的过程。农历是中华民族对可观察的天体运行和可体验的气候变换，以综合的方式作长期研究的智慧结晶，是中华民族最早形成的对时间命名、编序的方式和关于天象、气候与物候的学问。它是中华民族文明早期认识自然的杰出成果，是中华文明为人类文明所作贡献中最有价值的构成之一。

1. 为时间建历

“历”在我们的意识中，通常被强化的是对某些事件、过程的记录之意，如自身参与其中的称为“经历”，记述外在、过去事件的称为“历史”。易被忽视的是，相关内容发生于其中的时间本身也有自己的“历”。现在我们身边有“日历”“月历”，但它们的主要作用只是告诉使用者现实的时日，很少会让人去思考这“历”是如何来的。

回望相关历史，值得我们自豪的是，世界上最早为时间之“历”形成“记法”的是我们的祖先。早在夏朝(约公元前 21 世纪到公元前 16 世纪)就已有了最早的历法，故中国农历虽几经调整变化，但在老人的说法里，还常称其为“夏历”。

历法是记载时日、规定计算时间标准之法。农历则是华夏文明的创造，是世界上曾经有过的各种历法之一，它在我国先于世界通用的公历而存在，且至今还在中国与公历并用。①

农历具体、直接规定计算时间的标准,标准的形成是先民对时空关系及其运行规律的认识结果,是中国古老时空观的集中表现。这是认识大自然中抽象层次最高的问题,我们的祖先用他们的智慧交出了自己的答案。

时间是无形无声、无影无踪之物,如何让时间变得可见、可记、可判?在这里发生了思维方式的重要转折,不是苦思冥想“时间”究竟是什么、长得怎么样,而是寻找与时间同时存在却在发生移动的空间参照物。地面之物显然不行。人在地面上,看不出高山、田野的移动;作物只是生长,动物按自己的需要移动,都不与有规则的时间变化同步。剩下唯有天上的太阳、月亮和星星,这些空间中璀璨的天体之物的移动,既可视、可见、可记载,又有循环往复的规律。天这一空间,就这样成为先民认识时间的参照物,“天空”一词是否因此而具有了空间的哲学意义?天空中发生的变化则成为重要的认识对象和为时间立法的最早参照物。与时空相关的意识也由此而生。

2. 日、月、季、年的测定

日

昼夜的变化最易感受,太阳、月亮的交替升落构成完整的一日,人的生产、生活与其同步,“日出而作,日入而息”成了先民生活最自然的日常节律,也许“天人合一”的切身体会即由此而生。因以太阳为参照系,故一天称一“日”。

月

太阳太耀眼,人难以直视,又缺少形状的变化,无法以之判定由多少日构成周期变化。此时,月亮的柔和之光,形态的圆缺,上弦与下弦的周期性变化,就助生了以月为参照系,用“月”来命名的一个月的时间单位概念之诞生。

---

① 辛亥革命成功的第二年,政府引进西洋历法,以阳历为纪年标准,将 1912 年 1 月 1 日确定为民国元年元旦,出现了官方用阳历,民间社会仍用农历的状况。直至 1934 年初,国民政府不得不停止强制废除农历年的做法。中华人民共和国成立后,1950 年制定的年节放假办法,将春节作为唯一的传统节日列入法定假日,直至 1967 年“文化大革命”停止十年,但民间依然保留过年习俗。改革开放后,传统节日逐渐恢复为法定假日。这些短暂的废农历、停节庆活动,最终都被民众的习俗“战胜”。由此可见民俗在传承传统文化中的强大作用。参阅:李汉秋.传统节日的奥妙[M].北京:中华书局,2015:4—5.

季

“季”这个时间单位概念的诞生，依据更为复杂。除以天空中的日、月为参照物之外，还要加上星座位置的变化。一年四季，气候温热冷暖，雨水大小多少，人体炎热凉寒的切身感受，地上的物候变化：植物春生、夏长、秋熟、冬枯，候鸟秋迁、春回，等等，综合构成了对时间长度为“季”的判断。

从“季”的概念形成始，就有了天象、气象、物象以及人体对这些变化感受更为综合的判断，人对自然变化与时间关系认识的丰富性、综合性发生了层级提升。

年

有了“季”这个概念后，四季十二个月，就可能产生一个更长时段的周而复始的时间概念“年”。[①] 可直接观察的依然是天空中的景象，先民最早尤以龙星为准。“这是因为，上古时代，有很长的一段历史时期内，龙星的出没周期和方位正与一年中的农时周期相始终”，[②]它自东向西沿顺时针方向转移，从初升至再次升起，就是经四季轮转的一年时光。

日、月、季、年最基本的依据都是日月星辰有规律的运动。“民无道知天，民以四时寒暑日月星辰之行知天”，[③]这概括了先民时空概念关联的形成。[④]

历史学家判定：西汉的《太初历》(约公元前104年)[⑤]确立了中国阴阳历合历[⑥]即农历的基本格局，并一直沿用至清末。

---

① 在《说文解字》中，“年”的小篆字形为“”，与“季”()字形近。“年”(秊)字的释文为“秊，谷熟也。从禾，千声。《春秋传》曰：‘大有’秊”。

② 刘宗迪.古典的草根[M].北京：生活·读书·新知三联书店，2010：177.

③ 吕氏春秋·不苟论·当赏。

④ 有学者指出，年、季、月的概念，最早是依据物候来确定的，之后才出现天文历。本文中所述的农历是基于天文且趋于稳定后流传至今的历法，所以主要讲天象与时历的关系。但并不否认物候是更早的经验性判断时间变化的依据这一结论。正是因为基于不同地区人群的经验，所以在一定地域内，民间流传、保留本地区传统历法的现象至今还存在，尤其是在少数民族地区。但不管哪一种“历”，我们都可从中看到大自然对于人认识时间，形成时空关系的重要和局限。有关物候律与天文律的论述，可参阅：刘宗迪.古典的草根[M].北京：生活·读书·新知三联书店，2010：204—211.

⑤ 《史记·太史公自序》记载，武帝“太初元年，十一月甲子朔旦冬至，天历始改，建于明堂，诸神受纪”。

⑥ 关于阴历和阳历的关系以及阴阳合历的基本知识，可参阅：竺可桢.谈阳历和阴历的合理化[M]//施爱东.天道与人文.北京：北京出版社，2011：105—110.

3. 二十四节气[①]

“年”()的最初释义为谷熟,人在收割。这表明社会已进入成熟的农耕时代。据记载,二十四节气最早出现在夏朝。“二至、二分,已见于《尚书·尧典》,即今日之春分、秋分、夏至、冬至是也。降及战国、秦、汉之间,遂有二十四节气之名目”,“二十四节气全部之名称,始见于《淮南子·天文篇》”。[②] 它们由十二个节与十二个气构成,在阳历年中几近平均分于十二个月,每月有一节一气,前者为节,后者为气。每季分三节、三气,统称为节气。二十四节气成为我国历法的构成,使一年中无声无息地时间增添了许多人间的生气和意义。在这些日子里,时间具有了特殊的意义和标志性。节气不只是与气象、物候的显著变化相关,而且与农业生产的重要农事相关,与一年收成的丰歉相关,还与政权的稳定、国富民安相关。所以,早在春秋战国前,就设有专司天文的官职,每个月都有“月令”。在重要的节气之日,官员还要带领百姓举行隆重的仪式,祭天、敬祖,祈求保佑一年风调雨顺、五谷丰登,丰收后也要举行答谢庆典活动。[③]

《礼记·月令》由分记十二个月的节气活动组成,形成了书写月令的文体结构。全文先记述太阳、星座的位置,然后说明该月在五行中的属性(如正月属木),列举同一属性的主神、动物、音律、数字、味觉、嗅觉、祭祀之神和祭品等,从其涉及面可见当时五行说涵盖万物的广度。之后描述的是可作为气象标志性的物候,如孟春之月所记为“东风解冻,蛰虫始振,鱼上冰,獭祭鱼,鸿雁来”。接着先描写天子的居住、服饰、车马、所用器物与该月的属性如何相配,如在孟春,因木之色调为青苍,故天子顺应季节所用之物均为青色。再重点叙述该月节气之日天子率众的活动,如孟春立春之日,“天子亲率三公、九卿、诸侯、大夫,以迎春于东郊。还,乃赏公卿、诸侯、大夫于朝。命相布德和令,行庆施惠,下及兆民”。其隆重的祈求年丰、万和之诚,以多种方式表达,

① 二十四节气,按季排列为:立春、雨水、惊蛰、春分、清明、谷雨;立夏、小满、芒种、夏至、小暑、大暑;立秋、处暑、白露、秋分、寒露、霜降;立冬、小雪、大雪、冬至、小寒、大寒。每一季都以季“立”之“节”始,以“气盛”之“气”止。因盛极而带来新一季节的出现。

② 竺可桢.天道与人文[M]//施爱东.天道与人文.北京:北京出版社,2011:99.有关节气生成次序变换的文献简述,参见该书第100页。

③ 具体请参阅《礼记·月令》《国语·周语》《吕氏春秋》《淮南子》等古文献中的相关内容。

读来天子威严、诚敬施惠的生动场面历历在目。再往下，主要是记述天子祭祀、祈福和率领众官员作象征性农业劳动，如立春之日的开犁仪式，下令官员“以教道，民必躬亲之”。除此以外，天子还要命掌管学政的官员——乐正，进行歌舞音乐的教习，下令不得作任何破坏自然和妨碍农事的事情，如孟春“命祀山林川泽，牺牲无用牝，禁止伐木；毋覆巢，毋杀孩虫、胎夭、飞鸟，毋麛毋卵”。最后，以对天、地、人三者关系的理性总结来结束“月令”全文。“孟春”篇中的结语是：“毋变天之道，毋绝地之理，毋乱人之纪。孟春行夏令，则雨水不时，草木蚤落，国时有恐；行秋令，则其民大疫，猋风暴雨总至，藜莠蓬蒿并兴；行冬令，则水潦为败，霜雪大挚，首种不入。”[①]再列一则《孟夏》的结语以为佐证，该结语除无《孟春》引文中的前三句外，也写了违背时令的后果：“孟夏行秋令，则苦雨数来，五谷不滋，四鄙入保；行冬令，则草木蚤枯，后乃大水，败其城郭；行春令，则蝗虫为灾，暴风来格，秀草不实”。[②] 其他各月的结语，内容不同，结构相似，且依月后推，有律可循。

以《孟春篇》为例，分析《礼记·月令》的文体结构，旨在使我们对两千多年前的先人关于时令活动的所记、所思有一个相对具体和丰富的感受，理解古人的时间意识如何与天地万物、人间耕作、敬神怀祖、祈求和顺等息息相关，节气之日则成为聚合这一切的特殊日子。《礼记·月令》还让我们看到了古人对天地万物自然生长变化规律的细致体察，对各类生命的珍惜与保护。“月令”不仅规定人要做什么，而且强调不能做什么，不能违时令提前做什么，若违时做事，则后果严重，事与愿违。总之，天之道变不得，地之理绝不得，人之纪乱不得。司马迁的总结是：“夫春生夏长，秋收冬藏，此天道之大经也，弗顺则无以为天下纲纪，故曰‘四时之大顺，不可失也’。”[③]更值得关注的是：“月令”已反映出在天、地、人三分之后，古人已能在认识、顺应、不破坏自然之道的前提下，通过人自身的劳作来获取自己生存的资源。对天之敬，不再像原始时期那样，是由恐惧、不安、无力而生的跪拜、乞求，而是转化为一种敬奉

① 本段此处以上引文，均引自《礼记·月令》，参阅：王文锦.礼记译解(上)[M].北京：中华书局，2001：197—198.

② 同上：209.

③ 史记·太史公自序。

的仪式,是为感恩、求得对未来的保佑。对神的迷信逐渐转向对天之道、地之理的探索,并依此建立人的行之纲。天、地、人之间,建立在人类认识和经验总结的基础上,由人主动顺应,从而达成和谐的新关系以及新路径,随着时间的推移,越来越巩固,成为古人得以生存发展的重要力量。

除了能从古代文献中了解先人的时间观和节气活动之外,我们还能从民间流传的大量民谣、农谚中读出古人对节气的重视,如:“立春落雨至清明”“春分有雨病人稀”“清明风若从南起,定主田禾大有收”“四月芒种雨,五月无干土,六月火烧埔”,[①]等等。它们大多是历代老农多年乃至毕生经验的总结,根据节气时的气象推测未来气象、收成与人之健康等可能。这一方面说明了节气在气象转折意义上的重要,当日的状态不只是关系到当日,而且关系到一个时段;另一方面,这些预测能否成功,在一定程度上是检测规律的手段。民谣中蕴含了研究气象的科学思维之萌芽,十分可贵。民谣反映了节气之于实际生活的重要现实意义。

关于二十四节气,还想说的是,其命名生动、优雅,又不失表达节气自身特征的清晰,既内含着事实的真,又透出浓浓的人文气息,使中国这一时间文化的独特创造充满了魅力。四个季节初到人间,都用了一个“立”字,由立春、立夏、立秋、立冬四个节气组成,分别开始了春、夏、秋、冬四个季节。这一“立”意味着到来,人们由此引出了许多期望和遐想:立春盼春风暖阳、草木发芽;立夏盼万物竞生、碧波荡漾;立秋盼瓜果满园、五谷丰登;立冬盼大雪纷飞、新年吉祥。每个季节的中间则按昼夜时间的分割,将一年中平分的两日,称为春分、秋分,将白天和黑夜分别最长的两天,称为夏至、冬至。“两分”“两至”,在时间意义上,表达了中国哲学把两极与中间“一分为三”的观念。小暑、大暑,小雪、大雪,小寒、大寒,则用“小”“大”两个字,区分了同一季内气候冷热的程度,由“小”到“大”提醒人们:要准备迎接最难过的暑、寒等极端气候的挑战。春秋两季的气象和物候变化较大,就用了一些形象、充满变化动感的词来命名节气,如春季的雨水、惊蛰、清明、谷雨,一路的“暖起来”;秋季的白露、寒露、霜降,则一路的“冷下去”。还有一组,我认为是在反映气象物

① 谢明.万年历[M].伊犁:伊犁人民出版社,2003:19.

候的同时，又能给人带来宽慰的命名，那就是夏季的小满和芒种，它们使人感到丰收在望；秋季的处暑，则让人可松一口气：酷热的夏终于要过去了。如果我们按季节诵读一组组节气，就会感到春的浩荡、夏的炎热、秋的清凉、冬的寂静，如此令人荡气回肠、浮想联翩的命名，怎能不引发无限诗情？节气的命名是文化之精品，可以成诗，可以作曲，可以编舞，可以入画，这再一次显现了中国字词的强大表现力和牵动人心的魅力。

在农历中，与节气形成相关，[①]在华夏民族中具有悠长传统的，还有一些重要的节日，如春节、端午、七夕、中秋等。它们也都与天象、气候、日月循环运行的节奏，以及农事、祭祖拜宗、阖家团聚等密切相关，是中国时间文化的独特表现。这些节日与二十四节气一起，由对自然的现象授时始，进而形成了特定社会和集体生活节奏的社会时间机制，构成了华夏民族的节日系统，如五彩珠琏装扮着我们的时光，世代相传，熠熠发光。

农历就这样深深地刻印在世世代代每个中国人的生活之中、生命之中，且以自然与人文在时空观上的深度纠缠，规定和度量着我们的生命、生活与活动的节奏、价值和意义。为人类认识时空提供了新路径和丰富、独特的经验。2016 年 11 月 30 日，二十四节气被联合国教科文组织列入“人类非物质文化遗产名录”，进一步确立了这份历史活遗产在人类文明进步史上的标志性地位。[②]

（四）独一无二的古中医学

本文把古中医学作为考察华夏文明自然观的一个典型例子，首先是因为它把人体看作小宇宙，既集天地精华于一身，又与天地万物相通；同时，中医学还把人作为独特的自然的对象来观察、研究，以养身、防病和治病，即人类自身的生命健康作为医学的目的；以自然界的各种自然物，如花草树木、飞禽

① 刘宗迪认为，古代最早的民族节日和庆祝活动，都是与节气结合的，后因各种原因，包括阴阳历合为农历，使节日和节气分离，故对节日民俗的研究，应从节气切入。参阅：刘宗迪.传统历法与节日的变迁[M]//刘宗迪.古典的草根.北京：生活·读书·新知三联书店，2010：203—218.

② 农历的内容，包括中国古代记时与纪年的十个天干与十二地支交叉组成的时辰表和干支表，因篇幅所限，不作论述。

走兽,乃至矿石泥土等非生物为药材,呈现出以外界自然养治人体内部自然的独特的人与自然之关系形态。

1. 古老又年轻的生命之学

古中医学可谓是我国最早形成的一门关于人体生命的学问,其经典著作《黄帝内经》(以下简称《内经》)形成的确切年代难以断定,有学者称其“是一部传载汉代以前人们运用传统的哲学思想、思维方法,以及当时已经掌握的天文、历法、气象、物候、地理,乃至社会学、心理学,甚至数学等知识来探索生命奥秘,解释生命本质的,以生命科学为主体的‘百科全书’”,①这一判断,道出了《内经》成书大致公认的时间在西汉初期,其研究的主题是人的生命本身。《内经》几乎依据了当时与人有关的全部知识,反映了中国文化综合整体和动态辩证的思维方式。作为经典,它影响着世世代代中医学的发展,也是中医学教育重要的必读、必研之作。有学者为区别于科学主义的态度看中医,专门对古中医学作了如下界定:“扎根于中华传统文化,以中华民族传统医学理论为指导,解决人民身心健康需求,开展养生、疾病治疗、康复等活动的民族医学,就是古中医学。”②

显然,古中医学的文献不只有《内经》等经典,还包括几千年来医师世家代际相继、师徒传授而积累的治病救人的丰富经验与文本,包括经络运行的图文、针艾疗法、各种草药的名称与药性用途,以及各类疾病的治疗处方等,其数量之浩瀚,难以计数,再加上早已形成的一套古代医学话语系统,都使古中医学披上了一层神秘的外衣,其传授与学习都成为极难之事,也成为同类西方学科最难以取代和溶入其内的一门学科。故而,在一定意义上,我们可以说:古中医学是“最中国”之学。

中医学又是饱含生命的科学,这不仅指其对象与内容,还指作为中医的医生个体身上的德、智、才、技是中医学的活载体。他们的成功医案,诊断中的不断探索、发现,是中医学生生不息的动力源。历史上的神医扁鹊、华佗几近家喻户晓,众所周知的李时珍的《本草纲目》、张仲景的《伤寒论》等均已成

① 张登本,孙理军.全注全译《黄帝内经》[M].北京:新世界出版社,2008:1.

② 李洪渊.什么才是真正的中医[EB/OL].[2018-03-31].http://www.sohu.com/a/160678960_467321.

为经典。他们一生治病救人、潜心研究的精神更是成为医界之圣和百姓敬仰、感恩的“神”。至今，中医群体中出类拔萃者，总是备受乡间民众包括今日市民的尊敬。中医与病人的关系，与西医相比，往往会多一些人和人之间的信任与温情，如治疗过程中的望色、闻声、切脉、问诊等独特的沟通方式，治疗过程的不求神速立效，而是讲究身体整体的调理，都会让人产生关切感，处于中国文化的情怀之内。

古中医学虽被认为神秘，但在西医未进入中国之前的数千年里，它一直是中国人生命健康和祛除病灾的真实福星。中医学深得民间钟爱，还因其关注未病之养生，取材于天地自然中的食物与药材，在一定意义上易普及。即使在今日，缺医少药的乡村，依然对中医抱着信仰与希望；对城市里有钱和更多闲暇时间的人而言，中医的养生之道，同样极富吸引力。对人文和自然科学研究者而言，中医学里的中国哲学与文化精神则是引起关注的重要诱因。正是这些，使得中医学这一古老的学问，自近现代以来，虽多遭否定，甚至一度被民国政府禁止，在医学正统意义上的生存空间被不断挤压，直至今日，还有不少人责其非科学，持不信任、不支持态度，但其生命力依然蓬勃，发展依然大有空间，值得期待，这是可称其为年轻学科的依据。

本人在此无力也无须阐述古中医学的具体学问，只是以《黄帝内经》为范例作粗略解读，旨在努力辨出古人在中医学中呈现的人体观，以及基于人体观得出的生命体生之养与病之治的观念，从而呈现中国古代在人体认识意义上的自然之道与文化精神。①

2. 古中医人体观

古中医人体观所体现的中国文化之核心在于：将对天、地之对应和运变律动的认识，运用到对人之生命体的整体理解和阐述中；把天、地、人的和谐关联聚化到人体之内，在哲理上为人之生命找到了存在依据和生存的最高法则。借此，抽象的宇宙时空运行观在人体这个人人都拥有的生命体中得到具体化，使人人可感、可知、可解。这种解、聚、化的智慧，在人类古老民族中是

---

① 为说明中医学的独特，常会涉及与西医的比较，但只是为了认识的需要，并非在作孰优孰劣及取舍的价值判断和选择。

少见的,直至今日依然会给人们带来宝贵的启迪。这一整合转化中重要的基础性构成之观念,除了前面已述的时间观之外,还有两个重要的方面,即阴阳两分论和五行系统观。

(1) 阴阳两分论

阴阳两分论最初出自人对地面空间的定位需要。人站在任何位置,总有面朝和背向太阳的两个方向,向阳的一面被称为阳,背向的一面则称为阴;前者和宇宙中的太阳对应,后者与黑夜里的月亮相应。太阳和月亮是人在地球上能见到的两个最大星体,它们给人带来了白昼和黑夜,是定阴阳之分的“天则”。在时间上,白昼为阳,黑夜为阴;在空间上,向阳面为阳,背面则为阴。人将一日里太阳升起之处定为东,落下之处定为西,人面向东方站立,右侧为南,左侧为北。人所立之处,太阳升至头顶时的方位,即被视为中。这是古人最早形成的由“四方”和“中”组成的五个空间观念系统,其中内含了阴、阳这两个与方位和星体有关的概念。从“阴”“阳”两字的构成上,我们也可以推出:这两个字的产生和日、月等天象有关,但在日、月之后。它们与人的关系最初是表达朝向,后来抽象为表达两种质地相反的事物,后逐渐扩展,运用到各种不同领域,一切生物都可用阴阳分为两大类。阳为刚、阴为柔的性质规定,又使其可用于一切非生物,如山为阳,水为阴;连天地也有了阴阳之分。至此,阴阳成了古人区分各类有形、无形事物之属性的第一标准,在我国古代文化中普遍运用。《易经》中提出“一阴一阳之谓道”的结论时,阴阳已经上升到抽象的中国哲学最高概念——道的层面了。

阴阳之道的重要性在于它是一个富有生命力的“生生之道”,“道生一,一生二,二生三,三生万物。万物负阴而抱阳,冲气以为和”,①这段名言说清楚了阴阳和合之道的生生大义。在一定意义上,这是天、地、人的第一大道。

阴阳之道在中医学人体理论中具有基础性价值,它不只表现在人有男女这一基本的性别之分,而且强调每个人体内都有阴阳两气,两气平衡是身体健康的保证。无论何气,过盛或过衰,都不符合健康之道,不加调理就会导致

---

① 道德经·第四十二章。其中,“一”释为原初混沌的元气;二指天、地,有阴阳之分;三指由天地产生的阳气与阴气交合生成之气,故三能生万物。

疾病，任何疾病从表征上都可判断是阳盛还是阴盛所致。调节阴阳是养生之第一要义，《内经》开篇即言："上古之人，其知道者，法于阴阳，和于术数，食饮有节，起居有常，不妄作劳，故能形与神俱，而尽终其天年，度百岁乃去。"①人体除了要内以阴阳和于术数外，还要合外界四时阴阳之气的变化。其理在于"夫四时阴阳者，万物之根本也，所以圣人春夏养阳，秋冬养阴，以从其根，故与万物沉浮于生长之门"。② 如若相反，则灾害生。懂得此道，是为得道，这是人体内阴阳之气与四时阴阳之气协调的关键。

关于人体阴阳还有一个需明白的道理：一日之中，一年四季，阴阳两气并非都是一样多少，故曰阴中有阳，阳中有阴，这是阴阳每一种气内部的程度区别，这一区别也要与天之阴阳的强弱相协调。另外，阳中有阴、阴中有阳、阳中有阳、阴中有阴，还表示两者不同的接续方式。阴阳虽然是性质相反的气，但它们在人体内的关系，绝不是简单的一分为二，而是存在着各种交互。

《内经》关于阴阳的论述主要指气，但并不限于气。人之身体每一部位、结构等实体，其性质都有阴阳之分：人体外表的肌肤、毛发为阳，内部筋骨脏腑为阴；就身体而言，背部为阳，腹部为阴；内部的脏腑，腑为阳，脏为阴。由此可见，人体之"实"的阴阳区分，具有一定的相对性：内在一切器官与外部的毛发肌肤相对而言，都是阴，但进入到内部脏腑的性质区分这个层次时，又有不同的阴阳性质。这令人惊异地看到了当代系统论意义上的分层结构之人体表达。

贯通全身的还有血脉与经络，它们也同样被分为阴阳。总之，阴阳学说在古中医学中是基础之说、全覆盖之说，也是复杂的相互作用和相交相合的转换之说。阴与阳是人体作为有机体的生命活动之内动力。人体健康与否首先可从阴阳的关系状态作判断。

（2）五行系统观

五行说约萌生于西周前后，形成于春秋战国时期，至秦汉尤其是西汉董

---

① 张登本，孙理军.全注全译《黄帝内经》[M].北京：新世界出版社，2008：1—2.

② 文中"圣人"是指懂得天道与人道和合医道之理的智者。参阅：张登本，孙理军.全注全译《黄帝内经》[M].北京：新世界出版社，2008：10.

仲舒的天人感应说确立后越来越盛行。它在中国古代思想史上有重要的地位。又因该学说被应用于人的日常行为和命运占卜之中,故在民间也颇有影响力,几乎所有中国成人都略知一二。

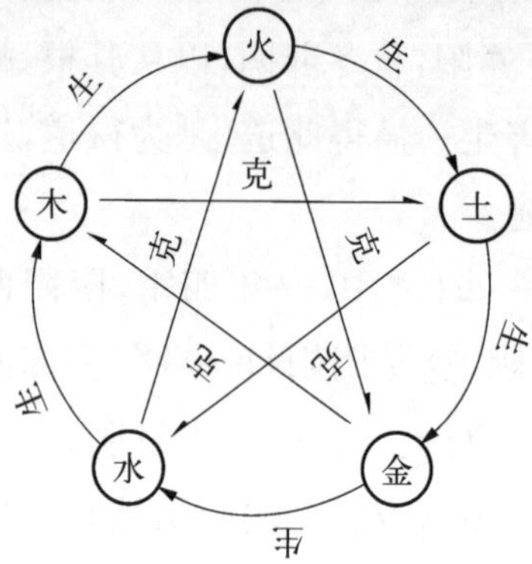

图1　五行相生相克图

与阴阳说相关,五行说最初是由判断方向的“四方”与“中”构成“五”,后再转化为五大物质之说,它们之间的排列有多种方式,与五方对应的物质是:木(对应东)、火(对应南)、金(对应西)、水(对应北)、土(对应中),最称经典的是《尚书·洪范》所列的“水火木金土”,日常语言中的通常说法是“金木水火土”。[①] 然而不管哪一种排列次序,有意思的是其排列方式并非直线,而是圆形(如图1所示)。

此图虽简,但确实能帮助我们把握五行系统的最基本内容与核心思想。

第一,五行在此是指五种具体的物质,这些物质,除金之外,都是人生存在大地上最熟悉的基本物质:各种形态的水,每日脚踩大地的土,土地上生出或栽种的木,最初钻木取火,后又以木燃烧,得到广为需要的火。金在古代一般指铁等金属,由矿石煅烧提炼而成,金也能加入五行之中,说明它根本上也取于自然,且社会已发展到了能使用铁器劳作和用金属器皿盛物的青铜时期,人类的生存与生活已离不开“金”了。如上阐述,重在说明五行之物的选择并非随意,而是来自古人对自然界存在之物价值的重视,人不能离开这些最基本的自然之物。

进一步的认识朝着两个方向发展:一是给各种物质赋予意义的解释,以五行说认定的各物之性为准,与其他不同性质之“五”相配,如五色、五味、五

① 庞朴.中国文化十一讲[M].北京:中华书局,2008:52—58.作者列了十种排列顺序,且分别作了说明。本文仅取其三。第一种为说明五行与五方的初始关系。第二种是五行在古文献中最早的出处,且被大多数学者认同为是经典。有学者质疑《尚书·洪范》的可靠性,坚持五行只与五方相关,与具体物质的代表性质无关。本人同意五行始出于五方,但后来用具体物质表达有其深意,并非不重要。第三种为日常通用说法,大众熟悉,引此说明是同一个系统。

德这样人文道德意义上的"五"，从而使五行物质之性转化为抽象意义上的准则之"性"，同时也使"五"这个数字具有超越数量符号的独特重要性；二是进入到对不同领域的五行提炼和性质、关系研究，如果从其在认识史上的价值角度看，五行引导了古代学者对各领域之基质的提炼意识，它不同于哲学中混沌的"一"，也不是只取唯一物质为基始的思维方式，而是用一组具有相关性的物质作为基始，这与古代希腊哲学中寻找物质基始元素的思维方式大不相同，五行系统因以"组群"为基始物质，使其对世界万物和宇宙的理解内含着关系与运动。

第二，五行说中要素之间的相互关系，是"生"与"克"相互作用与转化的生生不息的生命关系。生与灭是每个自然生命个体必经的生命历程，所谓"有始必有终"。整个大自然各种物质之间，也存在着相互依存与制约的生灭关系，这种关系正是自然界并不仅以个体之繁殖与死亡来维持生态动态平衡的关键所在，它也是现代生态学中的一个基本定律。古代中国则用"比相生而间相胜"的五行关系来表示。它使其中每一种"行"都具有双重功能：依顺时针方向，对相邻的"行"具有"生"的功能；对相间的"行"具有"克"的功能。若无"克"的功能制约"生"的功能，"就会生生不已，直到最后产生系统论所说的'震荡'，而震荡将导致整个系统的崩溃"。庞朴进一步指出："五行有自我约束、自我控制的机制。这使整个系统能维持平衡，保持稳定发展，而不至发生震荡，这是一个非常重要的系统论思想。"①本人认为庞朴的这一分析对于我们认识五行说实质上与系统观——20 世纪 60 年代以来逐渐成形的西方科学哲学观——之间在思维方式上的相似性极有启发，并具有震撼力，两种提法不同却具有相似性的观点产生时间相隔两千多年，产生地点相隔无边无际。

本人以为这是五行说最具生命力的一面。一种相对原始的对于世界万物关系的综合认识，对人类经漫长的科学分析时代后，重新用综合的眼光认识宇宙自然内在关系的启示，使其在人类思想史上熠熠生辉。

第三，五行的组成包含着正反双向复合运动的、具有内平衡性的"序"，

---

① 庞朴.中国文化十一讲[M].北京：中华书局，2008：59.

且是自然宇宙运作之大“序”。随着五行说的衍生,这一大“序”演化成了中华民族认识和解释人类社会、人生命运、万物万象之运行与变化的大“序”。其意义还在于由此形成了一种人生信念,给人们在逆境中依然怀有重生和改变命运的信念,不至于被完全击倒;让人们在功成名就、称心如意之时,保持谨慎、谦虚,以避免因“满”而“损”,或摧毁之力乘虚而入的可能;形成用分享、助弱等路径使“满”不达至“溢”的善良德性,生出归零、重新开辟新领域的智慧。

十分有意思且有趣的是,我们可以借用被称为“一般系统论之父”的贝塔朗菲(L.V. Bertalanffy)为拉兹洛(Ervin Laszlo)所著《系统哲学引论》所作“序”中的一段话,作为对五行说基本观点的概括性评述,再一次享受由人类认识自然系统的思维方式之相通与穿越时空所带来的惊喜,同时向我们的文化传统之智慧表达深深的敬意:“专家的假定是,宇宙是‘多元的’,它的组成部分可以充分地分离开来,让各种传统学科进行独立的研究;然而,作为一种补充,还需要用普遍的观点看待系统秩序和相互依存。”①

(3) 古中医学中的运用

五行说在中国历史上的影响之广是空前的,不仅影响到思想界各专门领域,而且渗透到日常生活实践中。庞朴称其为“中国文化的基本框架”,②本人赞同并不以为过。中医学是关涉人的生命健康和疾病治疗的学问,有几千年的实践,其对五行的应用充分证明了这一点。从《内经》这一中医学最早的经典就能看到对五行说的全面运用。

首先是物质意义上的对应。《内经》把人体内的脏称为五脏,对应于五行,同时对应于五方、五时、五色及五官。“东方青色,入通于肝,开窍于目,藏精于肝”;“南方赤色,入通于心,开窍于耳,藏精于心”;“中央黄色,入通于脾,开窍于口,藏精于脾”;“西方白色,入通于肺,开窍于鼻,藏精于肺”;“北方黑色,入通于肾,开窍于二阴,藏精于肾”。③ 在上述基本关系判断的基础上,再

① [美] 欧文·拉兹洛.系统哲学引论——一种当代思想的新范式[M].钱兆华,熊继宁,等,译.北京:商务印书馆,1998:12.

② 庞朴.中国文化十一讲[M].北京:中华书局,2008:2.

③ 张登本,孙理军.全注全译《黄帝内经》[M].北京:新世界出版社,2008:22—24.

进一步分析、指明不同季节易生的不同疾病和原因。《内经》给五行赋予了医学的术语与内涵。

其二，将五行、五方及阴阳等的关系，综合运用到对脏器相互关系的阐明，形成了对身体大系统内在关系的认识。

除五脏外，《内经》还有“十二脏器论”，指的是五脏、六腑和膻中(此指心包)。[①]《内经》就十二脏器各自的功能作了定位，强调相互间的相使关系。定位是别贵贱，即主次；相使则说明其内在相关性，其中有“主”有“臣”，有“决断”有“治节”，有“受盛”有“决渎”。从中我们可以看到五行的关系性质——相生相克、相反相成在身体系统内部的具体表现。[②]

《内经》还就每一个脏器在不同时节、不同地方的盛、弱状态，作了分门别类的阐述，指出：致平、不偏，方是健康的常人之道。[③] 认识此种相互关系及其变化，除了察人之外部表现出来的“象”，以判断其内脏之“藏”的情况外，[④]《内经》尤其强调在认识人体的复杂性时，要明白“至道在微，变化无穷”“恍惚之数，生于毫厘；毫厘之数，起于度量”。唯有达到一定的数量和程度，方可知其规律，做出判断，有关于此的体系认识方能形成，即所谓“千之万之，可以益大，推之大之，其形乃制”。[⑤] 在此，我们还能感受到关注变化度量的求精准意识，这正是医学的特征：差之毫厘，失之千里。无论是诊断，还是配方，都是如此。

五行关于“序”的独特性，在古中医学关于上述两点的简述中都已涉及，其中尤与自然季节和天、地、人三气的变化相关，[⑥]不再赘述。

尚须特别提出的是，古中医学除运用阴阳五行说来阐述人体生理系统之外，还特别关注人的精神、心理状态与身体之间的内在统一。古中医认为，人的精气神就分别落实在人身的上、中、下三部位，称为“三田”；脑是人的精神之“田”，《内经》对此作了清晰的区分：“夫五脏者，身之强也。头者，精明之

---

① 张登本，孙理军.全注全译《黄帝内经》[M].北京：新世界出版社，2008：50.

② 同上：50—53.

③ 同上：63—110.

④ 身体外部表现与内部脏器状态的相互关系，在《内经》中称为“藏象论”。

⑤ 张登本，孙理军.全注全译《黄帝内经》[M].北京：新世界出版社，2008：52.

⑥ 同上：87—91.

府,头倾视深,精神将夺矣。”[①]然而,身心又是不可分割的,这在古中医关于问诊和医治方法的取舍中表现得最明显,《内经》中多次明言,诊、治病时,不仅要了解大小便的情况和脉象,而且要“观其意志,与其病也”;[②]询问时一定要“数问其情,以从其意,得神者昌,失神者亡”;问其情还要深入到其人生遭遇与变数,[③]然后方能知其病源、病根,才可对症下药。

综上所述,古中医学的“人体观”,在《内经》中已十分深入和具体地阐明了:人体是自然的一部分,人体健康与天地万物及其自身的精神状态之间存在千变万化的复杂对应关系。它充分体现了中国传统思维关注生长变化之道及应变之策,要求医者既通基本原理,又能应对每一个具体病人做出切合其本身状态的诊断和治疗。

《内经》对此医之大道有清晰的表达:“通于无穷,究于无极也”“善言天者,必应于人;善言古者,必验于今;善言气者,必彰于物;善言应者,同天地之化;善言化言变者,通神明之理”。[④] 据此,对医者和以继承医道并教众人者,提出了“上知天文,下知地理,中知人事”[⑤]的知“天地人事”之教的要求。人们通常认为,教育学与医学有很多相似之处,读《内经》到此处,骤然发现本人提出的对“教育”一词的中国式定义——“教天地人事,育生命自觉”上半句,竟然在《内经》中找到了直接对应的传统表达根据,意外之惊喜,难以言表。[⑥]

古中医学确实是一把打开中华文明宝库的钥匙。我们需要在当代社会背景下,不只是从中西医学各有利弊的意义上,而是从中华文明与世界当代文明的复杂关系,从人与自然内在关系的意义上,重新认识中医学,重新开发

---

① 张登本,孙理军.全注全译《黄帝内经》[M].北京:新世界出版社,2008:95.“视深”指眼睛深陷而无光。

② 同上:71.

③ 同上:550.“凡未诊病者,必问尝贵后贱,虽不中邪,病从内生,名曰脱营。尝富后贫,名曰失精。”

④ 同上:391—392.

⑤ 同上:543.

⑥ 也许,这在其他古代经典著作中也有,惊喜只因来自《内经》,若不写此文,我不会去读的一本古代医学经典著作。

中医学这个藏于深山，并因饱含传统文辞术语而蒙上神秘面纱、令人却步的中华宝库。

四、古代经典形成期

古代经典形成期，是我国古代文明从基因之根生成后，长成一棵大树的过程，经历了公元前 800 年到公元前 200 年左右的漫长时期，有历史学家称其为中华文明的轴心时期。

中华民族的经典传统形成后，尽管有消长变化，但经久不衰，何以有如此强韧的生命力？这首先与我们的文化原始初创就扎根于农业文明，且因政治制度长期以“大一统”为主线，地理环境相对封闭，外在经济与文化难以进入有关；又与古代文明经典的相对早熟与丰富，遵循、继承传统的历史机制相对完善等密切相关。

古典传统期的自然观，经历了漫长和多领域的创建形成过程，呈现出既有共通之道又有不同形态的丰富多样性。其中的共通之道，至春秋战国时期，则演化为哲理形态，形成了以诸子哲学为代表的，今日可称其为经典的相对稳定系统，并在历史过程中得到持续延伸，成为主流的中坚理念。本文将其称为“古代经典自然观”。

之所以称其为“经典”，不仅因其集聚、深化了之前已有的自然观已上升到哲理层面，更因其具有强大的生命力，在此后中华民族发展的漫长历史过程中不断再生，并扩展到文化、生活的各个领域，成为中华文化的重要精神标志。

在诸子哲学中，因各家所持的立场(包括哲学、政治)和思想方法不同，有看似很不一样甚至相反的多元观点，当他们相互批驳、争辩时，这种不同更加明显。但若我们能识别他们所言说的层次与角度，进而重新梳理其基本观点，就可能看到古代传统自然观的丰富性、深刻性和启发性，意识到研究的必要与重要。故本文不取将诸子关于自然观之论述分派阐述的方式，而是按前面提出的“三观”横轴，取各家精华，作重新整合式的综述。

(一) 自然是什么

1. 自然的结构

在最一般的意义上,中国传统哲学的自然观是一致的。自然指的是人之外的宇宙天地,世间自然生长之万物。这是一个处于有规则运动变化的,具有整体生命的大有机体。自然是人真实可见、可感受其变化的存在,人的生存与其息息相关,但它不以人的意志为转移。这个认识在上述一系列论述中已经有具体说明。

李约瑟(J. Needham)曾将古代中国哲学与古代希腊、印度哲学作比较,他得出的结论是:“当希腊人和印度人很早就仔细地考虑形式逻辑的时候,中国人则一直倾向于发展辩证逻辑,与此相应,在希腊人和印度人发展机械原子论的时候,中国人则发展了有机宇宙的哲学。”[①]中国古代哲学观对宇宙认识的与众不同之特性,给异国学者留下的鲜明、深刻印象,这从另一个侧面佐证了这一自然观对古代中国而言的一般性。

然而,古代中国关于自然的哲思并不满足于此。还不断被追问的是:自然是由什么组成的?万物能否分类?怎样分类?如何表达这些分类?不同类之间的关系是什么?这是关于自然系统的结构式提问。自然是如何运行变化的?其过程有无规律可循?这是关于自然系统动态变化的过程式提问。自然究竟从何而来?有无高于实存之外的对实存起重要作用的抽象之规则存在?这是关于自然系统的“元”(含起源与规则)或“超”式提问。

前面,我们已涉及阴阳两气论,即万物都由阴阳两气交合而成,它由时空演化成对万物性质的最初判断。五行说是对物质的聚类分析,提炼出了五大最基本的元素群,赋予这些元素阴阳区别,并依据相生相克的原理排序,构成了一个具有内部平衡机制的大生态系统。

在此,我们需增加一个系统,它由八个基本卦(八卦)经不同组合构成六十四卦图的系统模式,无论在内容或结构的表达上,因八卦实现了更高的抽

① 李约瑟.中国科学技术史(第三卷)[M].《中国科学技术史》翻译小组,译.北京:科学出版社,1978:337.

象而对前两者具有了统摄作用，生成了一个更庞大且丰富的系统。但以前因民间主要用其算命而被知识人鄙视，对它远缺研究和深入认识。

八卦产生于人对万物的观察。据《周易·系辞下》所说："古者庖牺氏之王天下也，仰则观象于天，俯则观法于地，观鸟兽之文与地之宜，近取诸身，远取诸物，于是始作八卦，以通神明之德，以类万物之情。"①尽管这是一种被称为"伏羲画八卦式"的假说，但它说明了后世广为流传的八卦、易经图的创制始源是天地万物，其意义在于"通神明""类万物"，即将万物以八卦符号的方式聚类表达。所以"易"包括"象"，指宇宙万物的"现象""意象"和"法象"，由"现象"引出"意象"和"法象"。可见，无论是始作，还是意义的形成，都经历了由具体到抽象的过程。这个抽象过程就是符号化和符号排列组合的过程。

卦的基本符号为两种线条：连线"—"代表阳与刚的事物，称为阳爻；断线"- -"代表阴与柔的事物，称为阴爻。这就是后来莱布尼茨在读到时惊呼为"二进制"的中国发明。更令人惊叹的是，世上事物均可用这由爻组成的卦表示。三爻排列，构成八组，分别象征自然界的八种类型：☰乾（天）、☷坤（地）、☳震（雷）、☴巽（风）、☵坎（水）、☲离（火）、☶艮（山）、☱兑（泽），故称八卦。

在我看来，八卦是汉字之外，又一个重要的中国文字符号系统之创造，它集中表达了中国古代基于自然系统的哲学思考。八卦的每一卦都有数符组合成的"象"与专用的固定"字"组合构成，故可称其为"符字双象符号系统"。其中，图的抽象尤为独特，是数字九、六作为单数、双数代表的抽象。这可能与上古时代巫师用蓍草占筮有关，于是有了"二进制"，而每卦命名用的字被赋予专门意义，又代表了现实中存在的自然现象。要理解八卦中的每一卦，首先需要明了三重转化：由实像到卦象（算符组合）再到卦名。而后，每一卦的解释不只与卦象相关，与实像的性质相关，还需再解释卦的内部结构呈现的过程之意。② 其综合复杂程度及一套独特的话语系统，若无注解，现代人实难读懂。这一方面表明这一套符号系统的专门性已形成，另一方面，千年

① 周易·系辞下。

② 关于《易经》中对卦的解释所呈现的过程式思维特征，放在相关处再论述。

前中国古人创造符号和运用符号解释世界的智慧,着实让人惊叹。

如果与五行涉及的内容相比较,可以看到,在所涉物象方面,八卦并非五行加上三个物象组成,其中保留了水、火,去掉了金、木、土,再加上天、地、雷、风、山、泽。就整体而言,八卦对自然界的涵盖更为广大,有了天,有了地和地貌中的山与泽,还增加了雷与风这些气象类;从另一个角度看,似又更原始:八卦中没有木代表的植物,也没有青铜时代后才出现的金,八卦给我们呈现的景象是开天辟地后的洪荒时代,没有生物。也许作卦者正是要通过最原始来体现八卦的基础性意蕴。天地、气象、水火、山泽,都早于生命就存在,因此可作为更基始的类来代表世界万物。八卦交相叠加,就形成了六十四卦,通称“重卦”或“别卦”,这又呈现出八卦的生成力。

八卦与五行的另一个区别在于,八卦之间的关系并非五行的“邻相生”“间相克”式相生相克关系。首先,由基本卦阴阳关系之性质相对构成四个组合:天与地、雷与风、水与火、山与泽。而后,又由基本卦的不同叠加形成六十四卦,卦与卦之间就意向而言,也有阴阳调和之意,如刚与柔、蒙昧与开启、需求与等待、险阻与自信,等等。

六十四卦涵盖了极阳、极阴两卦之间的全部可能组合,其变化是一种由每个别卦的内结构不同而带来的,并不是相互间的相生相克关系。这在用符号表达每一类事物内部结构的复杂性上,较之五行说有了极大提高。八卦代表的是自然性的物始组,但最后每一别卦的象征远远超出了自然,达到了包罗万象的程度。其丰富与深度都超越五行说。

无论是卦的符号构成,还是卦象的意义形成,我们都能看到这一出自对自然观察、研究的符号系统呈现出极强的内外结构,由简单到复杂及“三生万物”演化生成论的哲学思维能力。至少,两千多年来,不仅在中国,而且在世界上,都再也没有第二套能与其比肩的哲学符号系统产生。

2. 自然过程动态变化

除基于阴阳说的相反相成、互倚互变,道家所谓祸兮福兮等相对简明、概要的判断之外,丰富且较清晰呈现事物变化过程的古代文献,依然要数以释六十四卦,即由卦符和解释卦符组成的《周易》为最胜。

《周易》之“易”,依郑玄的概括,有三意:一为简易,指用蓍草占卜的办法简易；二为变易，是专讲变化之经；三为不易，是指其中的大义，如“天尊地卑，乾坤定矣”等之“不易”。其核心是“变易”。司马迁的评价既概括又确切：“《易》著天地阴阳，四时五行，故长于变。”[①]

《周易》是一部集“征兆”之书，故尤注意“变”的研究。每个卦都有卦象、卦辞和爻辞（文字部分）构成。卦辞除卦名外，还对卦作总说明。爻辞是对每一爻的意象作说明，[②]所言内容关于征兆，预示的是未来的可能性、不确定性。每卦的说明至少包括三部分：一是卦象，组成卦的每一爻在卦中预示的征兆是什么、有何意；二是不同的征兆之间是什么关系；三是征兆的实现或变化需要什么条件，此征兆暗示人应该注意什么，如逢凶怎么做才能化吉，有好兆怎么做方能实现，等等。这些在筮辞中都有体现。

因为每一卦都由六爻组成，对每一爻的解释，连续起来就构成了对“变”的过程之连续性或转折性描述。正因为征兆是对未来可能又非确定性变化过程的描述，所以在“易”所呈现的时间意识中，特别增加了对时机之“机”的关注，即对事物发生转变的关节点的关注。这让我们联想起农历中对二十四节气的关注，时机意识是节点意识的动态表达，它提醒人在面对不确定性时尤其要注意转折的关节点，进而做出应对的策略选择，这是一种把握动态过程的智慧。读《周易》读不出时机感，可以认为基本没有读懂。这种对不确定性的研究，用当代时髦的话来说，是后现代式的研究。在我看来，它比后现代更有力量：在不确定性面前的基本态度是机智应变，而非无奈。这正是中国传统文化深到骨子里的自强精神所渗透生成的力量。在此，我们又一次看到当代时髦哲学与中国古老经典的相遇，看到长期被视为迷信之说的“易”内所藏的智慧光辉。

3. 自然系统元问题

本文在中华创世神话部分已谈到：宇宙、天、地、人都内含在混沌之中，混沌是天、地、人的共同之源。到先秦时期，哲人的思考已从神话中走出。对于儒家来说，天就是最高的自然存在，并不再追求天之后面还有什么更为根

---

① 史记·太史公自序。

② 《周易》共有卦辞64条，爻辞384条，另有乾、坤两卦的两则“用”辞，共450条，总称筮辞，即《易》的经文。引自：冯天瑜.中华元典精神[M].上海：上海人民出版社，1994：76.

本的存在或规则。对此问题做执着探究并提出系列论点的是老子,集中表现在他唯一存世并被称为道家经典的《道德经》中,那就是“道”之说。[①]

“道”在老子的哲学中是十分重要的概念,《道德经》全篇首句就表明,“道”非我们寻常所言的道路、道理之“道”,它是“万物之始”“万物之母”,[②]“有物混成,先天地生。……吾不知其名,强字之曰‘道’”,[③]“是谓天地根”。[④] 进一步的解释更富有哲学意蕴,老子提出了“万物生于有,有生于无”[⑤]的“无中生有”之“无有”关系。紧接着的一段表述是:“道生一,一生二,二生三,三生万物”,[⑥]由此可见,“道”即是无,是生之本原,从中生出天地万物未分之混沌元气之“有”,且由此“一”再生出天地阴阳之“二”,经阴阳混合之“三”则生出万物,即天地交而万物生。这一切都是由“无”而“生”的。这个“无”与“有”之分,就使“道”的性质、层次与天地万物都不同,具有了独一无二的本原之性。在此,我们可以看到“道”与西方的“上帝”大不同。老子的“道”是“无”,它包容着万物,故能生万物,而“上帝”是作为创造神而存在的绝对唯一。另外,“上帝”自身不变,但“道”却是动的,“反者道之动”,[⑦]它处于阴阳互换的恒动之中,即表现出“独立而不改,周行而不殆”[⑧]的品质。

“道”作为宇宙之本,先于天地,为万物之母,且有不受其他任何存在影响的独立地位。如此唯一之“道”,除了生万物之外,它与万物的关系是什么?

首先,“道”是天、地、人世间万物之法。用老子的话来说,就是:“故道大,天大,地大,人亦大。域中有四大,而人居其一焉。”[⑨]把人的地位只视为四大之一,表明了老子不把人当作唯一之大的立场。紧接着,他又进一步阐明四大的关系,这就是众所周知的名言:“人法地,地法天,天法道,道法自

---

① 关于“道”,《庄子》中也有不少论述,但基本上是强化老子的观点,并用他的思维和语言表达方式,更加极端和恣意汪洋。在此,以老子的《道德经》为分析的主要依据。

② 道德经·第一章。

③ 道德经·第二十五章。

④ 道德经·第六章。

⑤ 道德经·第四十一章。

⑥ 道德经·第四十二章。

⑦ 道德经·第四十章。

⑧⑨ 道德经·第二十五章。

然。”[①]在这里，人处于一系列“法”的最末端，人要以地、天、道为则。从宇宙起源来看，这是合理的，相对于地、天、道，人最渺小。但令人意外的是，被看作万物之本、之始的“道”之上，居然还有一个“自然”，“道”需法“自然”。这个“自然”究竟是何物？

显然，此“自然”并不是指一般理解的包括天地万物的人之外事物的总称——实体意义上的“自然”，通读《道德经》全文，可以认识到，这里的“自然”指的是一种适用于任何事物发展的，可称为“自然而然”的法则。

“道”是虚无，与万物的关系是生育万物，但它并不占有和主宰万物，“生之，畜之，生而不有，为而不恃，长而不宰”，[②]这是道之运行的特有规律，老子称其为“玄德”。如此之“德”只是助物“功成事遂”，[③]顺其自然。因此，老子之“道”是自身无欲、无名并无愿，而只是顺应万物各自的“自然”之性，故能助“万物将自化”，[④]“辅万物之自然”，[⑤]而不是去违背万物之本身；它是“以身观身，以家观家，以乡观乡，以邦观邦，以天下观天下”，[⑥]而不是离开事物本身去制物。老子还把这样基于他物、利于他物的道之德称为“上善”，并以水为喻，形象地说明了“自然而然”的规则：“上善若水。水善利万物而不争，处众人之所恶，故几于道。”[⑦]水自身无形，只随器而形，在方为方，在圆为圆；善顺天时，与万物无争，故无怨无咎，能喻为“道”。

本人以为，解开老子所言“道”的神秘性之要害，即在于对“道法自然”之“自然”的理解跳出实存范畴。只有进入到法则的层次，即“道”本身为“无”，它是万物运行共同遵循的一个根本法则：顺其自然而成其然——自然而然，老子以此明道告诫人自身应如何对待实存之自然和为人处事。将人事与自然统一到他认为的最根基性的自然法则之中。“法自然”，在老子的《道德经》中达到了最高层次：人要法自然之大法——自然而然。正因为如此，我并不

---

① 道德经·第二十五章。

② 道德经·第十章。

③ 道德经·第十七章。

④ 道德经·第三十七章。

⑤ 道德经·第六十四章。

⑥ 道德经·第五十四章。

⑦ 道德经·第八章。

认同有学者或宗教信仰者,把老子的哲学看作是一种宗教式的信仰。与此相反,老子恰恰是看透了他当时所处时代的种种乱象及其源于私和欲的本相,而提出了“去私”“去欲”“去智”“去治”的“法自然”之道,他恰恰是最重自然之道的哲人,与后世借其名而成的道教,并无信仰上的共同之处。

由此,我们也可以确定无疑地认为,老子提出并回答了自然的元问题:自然就是呈现自行其然之规律的载体,是形而上之道的具体、丰富而多样的各种自存之物。这一哲学认识,不仅在当时超越众人之上、独一无二,就是今天看来,依然有警世价值。

总之,上述在经典自然观有关“自然是什么”的哲理表达中,我们看到了古代哲人的超常创造力。他们不再只是描述自然,只是就自然论自然,而是在形而上的高度提出问题,创造出符号系统以表达事物的结构;用符号的有规则重组和运转来揭示万物变化过程;赋予“道”这个概念以形而上的意义,达到对自然基本法则的认识。同时,又能密切关注形而下的器物与人事等问题。这将在下面作进一步论述。

(二)自然与人的关系

我国至西周已基本完成了由鬼神崇拜向尊天敬祖崇拜的转化,最高的统治者被称为“天子”,百姓则被称为“子民”。社会文明和制度也达到了相当的成熟度,并形成了一套“以天为则”的礼制,用以巩固社会制度与秩序,规范人的道德行为和组织社会系统中的主要生产活动与氏族、家族内的公共活动。天人礼制的对应关系勾勒了人与自然的基本“合一”关系。

1. 天的双重含义

礼制所依据的天具有双重含义:一为“自然之天”,它具有自己的运行法则,人只能顺天而行,且以天之所为做榜样,遵循之以求得福;二为主宰人世的最高意志之天命,暂称其为“人文之天”,即所谓天意、天命,这是无条件、无理性可言的意志式天意、天命,它不是以言语的方式,而只用天象等方式预示或发出警告,唯有识得天象之卜师等非凡之人方能作出解释。它不可抗、不可违,若违抗则必遭祸害。统治者尤其重视这种“人文之天”,它关系到其统治地位的合法性与可巩固性,故在官府设专门观察和记录天象的天官、卜师、祭司等不同官职，出现了"天意人解"的独特天人关系。正是这种天之概念的双重性和"依天制礼""天意人解"的释天方式之存在，标志了在天人相分的现实前提下，为社会生存发展和维护统治者权力的"天人合一"关系原则，已确立为主导型的意识形态，呈现了中国古代自然与人文不可分割的关系，已经深入到概念的内部了。尽管到春秋战国时期，社会动荡混乱，诸子百家争鸣，但并未动摇"天人合一"这一原则，各派哲人只是用各自对天的理解来表达这种"天人合一"观，他们之间的区别，究其现实根源，恰恰是在对制度、治理、道德及其形成等的不同观点与态度，而不是天本身。

2. 天人关系观的不同表达

这一点，代表儒家的孔子说得最简明，他对天的态度相对明朗且少言。《论语》有记："夫子之言性与天道，不可得而闻也。"①他不语的还有怪、力、乱、神，明确表示"未能事人，焉能事鬼?""未知生，焉知死"。② 这十分坦率地亮出了他以人的现世之生和人间之态为自己学问主心骨的儒家论理立场。

在孔子眼里，自然之天不言："天何言哉？四时行焉，百物生焉，天何言哉?"③但这并不意味着孔子不在乎"人文之天"，他自言自己做学问是"述而不作，信而好古"，④此言中的"古"指的就是"周公之礼"，这些礼在孔子眼里是最完美的，是体现依"天之序"而作的"人之序"，是天人合一的制度，且在政事和生活实践中已成常规，是天道在人间的切实体现。他直言"吾从周"，⑤孔子以直接维护、阐述和力行周礼来体现他对"人文之天"的遵奉。尽管孔子殚精竭虑之事是为仁、卫礼、清明之政、道德之乡的理想大业，整本《论语》几乎处处在讲礼：生死之道要从礼，"生，事之以礼；死，葬之以礼，祭之以礼"；⑥人的行为以礼为准，"非礼勿视，非礼勿听，非礼勿言，非礼勿动"；⑦治

① 论语·公冶长第五。
② 论语·先进第十一。
③ 论语·阳货第十七。
④ 论述·述而第七。
⑤ 论语·八佾第三。
⑥ 论语·为政第二。
⑦ 论语·颜渊第十二。

理只要“上好礼,则民易使也”,[①]在孔子的心目中,礼是基本稳定而不大变的,所以当政者只要“其或继周者,虽百世可知也”。[②] 孔子对“周礼”的重视真可说到了“天网恢恢”的地步。尤其要指出的是,孔子作了一个重要的转换:使一般人认同的“天道之理”实实在在地落到了人间,成了包括政治制度、社会道德和个人修养等诸方面的“人道之礼”。“天理”向“人礼”的转换,是天人合一关系在根上的同一。这为后世的统治者提供了一种维护统治的手段,把实为“人意”的企图,转化为“天理”的要求,用来强化其所言所行、所获所有的权威性和合理性。这种逆向“合一”的效果,定是孔子始料未及的。

除此以外,孔子还直言天命,认为君子必须要有“三畏”:“畏天命、畏大人、畏圣人之言。”[③]强调人不能“获罪于天”。[④] “知天命”是他个人一生“志于学”之后的重要阶段,而后才达到“耳顺”“从心所欲不逾矩”。[⑤]

总之,孔子虽不言天,但他对天命之威十分清楚,认定天命是最高的“矩”,故努力知之,真心畏之。

但孔子对实存的大自然是热爱的。他要学生读《诗》,除了为能“言”之外,还为多识鸟兽、草木之名;他借松树的品格励志:“岁寒,然后知松柏之后凋也。”[⑥]面对滚滚东去的江水,他发出了“逝者如斯夫,不舍昼夜”[⑦]的无尽感叹,叹时光之流逝、历史之无情、人生之短促。孔子的不得志,也让他产生对自然的向往,希望世道安稳如常,他能沐浴着春风,在沂水畔歌之舞之,享受大自然的美好春光。[⑧] 艰难的卫道过程,也使他想到过,若“道不行”,则“乘桴浮于海”。[⑨] 孔子的这些言行,让我们看到中国古代士人托物言志、寄情山水,把自然当作自己不得志、退出社会政治纷争的安身立命之地,这个传统源

---

① 论语·宪问第十四。
② 论语·为政第二。
③ 论语·季氏第十六。
④ 论语·八佾第三。
⑤ 论语·为政第二。
⑥ 论语·子罕第九。
⑦ 论语·子罕第九。
⑧ 论语·先进第十一。
⑨ 论语·公冶长第五。

远流长。这是古代士人与大自然之间建立起精神相通的一种独特的天人关系。庄子则是该时期将避世、回归自然，所谓去尽人欲，从自然中悟出一套人生、处世哲理的方式推向极致的无可替代的人物。

在儒家中，对自然之道不同于人世之理有最清醒认识的是荀子。其最著名的论断集中在《天论》中，《天论》开篇即是“天行有常，不为尧存，不为桀亡”，故人间的问题，“不可以怨天，其道然也”，“明于天人之分，则可谓至人矣”。在当时一片“天人相应”“天人合一”的潮流中，荀子能说出这番话，需要多大的清醒和勇气！确实可以称他为“明于天人之分”的圣人。他主张人要知天，是为了可以顺时而有所作为，比如“繁启蕃长于春夏，蓄积收藏于秋冬”，农、牧生产若要有成，必须如此行之。如若遇到一些反常的自然现象，“怪之，可也；而畏之，非也”。进而，荀子得出的人对天的态度应是“制天命而用之”。如果人不是这样去认识和对待天，并去行动，那就是“错人而思天，则失万物之情”。这里要说明的是，荀子的“制天命而用之”，与近现代人所谓的改造自然、战胜自然并不相同。他所强调的“制”是顺应大自然本身的变化，“用”是使自然的能量有助于“万物”之成。这是人与“自然之天”合乎理性的顺应关系，而不是因畏惧自然力量的一种屈从。荀子强调的是人应该认识和主动顺应不可改变的“自然之天”。

此外，荀子还致力于打破天道与人道的非理性纠合。在他心目中，“水火有气而无生，草木有生而无知，禽兽有知而无义；人有气、有生、有知，亦且有义，故最为天下贵也”。[①] 基于这样的判断，荀子与孔子不同，他提出了礼的三种区分：“礼有三本：天地者，生之本也；先祖者，类之本也；君师者，治之本也。……故礼，上事天，下事地，尊先祖而隆君师，是礼之三本也。”[②]这是对天地人事之区别。有了区别，才会各司其职，而非盲目地敬与畏。

荀子这些惊世骇俗的言论在儒家中是不能容的，故后世儒家常不把他列入其中。但在我看来，他是清醒的儒士，其所以能清醒，在于他不畏、不苟、好学、善思和敢于批判所谓常理，且能提出一系列不同于自然界天道的建设性

---

① 荀子·王制。
② 荀子·礼论。

的治国、修身之道。这种独立人格和批判性思维在荀子学说中体现得淋漓尽致。可惜的是此后未得到重视和充分发扬,未成为具有主导性的学术意识,只是历史天空中的闪电霹雷,划破长空而未回旋不绝,未成为儒学史及其对现实影响的主旋律。

老子的自然观,使他成为先秦时期主张在事实上将当时儒家力主的人文之道与自然之道作彻底区分者。但他仍然主张人最终应法自然,即造化的自然而然的“道”。从根本上来看,在主张“天人合一”原则上儒道之间无大的不同,但在对天之道的规定上完全不同。由此引出了在国家治理上全然相反的主张,诸如主张无为而治、不教之教等。儒道之间哲学观、社会治理观和人性观、教育观等的重要区别,根子恰恰是在对自然的理解上。这再一次表明,要真正理解中国古代经典哲学的根,必须深入到自然观的透析。然而,虽然儒道在“天人合一”之“道”的认同上没有分歧,但老子认同的自然造化律,不可能完全适用于人的社会,尤其是当时纷乱的现实世道。因此,老子的哲学就成了一种避世、出世的人生哲学,也常成为后世知识人在无力改变社会现实时用来慰藉心灵而采取的人生态度。

3. 人之天性的不同观点

人的天性,不是指身体意义上的自然性,即人生来就具有的人性之自然性的有意识探讨,亦即所谓人性问题,在儒家内部已开始。就孔子而言,关于人之天性的观点,主要在认识论上,即众所周知的“唯上知与下愚不移”。[①] 他认为自己也是“学而知之”者,对于大多数人来说,可以通过“学”“习”与“教”使人性变得完善,符合仁义道德之礼。孔子常言及的“君子”“小人”之别,并非指天生而成,而是指现实中成为、存在的两种人格优劣之别。唯有对不用心学、偷懒或兴趣在学仁义之道之外的人,孔子才以“朽木不可雕也”喻之、叹之! 孟子则明确提出人性本善,人生而具有“善端”和“浩然之气”,所以只要发其“善端”,养其“浩然之气”,就能成为真君子。荀子所持的观点恰与孟子相反,他主张人性本恶,即人生而具有的是各种满足生理需要的欲望,且这些欲望永不知足,故好的品质要靠后天学习和外界制约方能形

① 论语·阳货第十七。

成。讨论这些观点不是本文的议题，之所以提出这个问题，是为了说明：至先秦，哲人对人之自然性的认识，已经包括了身心两个方面，即达到了对整体意义上的人之自然性的自觉探讨。① 把初生于世的人，从身体、认知可能及人性之端都看作自然之人，这是先秦哲人在对人的自然性认识上的丰富与发展。

作为过程哲学的《周易》所体现的天人关系，在对卦象的注解与阐释中表现得天衣无缝，随需而变。这是在过程的意义上认同天道、人事及个体道德都遵循同样的过程逻辑，是过程观意义上的“天人合一”。

正是从上述几个方面，我们可以断言：“天人合一”的人与自然之关系准则，在先秦时期已经在哲理层次上，成为经典自然观的重要构成，而非只体现在神话、农业或医学等具体领域内的基本原理上。

（三）以天为则

中国古代的自然观由神鬼之道转化为造化之道，再上升到自然与人文复合意义上的天道，把天提升到了绝对的高度：无论是自然万物，还是人类的生产、生活，乃至个体的生死祸福，在冥冥之中都不能违背天意。天意、天则成了最高的绝对命令，连天子——人间的统治者也不能违抗。人，只能顺应天道，方能实现自己的期望，这就是常言的“听天由命”。

越是做对的、善的事，就越能得到天意的支持；人犯了错误，若能知错、认错、求饶恕，也会有重新获得好运的机会；如果坚持错误，或越来越放肆，则会遭到天的报应。天是人间缺乏公平时最终的判决者，所谓“善有善报，恶有恶报；不是不报，时候未到；时机一到，一切都报”成了普通百姓的一种信仰。

天更积极的作用是被当作智慧的启示者和道德的示范者。观察、认识自然之道，具有启发和提倡高尚道德的价值。这样的转换往往通过类比的方式来实现。在先秦哲人的论述中大量存在着这样的类推。

作为自然性的天，除了与人的物质生存和生活相关之外，还经常作为人

---

① 老子因其强调一切都已自然生成，人要关注的只是“顺其自然”，而自然之道本身无所谓偏爱，只是助其成己，故并不着意探讨人性善恶问题。所以，本文不再作专述，仅以此注说明。

们抒发情感和创造各种艺术、精神财富的不竭源泉,成为人的精神生活的组成部分。以最古老的《诗经》而言,就内含着丰富的自然世界之描述,以及人们由此引发的、借此抒发的情与志。中国的诗歌自源头起就形成了借物抒情、情景交融、物人相通的独特传统。此后,又渐渐发展出关于自然以及人在自然中的活动描述,任何艺术方式对此都有出色的表现。

五、几点结论

(一)中华文明在史前传说中就表达了人与天地、宇宙混沌共生的观念。人是自然的内在构成。人还通过自己的奋斗实现了开天辟地之伟业,获得了自由而广阔的生存空间。中华原始神话是民族魂的夸张,却呈现了中华民族的精神信仰,积极面对自然的自强、乐观之精神面貌的本色。后继的文明社会承继了这一本色,并得到持续、丰富和不断提升。

(二)中华古代文明基于农耕生产,与自然界天然地保持着生存、生产、生活意义上息息相关的依存关系。古代先辈对自然的观察、思考和认识的深度与持续性,以及整体互渗、过程互动、万物关联、生生不息的思维方式,使其成果达到的高度与独特性,独树一帜于世界古代史,直至今日依然具有重要的价值。

(三)中华古代文明在整体上呈现出浓郁的以自然为根的气息。人文与自然的深度纠缠,不仅表现在涉及面的广泛多元上,还表现为层次的不断提升:从文明最基础的文字符号——汉字始,到阴阳两气物质性、五行基质的提出,再推及各领域中“元”的提炼;用“一”“二”“三”表达万物之间的生生关系;五行相生相克的关系模式,既反映了“元”之间的次序,又呈现了系统内的平衡机制和运转模式;它使计数和数字符号呈现出自然、人文的色彩。这一人文与自然的纠缠还达到了主要概念层次,如天本身内含着自然与人文的复合性;自然内含着造化的总称和万物生长须遵循的自然而然之法则的双重意义,等等。

最后,关于自然、自然与人的多种关系、自然的价值等自然观的经典观念,除了渗透在农历所代表的时间文化,以及《黄帝内经》所代表的人体医学文化中，还经由先秦诸子提升到哲理层面，呈现出独特的思维方式与文化底色。《周易》则作为能预测万物变化的最早之过程哲学独傲于世。

中华古代文明的自然观至秦汉已处成熟阶段，并形成了由不同层次、不同方面组成的独特符号系列的中华文明表达体系，可称其为中华经典自然观，且达到了世界古文明的高峰。

（四）中华古代经典自然观之所以能代代相传，一则因为中国很早就形成了文字、学校、制度等多种基于官方的正式的传播与活动系统，再则是因为基于农耕文化所形成的民间系统的长期存在，绝大部分农业人口虽不识字，但始终不离土地，与自然朝夕相处，又通过习俗传统、口语文化、戏剧等形式，便使经典自然观在家家户户广为流传，延续至今。随着城市的发展，城市居民虽呈增长趋势，但敬重祖先的传统，使来自农村的城里人之根还在乡土；城里人的生活虽远离农村自然，但精神深处的根还未完全脱离自然。由此可见，中华古代文明中天人相合的理念，不只是意识形态的、文化符号的存在，它还是实践的、生活的活体存在；它不仅体现在政府、社会等公共制度和公共活动层面，而且还渗透于每个人的生活方式、精神生活，成为不可或缺的重要构成，因而具有强大的生命力，千年相传而不失其本。

（五）时至今日，我们要全面深入地理解中华古文明的经典自然观，必须“去蔽”，只持古代一派之言、一方之史，均难以完成。对如此多元、博大、综合、动态、复杂、系统的经典自然观之把握，需要我们打开视野，改变思维方法，重新阅读史书与经典著作，以突破原有粗疏和偏颇的认识框架，认真抽析多派哲理的精华，加以综合，形成新的认识。这一溯源过程本身，也是我们自身对自然的再认识，对中国古代文化中自然观的再认识。就本人而言，这是一次个人意义上的对中华文明之根的回归，是因回归而获得精神生命的滋养过程。没有这些改变，我们很难真正读懂传统、热爱传统并深度发挥传统的教育价值，很难真正使中华传统中精深的自然观在今日得到复兴、发扬并实现创造性的转化。

应该说，这一研究尚有很长的路要走，庆幸的是，我们已经踏上征程。

四气调神与生命之道

——《黄帝内经》的视角

刘良华*

《黄帝内经》的基本思路是先讲天地(自然)如何,然后以类似"故人亦应之"的修辞,劝告人类必须守护天人相应的养生大法。在《黄帝内经》第一卷中,《上古天真论》重点讨论天人相应。《四气调神大论》和《生气通天论》在讨论天人相应的同时,增加了有关阴阳哲学的讨论。《金匮真言论》则在天人相应、阴阳哲学的基础之上,又增加了藏象理论的讨论。

《黄帝内经》是中医四大经典之一。[①]《黄帝内经》分《素问》和《灵枢》两个部分,各18卷、81篇,共计162篇。[②]"素问"即"平素问答"之书。"灵枢"即"神灵之枢要",也有人认为"灵枢"来自道家之《玉枢》《神枢》《灵轴》等经。[③]

《黄帝内经》重点不在"治已病",而在"治未病"。[④]"治未病"的主要途径是应和自然、"四气调神"。具体内容主要包括三个理论:一是天人相应(或

---

* 作者简介:刘良华,华东师范大学课程与教学研究所教授。

① 中医四大经典为《黄帝内经》《难经》《伤寒杂病论》《神农本草经》。四大经典之中,《难经》和《伤寒杂病论》皆由《黄帝内经》派生。《难经》原名《黄帝八十一难经》,以问答形式阐释《黄帝内经》精义,相传为扁鹊所作。《伤寒杂病论》由张仲景根据《黄帝内经》之六经受寒的伤寒理论发展而成。《神农本草经》虽然与《黄帝内经》无直接联系,但本草论与《黄帝内经》之道法自然暗合。李时珍后来依据《神农本草经》发展出《本草纲目》。

② 每卷大致围绕某个主题展开,《素问》每卷一般为四篇,最多六篇,偶尔也单篇作为一卷。而《灵枢》每卷最少三篇,最多十二篇。

③ 也有人认为,有形者生于无形,故有太易、太初、太始、太素之说。"太素,质之始也。"《素问》之名与此有关。详见:黄帝内经[M].姚春鹏,译注.北京:中华书局,2010:前言.

④ 《黄帝内经·素问·四气调神大论》云:"圣人不治已病治未病。"

天人合一)；二是阴阳五行；三是藏象论。《黄帝内经》博大精深，但有关天人相应、阴阳五行、藏象论的身体教育哲学讨论，主要集中于《素问》的前三卷尤其是第一卷(共四篇)。

一、天 人 相 应

《素问·上古天真论》是《黄帝内经》的开篇。《素问·上古天真论》重点讨论天人相应身体教育哲学，并将天人相应聚焦于自然与人体(尤其是男女的差别)的互动。

《素问·上古天真论》分三章。前言介绍黄帝的德性与智慧。“昔在黄帝，生而神灵，弱而能言，幼而徇齐，长而敦敏，成而登天。”第一章讨论如何道法自然，“百岁而动作不衰”，避免背道而驰，“年半百而动作皆衰”。第二章讨论女子的精气神及其年龄特征。第三章讨论男子的精气神及其年龄特征。最后以真人、至人、圣人与贤人的养生之道作为小结。

(一) 上古天真之人的养生之道

第一章为道法自然、天人相应之“总论”，讨论如何减少人的过度的食欲、性欲和功利欲。

黄帝问于天师岐伯曰：“余闻上古之人，春秋皆度百岁，而动作不衰；今时之人，年半百而动作皆衰者。时世异耶？人将失之耶？”在黄帝和天师岐伯之间，黄帝为上古之人，而岐伯为“上古天真”之人。[①]

黄帝的困惑是：上古之人年龄超过百岁而依然动作不衰，今人年过半百则动作衰弱。这究竟是因为时代的不同，还是因为人失去了养生之道的缘故？

岐伯答曰：“上古之人，其知道者，法于阴阳，和于术数，食饮有节，起居有常，不妄作劳，故能形与神俱，而尽终其天年，度百岁乃去。今时之人不然也，以酒为浆，以妄为常，醉以入房，以欲竭其精，以耗散其真。不知持满，不时御

---

① 《黄帝内经》之黄帝向岐伯请教，类似《庄子·在宥》之黄帝拜见广成子。

神,务快其心,逆于生乐,起居无节,故半百而衰也。”①

也就是说,古人道法自然,今人背道而驰。古人与今人以不同方式对待欲望。(1) 关于食欲。古人饮食有节,今人以酒为浆。(2) 关于性欲。古人不妄作劳,今人以妄为常,醉以入房,因纵欲而导致精气枯竭,因过度损耗而导致真气逸散,不懂得保持精气的满盈。(3) 关于名利欲。利欲熏心、奔波劳神而影响作息的节奏。古人起居有常,今人起居无节。不在适当的时刻养神(“不时御神”),利欲熏心而纵欲(“务快其心”),悖逆日出而作日落而息的生活之乐(“逆于生乐”)。②

为了解决食欲、性欲和功利欲三大问题,岐伯转述“上古圣人之教”:“夫上古圣人之教也,下皆为之。虚邪贼风,避之有时,恬惔虚无,真气从之,精神内守,病安从来?③ 是以志闲而少欲,心安而不惧,形劳而不倦,④气从以顺,各从其欲,皆得所愿。故美其食,任其服,乐其俗,高下不相慕,其民故自朴。⑤ 是以嗜欲不能劳其目,淫邪不能惑其心。愚智贤不肖,不惧于物,故合于道。所以能年皆度百岁而动作不衰者,以其德全不危故也。”

此节重点讨论“虚邪贼风”与“精神内守”(主要是“恬惔虚无”)的关系。

“虚邪贼风”主要来自外部自然的风、寒、暑、湿、燥、火等“六淫”。“六淫”之中,风与寒最容易致病:“风者,百病之始也。”⑥又曰:“风者,百病之长也。”⑦中医视邪风为百病之长,强调“圣人避风,如避矢石”。《灵枢·九宫八风》云:“风从其所居之乡来为实风,主生长,养万物;从其冲后来为虚风,伤人

① 此处所谓“以欲竭其精,以耗散其真”,与《老子》二十一章呼应:“冥中有精,其精甚真,其中有信。”

② 论古人的顺序是,“食饮有节,起居有常,不妄作劳”。论今人的顺序是,食饮无节、作劳无节、起居无节。作劳无节即“以妄为常,醉以入房,以欲竭其精,以耗散其真。不知持满”。然后提出“不时御神,务快其心,逆于生乐,起居无节”并归纳为“起居无节”。

③ 《黄帝内经》之“恬惔虚无,真气从之,精神内守,病安从来?”与《庄子·刻意》呼应:“夫恬惔寂漠虚无无为,此天地之平而道德之质也。……平易恬惔,则忧患不能入,邪气不能袭,故其德全而神不亏。”后来有“泰山崩于前而色不变,麋鹿兴于左而目不瞬”之说。详见:北宋苏洵之《心术》。

④ 《庄子·刻意》云:“形劳而不休则弊,精用而不已则竭。”

⑤ 《黄帝内经》之“美其食,任其服,乐其俗,高下不相慕,其民故曰朴”与《老子》八十章呼应:“甘其食,美其服,安其居,乐其俗。邻国相望,鸡犬之声相闻,民至老死不相往来。”

⑥ 素问·生气通天论。

⑦ 素问·玉机真藏论。

者也，主杀主害者。谨候虚风而避之，故圣人曰：避虚邪之道，如避矢石然，邪弗能害，此之谓也。”风从其所居之乡而来，即为“实风”。“实风”有利于万物生养，比如春天之东风，夏天之南风，秋天之西风，冬天之北风。而“虚风”与时令季节相冲突，为反季节、反常之风。现代人所开发的电风扇、空调之冷风、冷气或暖风、暖气，皆为“虚风”。“虚风”为有害于万物的不正之风。

避开“虚邪贼风”的直接办法是在时间上和空间上避开风头。但是，《黄帝内经》推荐的主要方法并非在时间和空间上避开风头而是内心之“恬惔虚无”。“恬惔虚无，真气从之，精神内守，病安从来？”《素问·刺法论篇》则云，“其气不正，故有邪干”；“正气存内，邪不可干”。在时间和空间上避开“虚邪贼风”固然重要，但“虚邪贼风”随时发生，防不胜防，无处躲避。与其东躲西藏，不如内心强大。任尔东南西北风，我自岿然不动。[①]

所谓内心强大，在《黄帝内经》那里意味着“恬惔虚无”“志闲而少欲”。只要做到“志闲而少欲”，则“心安而不惧，形劳而不倦，气从以顺”。[②]“志闲而少欲”并非“灭人欲”，而是“各从其欲，皆得所愿”。[③] 既“志闲而少欲”而又“各从其欲，皆得所愿”的具体表现是：“美其食，任其服，乐其俗，高下不相慕，其民故曰朴。”(1) 饥则食，合胃口则美。(2) 舒适则穿(尤其是内衣)。[④] 吃饭与穿衣以解决饱、温为标准。入乡随俗，随遇而安，不吃反季节食品，不穿奇装异服。(3) 不为名利而与他人攀比(“高下不相慕”)。做到这三条，就称得上道法自然、自然朴实的生活(“其民故自朴”)。

最后是本章小结。(1) 嗜欲不能劳其目。(2) 淫邪不能惑其心。(3) 无论愚还是智，无论贤还是不肖，皆不惧于物。这就是道法自然的生活(合于道)。上古之人之所以“能年皆度百岁而动作不衰”，正因为其“合于道”，德全而不危。《素问·阴阳应象大论》云天道与人道同出而名异。“知之则强，不知则老，故同出而名异耳。智者察同，愚者察异。愚者不足，智者有余，有余

---

① 郑板桥《竹石》云：“咬定青山不放松，立根原在破岩中。千磨万击还坚劲，任尔东西南北风。”

② 《庄子·在宥》则云：“必静必清，无劳汝形，无摇汝精，乃可以长生。”

③ 禅宗的办法则是：“饥则食，困则睡”；“物来则应，往者不留”。详见后文有关禅宗的讨论。

④ 在动物界，服饰(雄性动物的羽毛)是性爱的竞争手段。

则耳目聪明,身体轻强,老者复壮,壮者益治。是以圣人为无为之事,乐恬惔之能,从欲快志于虚无之守,故寿命无穷,与天地终。此圣人之治身也。”愚者看重天人之间的差异,智者看到天人之间的相同。① 因此,“圣人为无为之事,乐恬惔之能”,以守“虚无”为快乐,故寿命无穷,自然而终。

(二) 女子养生之道

第二章论女子之精气神及其年龄特征。黄帝的提问是:“人年老而无子者,材力尽邪? 将天数然也?”

岐伯曰:“女子七岁,肾气实,齿更发长。二七而天癸至,任脉通,太冲脉盛,月事以时下,故有子。三七,肾气平均,故真牙生而长极。四七,筋骨坚,发长极,身体盛壮。五七,阳明脉衰,面始焦,发始堕。六七,三阳脉衰于上,面皆焦,发始白。七七,任脉虚,太冲脉衰少,天癸竭,地道不通,故形坏而无子也。”

女子精气神的变化以七为单位。每增长七岁,则精气神出现阶段性的变化。精气神的变化取决于五脏六腑以及相关的奇经八脉。

1. 女子 7 岁,“肾气实,齿更发长”。肾气盛而导致两个看得见的变化:一是换牙,由乳牙更换为恒牙;二是换头发。“黄毛丫头”长出浓密的头发。牙齿与头发皆与肾气有关。② 此外,由于肾气实,此阶段的女孩开始出现性别意识,不再是“青梅竹马,两小无猜”的年龄。③

2. 女子 14 岁,“天癸至,任脉通,太冲脉盛,月事以时下,故有子”。天癸由肾气转化而来,可称为“元气”,也称为“雌性激素”(男性为雄性激素)。天癸充足则“任脉通,太冲脉盛”。任督二脉皆始于丹田。任脉主阴,督脉主阳。

---

① 有人由此认为“察同”与“察异”显示了东西文化的差别。详见:严火其.智者察同,愚者察异:对东西方科学的一种哲学解读[J].江海学刊,2002(6):50—56.

② 按照中医的思路,无论男女,若牙齿和头发质量不好或遗尿,则须补肾。由于甜食对肾气的充盈有抑制作用,所以要少吃甜食。详见:徐文兵.《黄帝内经》现学现用[M].北京:中华书局,2010:106—107.

③ 肾气来源于精气。补精的最佳途径是多吃粮食,以粮食(如五谷、红薯、土豆等)为主食,以瓜果蔬菜为副食。粮食是种子,聚集了植物的精气。瓜果和蔬菜不是种子,只能做补精的辅助。从中医的视角来看,一切不能做种子的食物,比如杂交水稻、转基因粮食,其营养皆不如能够做种子的食物。

中医学认为，任脉由会阴经过阴道，然后沿着腹部正中线经过肚脐一直往上走，止于口唇下方（故"人中"为急救昏厥要穴）。任脉通则嘴唇丰满，有生育基础。[①] 太冲脉也始于丹田，是任脉的辅助。"天癸至，任脉通，太冲脉盛"导致两个变化：一是开始出现月经；二是开始具有生育功能（尽管尚未完全发育成熟）。现代女子一般会提前来月经，主要有两个原因：一是食品激素太多，二是夜晚开灯，光照时间加长。[②]

3. 女子 21 岁，"肾气平均，故真牙生而长极"。这是女子最美的年龄。天癸足，任脉、太冲脉通畅，肾气分布到全身（"肾气平均"）。出现两个明显的变化：首先是长出"真齿"（智齿）；其次是第二性征明显，皮肤柔嫩，[③]骨骼、身高生长到极致（长极）。这是中医提倡结婚的最佳年龄。

4. 女子 28 岁，"筋骨坚，发长极，身体盛壮"。女子过了 21 岁不再长高，但会横向发展，筋骨强壮，厚实而有力，头发的粗壮程度长到极限。这是精力最充沛的年龄，也是成家与立业的最佳年龄。

5. 女子 35 岁，"阳明脉衰，面始焦，发始堕"。28 岁的身体处于"盛壮"状态，但盛极而衰，首先是"阳明脉衰"。阳明脉对应"六腑"中的胃和大肠。肠胃功能下降，阳明脉衰退，导致头部供血不足，开始出现面部干涩（可能会出现黄褐斑、蝴蝶斑、黑斑），有落发现象。[④] 头发之所以凸显年龄特征，是因为气血主要供应人体的躯干，有余力则长头发。民间有"人闲长头发，心闲长指甲"的说法。闲则气血充沛，全身滋润，惠及头发与指甲。反之，若气血不足，人体组织会自动削减生长头发所需的气血。

6. 女子 42 岁，"三阳脉衰于上，面皆焦，发始白"。35 岁时，"六腑"中的大肠和胃的功能以及相关的阳明脉开始衰退。42 岁时，"六腑"中的小肠、膀胱、胆和三焦的功能以及相关的"三阳脉"开始衰退。在此阶段，女人容易脸

---

① 徐文兵，梁冬．黄帝内经·上古天真[M]．南昌：江西科技出版社，2013：164.

② 养鸡场为了提高产蛋量，常用的方法也是增加光照，在鸡舍挂大灯泡。详见：徐文兵．《黄帝内经》现学现用[M]．北京：中华书局，2010：106—107.

③ 因皮肤柔嫩，吹弹得破，21 岁前后的女子不需要化妆。相反，21 岁前后的女子化妆则会显得早衰。

④ 肠胃功能不好直接导致气色不好。反之，若面部气色不好甚至出现刀疤脸，则说明肠胃功能不好。就此而言，35 岁是可能开始出现"胃寒""胃疼"的年龄。

色变黑,出现皱纹和白发。①

7. 女子49岁,“任脉虚,太冲脉衰少,天癸竭,地道不通,故形坏而无子也”。肠胃功能进一步衰退,一般女子在这个阶段进入更年期,易燥热,易怒,盗汗,性子急。绝经(“地道不通”),失去生育功能。为了避免提前出现“天癸竭,地道不通”,需“恬惔虚无”,放慢节奏,抵御各种“虚邪贼风”。女子一旦平稳度过“七七”这个阶段,则可能会由阴转阳,精力充沛。相反,男子“七八”岁之后由阳转阴,精力不济。

(三)男子养生之道

第三章论男子之精气神及其以“八”为单位的年龄特征。岐伯曰:“丈夫八岁,肾气实,发长齿更。二八,肾气盛,天癸至,精气溢,阴阳和,故能有子。三八,肾气平均,筋骨劲强,故真牙生而长极。四八,筋骨隆盛,肌肉满壮。五八,肾气衰,发堕齿槁。六八,阳气衰竭于上,面焦,发鬓颁白。七八,肝气衰,筋不能动。八八,天癸竭,精少,肾脏衰,则齿发去,形体皆极。肾主水,受五脏六腑之精而藏之,故脏腑盛,乃能泻。今五脏皆衰,筋骨解堕,天癸尽矣,故发鬓白,身体重,行步不正,而无子耳。”②

1. 男子8岁,“肾气实,发长齿更”。女子七岁“肾气实,齿更发长”,男子发育晚一岁,八岁而“肾气实,发长齿更”。就此而言,男孩可以比女孩晚一年入学。比如,女孩六岁入小学,男孩可七岁入小学。③

---

① 为了防止提前出现“面皆焦,发始白”的现象,须“养胃”尤其是“暖胃”。少冷饮冷食,多热饮热食。中医重视红枣、生姜、桂枝汤、柴胡汤等食材和药材,甚至发展出“温补学派”。

② 《黄帝内经》有“五脏六腑”十一官、“六脏六腑”十二官两种说法。《素问·六节藏象论》论及五脏(心肺肾肝脾)和六腑(胃、大肠、小肠、三焦、膀胱、胆)。六脏六腑是为了与十二经脉相应。五脏与五腑相表里,第六脏(膻中或心包)与三焦相表里。在《黄帝内经》中,第六脏有时为膻中,有时为心包。《素问·灵兰秘典论》论及十二脏“主不明,则十二官危”,增加了第六脏膻中。第六脏在《灵枢·经脉》那里则为“心包络”。第六脏在《难经》那里被视为“命门”:“五藏亦有六藏者,谓肾有两藏也,其左为肾,右为命门。命门者,精神之所舍也,男子以藏精,女子以系胞,其气与肾通,故言藏有六也。”有关“藏象”以及“六脏六腑”的更多讨论,详见:沈丕安.《黄帝内经》学术思想阐释[M].北京:人民军医出版社,2014:188—189.

③ 从教育心理学的视角来看,长牙齿的年龄也是长出理性的年龄。在此阶段,可强化孩子的规则意识,若此阶段不建立规则,则此后很难建立规则。

2. 男子16岁，“肾气盛，天癸至，精气溢，阴阳和，故能有子”。雄性激素充足，有生育能力。此阶段也是所谓青春期。因“肾气盛，天癸至，精气溢”，易发生手淫现象。西医认为手淫几乎无害，但中医视为有害。此阶段宜加大运动量，提供发泄的渠道。

3. 男子24岁，“肾气平均，筋骨劲强，故真牙生而长极”。这是显示出英姿勃发的男子汉的年龄，也是中医认为结婚的最佳年龄。

4. 男子32岁，“筋骨隆盛，肌肉满壮”。这是所谓年富力强的年龄，也是适合成家与立业的年龄。

5. 男子40岁，“肾气衰，发堕齿槁”。男人在40岁前后往往处于立业的多事之秋，种种人为的“虚邪贼风”不断，又恰逢“肾气衰”，很容易“发堕齿槁”。

6. 男子48岁，“阳气衰竭于上，面焦，发鬓颁白”。在此阶段，男人面部容易出现色斑、肉瘤、白发，需“食饮有节，起居有常，不妄作劳”，警惕“以酒为浆”“醉以入房”“起居无节”。

7. 男子56岁，“肝气衰，筋不能动”。人老先老腿，此阶段往往出现腿脚行动不便，尤其容易出现膝盖酸疼，须减少腿部运动，尽量避免爬坡、爬楼、爬山运动。壁虎在危险时刻会舍弃尾巴，以便保护关键部位。人在衰老阶段也会自动舍弃对四肢的照顾，先减少四肢的血气，以便为躯干供应足够的气血。当此之时，男人应该顺应自然，多静而少动，避免因人为加大运动量导致躯干部位供血不足而发生猝死。

8. 男子64岁，“天癸竭，精少，肾脏衰，则齿发去，形体皆极”。因肾水枯竭，导致骨质疏松，发鬓白，行步不正。而且，因雄性激素殆尽，男性形体与女性接近，趋向无性别特征。

一般而言，男子64岁之后则丧失生育能力。“男子不过尽八八，女子不过尽七七。”不过，也有“身年虽寿，能生子”的例外。

《素问·上古天真论》与《灵枢·天年》相呼应。《素问·上古天真论》重点论“精气”，《灵枢·天年》在“精气”的基础上明确提出“神”的问题：“失神者死，得神者生。”《素问·上古天真论》以女子七年和男子八年为生长或衰老阶段，《灵枢·天年》不论男女，以十年为生长或衰老阶段：“人生十岁，五脏始定,血气已通,其气在下,故好走。二十岁,血气始盛,肌肉方长,故好趋。三十岁,五脏大定,肌肉坚固,血脉盛满,故好步。四十岁,五脏六腑十二经脉,皆大盛以平定。腠理始疏,荣华颓落,发颇斑白,平盛不摇,故好坐。五十岁,肝气始衰,肝叶始薄,胆汁始减,自始不明。六十岁,心气始衰,若忧悲,血气懈惰,故好卧。七十岁,脾气虚,皮肤枯。八十岁,肺气衰,魄离,故言善误。九十岁,肾气焦,四脏经脉空虚。百岁,五脏皆虚,神气皆去,形骸独居而终矣。”

本篇最后以真人、至人、圣人与贤人的“道法自然”“天人相应”作为小结。黄帝曰:“余闻上古有真人者,提挈天地,把握阴阳,呼吸精气,独立守神,肌肉若一。故能寿敝天地,无有终时。此其道生。中古之时,有至人者,淳德全道,和于阴阳。调于四时,去世离俗。积精全神,游行天地之间,视听八达之外。此盖益其寿命而强者也。亦归于真人。其次有圣人者,处天地之和,从八风之理,适嗜欲于世俗之间,无恚嗔之心。行不欲离于世,举不欲观于俗。外不劳形于事,内无思想之患。以恬愉为务,以自得为功。形体不敝,精神不散,亦可以百数。其次有贤人者,法则天地,象似日月。辩列星辰,逆从阴阳。分别四时,将从上古。合同于道,亦可使益寿而有极时。”①

《黄帝内经》所推崇的真人、至人、圣人与贤人,在《庄子·逍遥游》那里被称为“至人无己,神人无功,圣人无名”。《黄帝内经》与《庄子》所推崇的人其实只有两种人。一是远离世俗的人。《黄帝内经》称之为“上古真人”和“中古至人”,《庄子》则称之为“无已”之“至人”。② 二是在世俗之中却与世无争的人。《黄帝内经》称之为“适嗜欲于世俗之间,无恚嗔之心。行不欲离于世,举不欲观于俗”的“圣人”和“法则天地”之“贤人”,《庄子》则称之为“无功”之“神人”和“无名”之“圣人”。

总之,在《黄帝内经》那里,人有生长期和衰老期。女子的衰弱始于35岁,男子的衰弱始于40岁。若违背自然之道,背道而驰,则“年过半百则动作衰弱”。若法则天地,道法自然,则可望“超过百岁而依然动作不衰”。所谓道

---

① 《庄子·刻意》云:“众人重利,廉士重名,贤人尚志,圣人贵精。……能体纯素,谓之真人。”

② 《庄子·齐物论》称之为“吾丧我”。

法自然，既可以离世而隐居，亦可以混世而超凡脱俗（“不汲汲于功名”）。若不汲汲于功名，“恬惔虚无”，“志闲而少欲”，节制人的食欲、性欲和名利欲，则可避免一切“虚邪贼风”之困扰。《上古天真论》赞之曰：“精神内守，病安从来？”

二、四 气 调 神

《素问·上古天真论》将道法自然聚焦于自然与人体（尤其是男女的差别）的互动，《素问·四气调神大论》与《素问·生气通天论》则将道法自然落实为四季与人体的呼应。《素问·四气调神大论》分四章，[①]分别论四季与四气（最后为本章的小结）：春生、夏长、秋收、冬藏。每季三个月，每个月分两个节气（十五天为一个节气）。按照太阳的变化（阳历），[②]分二十四个节气。春三月包括立春（2 月 3 日或 4 日）、雨水、惊蛰（春雷惊醒蛰居的动物）、春分、清明（一般为 4 月 4 日或 5 日，清爽而明净的季节）、谷雨。夏三月包括立夏（5 月 5 日或 6 日）、小满（夏熟作物的籽粒将要饱满，多雨而田间水满）、芒种（有芒植物的收获和播种季节）、夏至（6 月 21 日或 22 日）、小暑、大暑（因此而有暑假）。秋三月包括立秋、处暑、白露、秋分、寒露、霜降。冬三月包括立冬、小雪、大雪、冬至（一般为 12 月 22 日）、小寒、大寒（因此而有寒假）。

（一）春季与养肝

第一章为春三月。春三月始于立春而终于立夏。

春主“生”，“此谓发陈”，逆之则伤肝。冬藏之后万物复苏，推陈出新。[③]“春三月，此谓发陈。天地俱生，万物以荣。夜卧早起，广步于庭。被

---

① 《黄帝内经》一般为问答篇（或对话篇），唯《四气调神大论》和《素问·宣明五气篇》等极少的篇章呈现为独白而没有问答。

② 阳历以太阳变化为根据，中国人以阳历（公历）作为劳作（耕种）的节奏。阴历以月亮的变化为依据，中国人以阴历（农历）作为情感生活的节奏，以此划定春节、元宵节、端午节、中秋节等节日。劳动为阳，情感为阴。阴历的闰月是为了使阳历之立春与阴历之春节的日期接近。

③ 春三月的“发陈”既可能显示为推陈出新，生机勃发，也可能显示为推陈出旧，诱发出各种疾病或抑郁症。

发缓形,以使志生。生而勿杀,予而勿夺,赏而勿罚。此春气之应,养生之道也。逆之则伤肝,夏为寒变。奉长者少。”

春三月强调三个要点。①

第一,“夜卧早起,广步于庭”。与冬三月相比,春三月可稍微晚一点睡觉,但要早起,然后到户外散步,以接应温暖地气。春三月底气温而升腾,草长莺飞,莺歌燕舞,宜早起而户外散步,采天地之灵气,汲日月之精华。《黄帝内经》把睡觉当作头等大事。《素问·四气调神大论》论春夏秋冬四季与四气,皆以睡眠为首要事件。《素问·五脏生成论》云:“故人卧血归于肝。目受血而能视,足受血而能步,掌受血而能握,指受血而能摄。”睡眠之所以重要,正因为“人卧血归于肝”,并由此而实现睡眠养肝。民间有“血粒归仓”之说,睡眠则血液归入肝仓,不睡则血液周身奔突(尤其供血于心脑)。因此《黄帝内经》认为“肝藏魂”而“心藏神”。《素问·宣明五气》云:“心藏神,肺藏魄,肝藏魂,脾藏意,肾藏志。是谓五脏所藏。”②“五藏”之中,“心藏神”与“肝藏魂”相互生发。按照五行相生的原理,木(肝)生火(心),肝血养心魂,心肝一起构成魂之宝贝。白天的意识行为尤其是聚精会神的意识行为一直在耗神、费神,神处于被动驱使、被动投入状态。只有睡眠之后,神才开始成为主角,由神做主。只有按时睡觉,按时“御神”,神才得到静养、滋养。“不时御神”则精疲力竭、神志不清、神魂颠倒、六神无主。③

第二,“被发缓形,以使志生”。把头发解开,使其自由,淡泊名利,放松身体,神清气爽。按中国古礼,女子七岁,男子八岁以前披头散发,自由自在,入学后开始束发。男子二十举行冠礼,正式戴冠束发。《礼记·曲礼上》云:“男子二十,冠而字。”束发是约束身心的标志。头发既代表杂乱,也代表情绪与烦恼。束发意味着建立规则,削发则意味着斩断情丝与烦恼。剪短发或剃光头则是现代人的另一种自我解放的方式。《黄帝内经》之所以建议“被发缓

---

① 或许可以归纳为三个问题:一是与睡眠相关的养神;二是与情感欲望相关的养精;三是与饮食、动静习惯相关的养气。

② 《素问·调经论》亦有类似的说法。

③ 有人认为:“白天都是意识行为,里面的神都被压着呢,只有晚上意识灭了,神才开始工作了。如果结果你晚上还不睡,还不让神工作,最后神就跟你拜拜了,黯然伤神,一走了之。”详见:徐文兵,梁冬.黄帝内经·金匮真言(上)[M].南昌:江西科技出版社,2014:8.

形”，目的在于自我解放，摆脱束缚，“以使志生”。“以使志生”意味着顺应春之生发节奏，让情感欲望自然生长而不过度压制。春三月是大多数动物发情的季节。人在春三月往往蠢蠢欲动。这也正是中国古风重视上巳节男女约会的原因。《周礼·地官·媒氏》云：“中春之月，令会男女，于是时也，奔者不禁。若无故而不用令者，罚之。司男女之无夫家者而会之。”①

第三，“生而勿杀，予而勿夺，赏而勿罚”。春三月应当多养殖、植树、播种，不可杀戮、砍伐。② 程颐“谏折柳”事件，亦与此有关。③ 春三月应补充能量，多吃蔬菜而少吃肉食、瓜果。春三月蔬菜鲜美，而动物要么属于初生者要么处于生育期，其肉酸涩。瓜果则属于过气之物或反季节食物，因而春三月之瓜果往往过于寒凉。此外，“生而勿杀，予而勿夺，赏而勿罚”还意味着舒展身体、活动筋骨、扬眉吐气。

接下来为本章小结。人的身心欲望在春三月苏醒而春情荡漾。养生之道在于顺应“春气”而动。过度压制、剥夺和惩罚必导致伤肝（怒伤肝，心花怒放受到严重压抑亦伤肝），即便到了夏天亦热情不足，不能为“夏长”提供足够的能量。“逆之则伤肝，夏为寒变。奉长者少。”

（二）夏季与养心

第二章为“夏三月”，始于立夏，终于立秋。

夏主“长”，“此谓蕃秀”，草木茂盛而秀美，逆之则伤心。“夏三月，此谓蕃秀。天地气交，万物华实。夜卧早起，无厌于日。使志无怒，使华英成秀。使气得泄，若所爱在外。此夏气之应，养长之道也。逆之则伤心，秋为痎疟。奉收者少。”

此前只是“天地俱生，万物以荣”，夏三月变化为“天地气交，万物华实”。天地之气上下交流（同时也暗示阴阳交合），开花而结果。立夏之后有小满和芒种

---

① 《论语·先进》曰：“暮春者，春服既成，冠者五六人，童子六七人，浴乎沂，风乎舞雩，咏而归。”《论语》所述，也可能与上巳节相关。西方情人节的时间在2月14日，正好也在立春之后。

② 之所以“秋后问斩”而不“春夏问斩”，亦出于春夏为生发而秋天为肃杀之自然节奏的考虑。

③ 程颐为宋哲宗皇帝的老师时，曾发生“谏折柳”事件：“一日，讲罢未退，上（哲宗）忽其凭槛，戏折柳枝。先生进曰：‘方春发生，不可无故摧折。’上不悦。”详见：《伊川先生年谱》。

两个节气。所谓小满,暗示夏熟作物的籽粒将要饱满。所谓芒种,暗示有芒植物的收获和播种。夏至之后有小暑和大暑两个节气,为四季中最热的时期。

与春三月相呼应,夏三月同样有三个要点。

第一,“夜卧早起,无厌于日”,以此呼应春三月之“夜卧早起,广步于庭”。所谓“无厌于日”,特别强调不回避夏之热气,不躲避太阳的光热,以便使身体聚集足够的“阳气”。瓜果若无足够的光照与热气,则瓜果既无光泽也不甜美。同样,人若无足够的光照与热气,则阴柔有余而阳刚不足。

第二,“使志无怒,使华英成秀”,以此呼应春三月之“被发缓形,以使志生”。“使志无怒”的字面意思是夏三月不宜制怒、憋闷气。宁可愤怒,不可制怒。怒者,上为奴,下为心,使心为奴,怨怒之气处于未发之臣服、隐忍状态。愤者,左为心,右为贲,心中之气向外,“虎贲”而出(贲通奔)。若使志无怒,不压抑,则可望“华英成秀”。相反,若压制怒气,长久憋屈,则可能郁积而成肿块。

不仅如此,“使志无怒”还隐含了更重要的意义。“志”即情志,“怒”即怒放之前的压抑状态。这样看来,“使志无怒”隐含了“示爱”“求爱”的意义。春三月为“发情期”,夏三月宜继之以“怒而放”。春三月提醒“以使志生”,夏三月则向前迈进一步,强调“使志无怒”。若有情爱之“怒放”与“虎贲”,则可望拥有未来之开花结果,“使华英成秀”。

第三,“使气得泄,若所爱在外”,以此呼应春三月之“生而勿杀,予而勿夺,赏而勿罚”。正因为前面“使志无怒,使华英成秀”关乎情爱之事,后面便紧接着提出“使气得泄,若所爱在外”。让体内热气外泄抒发,让热气由内而外冲出去,就像急着要去会见在外面等候的爱人。夏汗不出,秋则“风疾”。《素问·金匮真言论》云:“夏暑汗不出者,秋成风疟。”

为了让热气抒发,须减少冷饮、冷食、冷气。一旦制冷,则气不得泄。夏三月身体扩张,毛孔开放,体内寒凉,反倒应该进食发热的食材。民间因此而有“冬吃萝卜夏吃姜”之说。有人建议,即便进食海鲜、鸡肉等寒性食物,宜佐以热性的配料,比如芥末、生姜、黄酒、白酒(不是啤酒更不是冰镇啤酒)。[①] 现代人之所以出现种种疾病,除了以强烈之灯光破坏夜晚之幽暗与阴气之外,更严

① 徐文兵,梁冬.黄帝内经·四气调神[M].南昌:江西科技出版社,2013:111.

重的问题是，人以空调、冰箱隔离和破坏夏之光照与热气（否定空调、冰箱并不意味着否定一切自然的避暑行为，动植物亦有避暑行为）。人在冬天很少受凉得病，反倒在夏天容易受寒、感冒。

接下来是夏三月之小结。既有情爱之“怒放”，又有“使气得泄”，如此才是顺应“夏长”“养长”之道。若不“使气得泄”（尤其是夏季摄入过多的冷饮冷食导致的隐疾），则“秋为痎疟”。若既不积累足够的阳气，也不情感怒放，则不仅伤心（喜之过度或不足皆导致伤心），且无开花结果之收获，“奉收者少”。无论郁气聚积，还是情感压抑，皆可能导致“冬至重病”。“冬至病重”既指夏季埋下的隐疾在冬季发作，也指夏季的隐疾在阴气最重的冬至（一般为 12 月 22 日）前后几天发作。[①]

（三）秋季与养肺

第三章为“秋三月”，始于立秋而终于立冬。

秋主“收”。秋天是收获满满的季节，“此谓容平”。物极必反，秋收之后，秋风扫落叶，万物凋敝，因而秋亦主“杀”，逆之则伤肺。“秋三月，此谓容平。天气以急，地气以明。早卧早起，与鸡俱兴。使志安宁，以缓秋刑。收敛神气，使秋气平。无外其志，使肺气清。此秋气之应，养收之道也。逆之则伤肺，冬为飧泄。奉藏者少。”

秋三月同样讨论三个问题。“春夏养阳，秋冬养阴。”与春夏相比，秋三月不仅强调调整睡眠时间，而且在情志、养气等方面亦有不同的建议。

第一，“早卧早起，与鸡俱兴”。早睡早起，鸟鸣则起，闻鸡起舞。春夏的“夜卧早起”在秋三月调整为“早卧早起”。此后的冬三月则由“早卧早起，与鸡俱兴”改换为“早卧晚起，必待日光”。

第二，“使志安宁，以缓秋刑”。天气与地气由夏之“湿热”转为秋之“干凉”，“天气以急，地气以明”，秋高而气爽。但是，处暑之后，白露为霜。[②] 春三月和夏三月可以心花怒放，开花而结果，“使志无怒，使华英成秀”，而秋三月须节制

---

① 广东人由此而重视冬至，严阵以待，素有“冬至大过年”之说。

② 《诗经·秦风·蒹葭》云：“蒹葭苍苍，白露为霜。”

欲望,“使志安宁”。秋凉而肃杀,应避免虚邪贼风、风刀霜剑(“以缓秋刑”)。太阳渐行渐远,阳气不足而阴气上升,秋三月容易引发秋悲与秋愁。愁者,秋天之心。宜顺应自然节律,志闲而少欲。为了减免愁绪,可适当增进甜食。①

第三,“收敛神气,使秋气平。无外其志,使肺气清”。夏三月鼓励“使气得泄,若所爱在外”,而秋三月强调“收敛神气”,“无外其志”,由此而“使秋气平”,“使肺气清”。因秋干而燥,宜多吃水果或喝果汁(春天不宜过多吃水果或喝果汁),以调理“肺气”。若做到收敛神气、无外其志,则秋三月不仅不会因秋杀而衰败,反而会出现秋气平、肺气清的小生机。人在春夏往往脱发,而秋季反而适合头发生长。② 动物则长出小绒毛,因此有“秋毫无犯”“明察秋毫”之说。

接下来是本章小结。春夏震而动,秋冬艮而止,“此秋气之应,养收之道也”。若冒犯“秋气”,纵欲而行事,“逆之则伤肺,冬为飧泄。奉藏者少”。

(四) 冬季与养肾

第四章为“冬三月”。始于立冬而终于立春。

冬主藏,“此谓闭藏”,逆之则伤肾。“冬三月,此谓闭藏。水冰地坼,无扰乎阳。早卧晚起,必待日光。使志若伏若匿,若有私意。若已有得,去寒就温。无泄皮肤,使气亟夺。此冬气之应,养藏之道也。逆之则伤肾,春为痿厥。奉生者少。”

按照《素问·四气调神大论篇》的结构,冬三月同样讨论三个问题。

第一,睡眠与作息节奏。“早卧晚起,必待日光。”春三月与夏三月皆强调“夜卧早起”。可以睡得稍微晚一点,但必须早起。秋三月的说法是“早卧早起,与鸡俱兴”,既要早睡,又要早起,鸡鸣则起。而冬三月的说法是“早卧晚起,必待日光”,即便鸡鸣也不必起床,等太阳出来才起床。

---

① 据说吃甜食可以忘忧,“巧克力能治失恋”。详见:徐文兵,梁冬.黄帝内经·四气调神[M].南昌:江西科技出版社,2013:141.但过度甜食容易导致肾气不足。

② 据说秋季进食山药,能补肺,并进而促进头发生长。而且,最好连皮带须一起吃。连皮带须的山药类似人的头皮和头发。按照“取类比象法”,吃核桃壳补脑,因为核桃的长相类似人脑。详见:徐文兵,梁冬.黄帝内经·四气调神[M].南昌:江西科技出版社,2013:137.

第二，节制情感欲望，涵养精神。“使志若伏若匿，若有私意”。冬三月不仅闭身体，而且闭藏情志。夏三月鼓励“使气得泄，若所爱在外”，而冬三月强调“使志若伏若匿”。冬季天寒地冻，河水结冰，地冻而裂，尽量“无扰乎阳”，不干扰体内阳气。人一生如四季。少年如春，青年如夏，中年如秋（故有“老气横秋”之说），老年如冬（有“风烛残年”之说）。老年行动缓慢，亦深居简出。人在冬天亦须深居简出。

第三，保暖与养气的问题。“若已有得，去寒就温。无泄皮肤，使气亟夺。”冬三月天寒地冻，注意防寒保暖，不暴露皮肤，不让体内阳气从毛孔外泄（“无泄皮肤”）。不受风寒，尽量不为炫耀、逞能而冬泳、洗冷水澡。人体一旦受寒，则会夺走体内为数不多的阳气（“使气亟夺”）。若因冬泳、洗冷水澡或受风寒而体内阴气郁积，则脸部易生长黑斑。为了“去寒就温”，宜多吃五谷，多吃坚果（坚果与五谷皆为种子，精气充足），补之以“五畜”。猪肉偏寒，适合滋补肾气；羊肉鸡肉偏热，适合补肝。冬天为进补的季节。按《素问·脏气法时论》，“五谷为养，五果为助，五畜为益，五菜为充，气味合而服之，以补精益气”。

接下来是本章小结。春养生，夏养长，秋养收，冬养藏。“此冬气之应，养藏之道也”。冬藏利于养肾，冬藏不够而肾气不足，则春季易出现体弱、漏精、盗汗现象，不能为春生提供足够的精气。“逆之则伤肾，春为痿厥。奉生者少。”冬季不藏，犹如夜半而不眠。不仅“伏匿”，冬三月也是享受收获的季节。秋收之后，“若有私意，若已有得”，宜享受劳作之收获，“养精蓄锐”。《素问·金匮真言论》云：“夫精者，身之本也。故藏于精者，春不病温。”有关冬藏养精的问题，《素问·金匮真言论》有更详细的讨论。

最后是本篇的总结。

第一，圣人道法自然，阴阳平衡，故身无疾病，生气不竭。阴阳之间，关键在于警惕阳气亢奋。按照张介宾的解释，若孤阳上亢，反而会导致阳气闭塞而阴气泛滥，并由此而导致邪气乘虚而入，万物夭折。[①] “天气，清净光明者

① 有关“阳气者闭塞，地气者冒明”，《黄帝内经》研究领域存有争议。张介宾的解释是，“孤阳上亢，而闭塞乎阴气”。详见：张介宾.类经[M].北京：中国中医药出版社，1997：5.也有人解释为：“流畅的阳气，就会闭塞不通，沉浊的地气，反而遮蔽光明。”详见：黄帝内经[M].杨春鹏，译注.北京：中华书局，2010：30.种种解释，皆与“阳气者闭塞，地气者冒明”有出入。

也，藏德不止，故不下也。天明则日月不明，邪害空窍。阳气者闭塞，地气者冒明。云雾不精，则上应白露不下。交通不表，万物命故不施，不施则名木多死。恶气不发，风雨不节，白露不下，则菀槁不荣。贼风数至，暴雨数起，天地四时不相保，与道相失，则未央绝灭。唯圣人从之，故身无奇病。万物不失，生气不竭。”

第二，四时阴阳乃万物之根本。从阴阳则生，逆之则死。“逆春气，则少阳不生，肝气内变。逆夏气，则太阳不长，心气内洞。逆秋气，则少阴不收，肺气焦满。逆冬气，则少阴不藏，肾气独沉。夫四时阴阳者，万物之根本也。所以圣人春夏养阳，秋冬养阴，以从其根。逆其根，则伐其本，坏其真矣。故阴阳四时者，万物之终始也，死生之本也。逆之则灾害生，从之则苛疾不起。是谓得道。道者，圣人行之，愚者背之。从阴阳则生，逆之则死，从之则治，逆之则乱。反顺为逆，是谓内格。”[①]所谓“道者，圣人行之，愚者背之”，类似《老子》四十一章所言：“上士闻道，勤而行之。中士闻道，若存若亡。下士闻道，大笑之，不笑不足以为道。”此处的关键句是“从阴阳则生，逆之则死”。[②]《素问·阴阳应象大论》则曰：“阴阳者，天地之道也，万物之纲纪，变化之父母，生杀之本始，神明之府也。治病必求于本。”阴阳平衡则安，阴阳失衡则病。“阴胜则阳病，阳胜则阴病。阳胜则热，阴胜则寒。重寒则热，重热则寒。”[③]

此篇将阴阳分为二阴二阳：太阳、少阳，太阴、少阴。《阴阳离合论》正式提出三阴三阳：太阳、阳明、少阳，太阴、厥阴、少阴。三阴三阳对应六经：太阳经、阳明经、少阳经，太阴经、厥阴经、少阴经。[④]《素问·热论》则提出有关六经受寒的伤寒理论。后来，张仲景以《黄帝内经》“六经论”为基础而发展出

---

① 《素问·生气通天论》亦云：“春伤于风，邪气留连，乃为洞泄。夏伤于暑，秋为痎疟。秋伤于湿，上逆而咳，发为痿厥。冬伤于寒，春必温病。四时之气，更伤五脏。”

② 《管子·枢言》则云：“有气则生，无气则死。生者以其气。”

③ 按照阴阳平衡的原理，居住的房屋宜大小适中，方位适当。房屋太小起居不方便，太大则多阴，台高多阳。卧室最好有窗而通风，坐北朝南，可接纳阳光或月光。床与窗户保持适当的距离：阳光或月光照射到床的边缘即可，保持房间阴阳各半。完全无光或邪风穿堂而过则多阴，“多阴则厥”。光太多或闭塞无风则多阳，“多阳则痿”。床前明月光即可，满床月光则不可。

④ 又由于六经包括手六经和足六经，共计十二经。

《伤寒杂病论》。

除了外部的虚邪贼风，还有情志致病。《阴阳应象大论》明确提出“喜怒悲忧恐”五种情志，并讨论了五志与五行之间的相生相克关系。(1) 木生火，火生土，土生金，金生水，水生木。或曰：肝生心，心生脾，脾生肺，肺生肾，肾生肝。(2) 木克土，土克水，水克火，火克金，金克木。或曰：肝克脾，脾克肾，肾克心，心克肺，肺克肝。(3) 怒伤肝，悲胜怒；喜伤心，恐胜喜；思伤脾，怒胜思；忧伤肺，喜胜忧；恐伤肾，思胜恐。①

第三，不治已病，治未病。“是故圣人不治已病治未病，不治已乱治未乱，此之谓也。夫病已成而后药之，乱已成而后治之，譬犹渴而穿井，斗而铸兵(战斗时才造兵器)，不亦晚乎?”所谓“不治已病治未病”，说明《黄帝内经》的重点在于“养生”而不在于“治病”。或曰：《黄帝内经》为治病提供身体教育哲学的解说并由此派生出相关的治病药方。

三、从四气到五时：季节与藏象的感应

《素问·金匮真言论》分三章。第一章讨论五脏与一年之五时的藏象关系，第二章讨论五脏与一日之五段的藏象关系。经过前两章的准备和铺垫，最后一章为本篇的重点，全面讨论五脏与五方、五色、五畜、五谷、五音、五数、五味的藏象关系。

(一) 五脏与五时之藏象关系

第一章分三节，讨论五脏与一年之五时的藏象关系。

第一节提出五脏与五时的呼应关系。黄帝问曰：“天有八风，经有五风，何谓?”岐伯对曰：“八风发邪，以为经风，触五脏，邪气发病。所谓得四时(其实是五时)之胜者，春胜长夏，长夏胜冬，冬胜夏，夏胜秋，秋胜春。所谓四时

---

① 《素问·举痛论》则云：“怒则气上，喜则气馁，悲则气消，恐则气下，寒则气收，炅则气泄，惊则气乱，劳则气耗，思则气结。”大喜、大怒、大忧、大思、大悲、大恐、大惊必致病。其中，“喜则气缓”，问题尚不严重，“喜则气和志达，荣卫通利，故气缓矣。”最严重的情志为“怒”。“怒则气逆，甚则呕血及飧泄，故气上矣。”

之胜也。”

所谓“天有八风”,指东南西北“四风”,再加上夹角的“四风”,共“八风”。所谓“经有五风”,指肝风、心风、肺风、肾风、脾风。《黄帝内经》前三篇只谈论四时、四气与四脏而不谈五时、五脏。《上古天真论》提出“和于阴阳,调于四时”,《四气调神大论》将四季、四气与四脏(肝、心、肺、肾)对应,同样不谈“五时”。《生气通天论》虽提出“其生五,其气三”,“四时之气,更伤五脏”,但四时与五脏之间如何对应,不了了之。《金匮真言论》首次将四季(以及四气)、四脏扩展为五时、五脏。① 五时为春、夏、长夏、秋、冬,将夏分为夏与长夏(含小暑和大暑)。五脏则在四脏(肝、心、肺、肾)之外,增加了脾。关于五行的顺序及其与季节的关系,《黄帝内经》与董仲舒的《春秋繁露》完全一致。《春秋繁露·五行对》曰:“天有五行:木、火、土、金、水是也。木生火,火生土,土生金,金生水。水为冬,金为秋,土为季夏,木为春。春主生,夏主长,季夏主养,秋主收,冬主藏。”②

第二节讨论五脏与五时、五方的关系,为本篇的后续讨论提供预备性的分析框架。五时、五脏对应地理上的五方:东、南、西、北、中(中央与脾对应,但不对应某个季节)。(1)“东风生于春,病在肝,俞在颈项;南风生于夏,病在心,俞在胸肋;西风生于秋,病在肺,俞在肩背;北风生于冬,病在肾,俞在腰股;中央为土,病在脾,俞在脊。”四时(东南西北)与四季(春夏秋冬)、四脏(肝、心、肺、肾)一一对应,唯独中央与脾不对应任何季节。《素问·太阴阳明论》对“脾不主时”(脾不单独对应一个时节)提供了解释:“脾脏者常著胃土之精也,土者生万物而法天地,故上下至头足,不得主时也。”《素问·玉机真藏论》亦云:“脾脉者土也,孤脏以灌四傍者也。”脾为土,土生万物,四季皆受益于土,故不对应某个季节。(2)“故春气者病在头;夏气者病在脏,秋气者病在肩背,冬气者病在四肢。”此处再次呈现四时与四脏、脾不与任何季节对应。(3)“故春善病鼽衄,仲夏善病胸胁,长夏善病洞泄寒中,秋善病风疟,冬善痹厥。”春之东风容易导致肝气过旺,穿透颈项而上窜到头部,并由此导致流鼻

① 有人注意到《金匮真言论》论“经脉”(经脉与藏象相关),“故首提曰经有五风,末结曰善为脉者”。详见:张志聪.黄帝内经集注(1)[M].杭州:浙江古籍出版社,2002:25.

② 《春秋繁露·五行之义》重申此说。

涕、头痛、偏头痛或红眼病，等等。五脏与其他各方、各时的关系，依此类推。可见，春季须护颈项(比如围围脖)。夏季须护胸胁与肚子(不让肚子和胸胁着凉)，长夏须护肚子(防止“洞泄寒中”)，秋季须护肩背(比如披披肩)，冬季须护四肢。此处出现长夏，但长夏依然不与脾呼应。

第三节是对前面的补充，重点讨论冬夏两季的养护，冬藏精，夏出汗。(1) 冬三月“养藏”，则四季不病。“故冬不按蹻，春不鼽衄，春不病颈项，仲夏不病胸胁，长夏不病洞泄寒中，秋不病风疟，冬不病痹厥，飧泄而汗出也。”若冬季“按跷”(动手动脚地按摩)，强迫血液流通到周身，就会惊动人体关键部位的藏养。与此同理，老人以及所有气血虚者，不能“按蹻”，否则容易导致脑部供血不足而猝死。(2) 冬藏则养精，精气足，则血气足，血为肾精所化。气血足则“春不温病”。《黄帝内经》强调“精”以及“精血”(一滴血十滴精)乃“身之本”。“夫精者，身之本也。故藏于精者，春不病温。”既要护精，也要护血。出于救人的考虑，必要时可以献血。献血必损害献血者的身体。正因为如此，献血才显得高尚。① (3) “夏暑汗不出者，秋成风疟。”夏季出汗，否则秋成风疟。暑病既有热症也有寒症。热症须用凉药，同时须针对脾胃寒气而温补，中医于是有“藿香正气”之平衡治法。为减免暑病，须警惕海鲜、水果、牛奶、绿茶、冰淇淋等寒性食物以及空调产生的“虚邪贼风”。

(二) 五脏与昼夜之藏象

第二章分三节，讨论五脏与一日之中的昼夜变化的藏象。

第一节讨论一日之中的昼夜变化及其藏象。“故曰：阴中有阴，阳中有阳。平旦至日中，天之阳，阳中之阳也；日中至黄昏，天之阳，阳中之阴也；合夜至鸡鸣，天之阴，阴中之阴也；鸡鸣至平旦，天之阴，阴中之阳也。故人亦应之。”

《金匮真言论》开篇已经将四季扩展为五季，在夏季中增加了长夏。可是，为何讨论一日之昼夜变化时仍然只分四个时段？

---

① 有人提出：“很多打着某某专家幌子的人，说献血没有害处，而且还能促进血细胞的分泌——越献血，血越多。这就是灭绝人性，睁着眼睛说瞎话了。”详见：徐文兵，梁冬.黄帝内经・金匮真言(上)[M].南昌：江西科技出版社，2014：262.

其实,按照四季扩展为五季的原理,一日四段亦可扩展为五段。“平旦至日中,天之阳,阳中之阳”可分两段:一是“阳中之阳”,二是日中或午时(11点至13点),可称之为“阳中之长阳”(相当于四季之长夏)。古人之所以讲究“午门问斩”“午时三刻问斩”,皆为利用“阳中之阳”以及“长阳”。中医之所以强调子时之前必须睡觉,则因为子时为“阴中之阴”、阴阳交替的时刻。

有关一日之四段与一年之四季的类比,在《灵枢·顺气一日分为四时》中有更明确的解说:“春生夏长,秋收冬藏,是气之常也,人亦应之。以一日分为四时,朝则为春,日中为夏,日入为秋,夜半为冬。”[①]一年四季如一天之上午、中午、下午和夜半。夜半如冬,万籁寂静,阴气滋长,适宜“伏匿”而“养藏”。[②]

第二节承接“故人亦应之”,讨论五脏六腑的阴阳关系。“夫言人之阴阳,则外为阳,内为阴。言人身之阴阳,则背为阳,腹为阴。言人身之脏腑中阴阳,则脏者为阴,腑者为阳。肝心脾肺肾五脏皆为阴,胆胃大肠小肠膀胱三焦六腑皆为阳。”

第三节是对第二节的补充说明,重点关注“阴中之阴”和“阳中之阳”,并由此强调肾与心的养护。“所以欲知阴中之阴、阳中之阳者,何也?为冬病在阴,夏病在阳;春病在阴,秋病在阳。皆视其所在,为施针石也。故背为阳,阳中之阳,心也;背为阳,阳中之阴,肺也;腹为阴,阴中之阴,肾也;腹为阴,阴中之阳,肝也;腹为阴,阴中之至阴,脾也。此皆阴阳、表里、内外、雌雄相输应也。故以应天之阴阳也。”

人之五脏与一年之五时、一日之五段相呼应。五时和五段之中不仅有阴阳,而且有“阴中之阴”和“阳中之阳”。同样,五脏六腑有阴阳,五脏(肝、心、脾、肺、肾)为阴,六腑(胆、胃、大肠、小肠、膀胱、三焦)为阳。而且,心为“阳中之阳”,肾为“阴中之阴”。一年五时与一日五段之中,冬夏两季、子午两个时辰的养护最重要。与之相应,五脏之中,肾与心的养护最重要。肾与心皆有

① 一年四季,如人之一生。少年(含婴幼年)为春,青年为夏,中年为秋,老年为冬。

② 《黄帝内经·素问·生气通天论》亦有类似的说法:“故阳气者,一日而主外,平旦人气生,日中而阳气隆,日西而阳气已虚,气门乃闭。”

"君主"气象。

一般而言，《黄帝内经》强调养心。《素问·灵兰秘典论》云："心者，君主之官也，神明出焉。肺者，相传之官，治节出焉。肝者，将军之官，谋虑出焉。胆者，中正之官，决断出焉。膻中者，臣使之官，喜乐出焉。脾胃者，仓廪之官，五味出焉。大肠者，传道之官，变化出焉。小肠者，受盛之官，化物出焉。肾者，作强之官，伎巧出焉。三焦者，决渎之官，水道出焉。膀胱者，州都之官，津液藏焉，气化则能出矣。凡此十二官者，不得相失也，故主明则下安，以此养生则寿，殁世不殆，以为天下则大昌。主不明则十二官危，使道闭塞而不通，形乃大伤，以此养生则殃，以为天下者，其宗大危。戒之戒之！"心主"胃足阳明之脉"。《灵枢·经脉》云："胃足阳明之脉，……病至则恶人与火，闻木声则惕然而惊，心欲动，独闭户塞牖而处，甚则欲上高而歌，弃衣而定，贲响腹胀。"①"心病"包括两种：一是心脏疾病；二是精神疾病。就精神病治疗而言，西医推荐心理医生或采用抗精神病药、抗抑郁药、抗躁狂药、抗焦虑药甚至电休克治疗，而中医治疗关注五脏尤其是胃寒、肾寒的调理，使其经脉畅通。②

《黄帝内经》虽然明确提出"心者，君主之官也，神明出焉"，但同时又强调："精（肾精）者，身之本也。"后世一般相信心为君主之官，但也有人认为君主之官并非心而是肾以及与肾相关的命门。肾或命门是主宰十二官之"真君真主"。③ 按照《黄帝内经》所强调的一年五时、一日五段和人体五脏的天人相应关系，养肾的最佳睡眠时间应该在"合夜至鸡鸣"（23 点至 5 点，含子时、

① 《素问·脉解篇》则云："阳明所谓洒洒振寒者，阳明者午也，五月盛阳之阴也，阳盛而阴气加之，故洒洒振寒也。所谓胫肿而股不收者，是五月盛阳之阴也，阳者衰于五月，而一阴气上，与阳始争，故胫肿而股不收也。所谓上喘而为水者，阴气下而复上，上则邪客于藏府间，故为水也。所谓胸痛少气者，水气在藏府也，水者，阴气也，阴气在中，故胸痛少气也。所谓甚则厥，恶人与火，闻木音则惕然而惊者，阳气与阴气相薄，水火相恶，故惕然而惊也。所谓欲独闭户牖而处者，阴阳相薄也，阳尽而阴盛，故欲独闭户牖而居。所谓病至则欲乘高而歌，弃衣而走者，阴阳复争，而外并于阳，故使之弃衣而走也。"

② 有关胃寒、肾寒导致精神疾病的更多讨论，详见：严世芸.中医各家学说[M].北京：中国中医药出版社，2007：200.另参见：曲黎敏.黄帝内经·生命智慧[M].武汉：长江文艺出版社，2010：121—122.

③ 详见赵献可之《医贯·内经十二官论》。另参见：严世芸.中医各家学说[M].北京：中国中医药出版社，2007：201.赵献可强调肾与命门，堪称"东方之弗洛伊德"。

丑时、寅时三个时辰),此为“阴中之阴”。这样看来,子时(23点至1点)、丑时(1点至3点)、寅时(3点至5点)皆为“肾经当令”。[①] 有人认为,子时胆经当令,丑时肝经当令,寅时肺经当令,卯时大肠经当令,辰时胃经当令,巳时脾经当令,午时心经当令,未时小肠经当令,申时膀胱经当令,酉时肾经当令,戌时心包经当令,亥时三焦当令。[②] 这些说法在《黄帝内经》中找不到足够的根据。按照《金匮真言论》的思路,整个晚上的睡眠时间皆为“肾经当令”。就此而言,虽然民间有“一年之计在于春,一日之计在于晨”的说法(这是就生发的视角而言),但从养生(准确地说是“养藏”)的视角来看,“一年之计在于冬,一日之计在于夜”。

(三) 五脏与五方、五色、五畜、五谷、五音、五数、五味的藏象

第三章全面讨论五脏与五方、五色、五畜、五谷、五音、五数、五味的感应,共五节。此为本篇重点,前面两章可以视为本章的准备与铺垫。

第一节论东方与肝木。“东方青色,入通于肝。开窍于目,藏精于肝,故病在头。[③] 其味酸,其类草木,其畜鸡,其谷麦。其应四时,上为岁星(木星),是以知病在筋也。其音角,其数八,是以知病之在筋也,其臭臊。”[④]

肝在五行中属木。肝与东方、木星、青色感应。一般所谓“东方青龙,西方白虎,南方朱雀,北方玄武,中央麒麟”,与《金匮真言论》所述颜色亦有呼应。肝与目相通,肝血足则视力强,肝血肝气不足则视力衰弱,肝火太旺则目赤。受惊骇则降低肝气,酸味则可压惊。五畜与五谷之中,肝与鸡、麦相应。

---

① 睡眠的起始与结束时间可随地域、季节(尤其是夏季和冬季)有所变化。

② 曲黎敏.黄帝内经·养生智慧[M].武汉:长江文艺出版社,2010:109.

③ 亦有人认为“藏精于肝,故病在头”。详见:黄帝内经[M].姚春鹏,译注.北京:中华书局,2010:49.

④ 《管子·四时》和《管子·幼官》《管子·幼官图》《礼记·月令》亦有类似的说法,《管子·四时》云:“东方曰星,其时曰春;其气曰风,风生木与骨”;“南方曰日,其时曰夏,其气曰阳,阳生火与气”;“西方曰辰,其时曰秋,其气曰阴,阴生金与甲”;“北方曰月,其时曰冬,其气曰寒”。《管子·幼官》和《管子·幼官图》则云:春则“君服青色,味酸味,听角声,治燥气,用八数”,夏则“君服赤色,味苦味,听羽声,治阳气,用七数”;秋则“君服白色,味辛味,听商声,治湿气,用九数”;冬则“君服黑色,味咸味,听徵声,治阴气,用六数”;五和时节则“君服黄色,味甘味,听宫声,治和气,用五数”。《管子》和《礼记》有关“角、羽、商、徵、宫”等五音的说法与《黄帝内经》略有不同。

吃鸡、麦可鼓舞肝气。[①] 肝病都发生在头部(易头痛或偏头疼)。肝血肝气衰弱则导致筋骨无力,“病之在筋也”。民间有“青筋暴跳”之说,青与肝筋相关,“青当筋”也。[②]《四气调神大论》则云:“肝气衰,筋不能动。”在“宫、商、角、徵、羽”五音之中,肝与角共振。河图之数与五行相配:“三八木,二七火,四九金,一六水,五五土。”[③]或曰:“天一生水,地六成之。地二生火,天七成之。天三生木,地八成之。地四生金,天九成之。天五生土,地十成之。”[④]肝与“三”和“八”数目有神秘的联系。[⑤] 听角音[⑥],与三八数字打交道,闻臊味(膻味),可提肝气。

第二节论南方与心火。“南方赤色,入通于心。开窍于耳,藏精于心,故病在五脏。其味苦,其类火,其畜羊,其谷黍。其应四时,上为荧惑星(火星),[⑦]是以知病之在脉也。其音徵,其数七(二七火),其臭焦。”

心在五行中属火。心与南方、火星、红色感应。红色可提升心气。治疗心血管病的药材如赤芍、丹参、红景天等亦为红色。“开窍于耳。”[⑧]血气足则耳肥大圆润,耳干枯则提示血气不足。“病在五脏”,心与五脏相连,心为五脏之君主,心病则五脏皆衰。苦味比如苦瓜、苦菜之类可降心火。五畜与五谷之中,心与羊肉、黄米(黍)相应。吃羊肉、黄米可补心血。心病多发生于血脉(心血管病)。听徵音,与二七数字打交道,闻焦味或烟熏味,可

---

① 禽类分两类:沾水的偏寒,比如鸭子;不沾水的偏热,比如鸡、麻雀、鹌鹑、鸽子等皆能“鼓舞肝气”。据说,麦子之所以能补肝血肝气,是因为麦子最早返青,东方青色,易入于肝,且有麦芒尖锐。生发力强之物往往带刺。若肝血肝气旺盛,则吃带皮的麦饭或吃荞麦。任何植物的表皮和它的种子都有相反的作用,比如,若吃荔枝上火,用荔枝壳煮水喝则降火。详见:徐文兵,梁冬.黄帝内经·金匮真言(下)[M].南昌:江西科技出版社,2014:31—32.

② 素问·五脏生成。

③ 有关“河图洛书与中医理论”的更多讨论,详见:沈丕安.《黄帝内经》学术思想阐释[M].北京:人民军医出版社,2014:15.

④ 春秋左传正义[M].北京:北京大学出版社,1999:1212.

⑤ 黄帝内经[M].姚春鹏,译注.北京:中华书局,2010:49—50.据说三与八是肝气弱的人的吉祥数字。尚不知“三大纪律八项注意”是否与此有关。

⑥ 我国古代音乐之“宫、商、角、徵、羽”类似简谱中的1、2.3.5、6。宫接近1(Do),商接近2(Re),角接近3(Mi),徵接近5(Sol),羽等于6(La)。

⑦ 民间有“男人来自火星,女人来自金星”之说。

⑧ 亦有人认为“开窍于舌,藏精于心”。详见:黄帝内经[M].姚春鹏,译注.北京:中华书局,2010:50.

提心气。

第三节论中央与脾土。“中央黄色,入通于脾。开窍于口,藏精于脾,故病在舌本。其味甘,其类土,其畜牛,其谷稷。其应四时,上为镇星(土星)。是以知病之在肉也。其音宫,其数五(五五土),其臭香(芳香醒脾)。”

脾在五行中属土。脾与中央、土星、黄色感应。黄色能调动脾胃的消化功能。中医健脾胃的药材如黄氏、党参、人参等亦为黄色。脾胃与口舌相应。脾胃不健则舌苔。口舌与口唇相连,口唇厚显示脾胃健,生殖力较强大。口唇薄或口舌干枯、唾沫横飞、睡眠流口水则提示脾胃不健。甜味健脾胃,但过多甜食则伤肾(土克水)。《五脏生成论》云:“多食甘,则骨痛而发落。”适当接触泥土,与泥土打交道,益于脾胃。中医甚至用“灶心土”(亦称“伏龙肝”)治疗脾胃。五畜与五谷之中,脾与牛肉和小米(稷)相应。吃牛肉和小米可补脾胃。脾胃病多发生在肌肉(比如肌肉萎缩)。听宫音,与五和十数字打交道,闻香味,可振奋脾胃。

第四节论西方与肺金。“西方白色,入通于肺。开窍于鼻,藏精于肺,故病在背。其味辛,其类金,其畜马,其谷稻。其应四时,上为太白星。是以知病之在皮毛也。其音商,其数九,其臭腥。”

肺在五行中属金。肺与西方、金星、白色感应。西方与白色共振(比如西方人的肤色、婚纱颜色等)。补肺气的中药、贝母、白梨、山药等往往为白色。肺与鼻相通,感冒咳嗽则预先显示为鼻塞。背部受风寒或受伤则伤肺。露肩养眼,但不如披肩养身。吃辛辣的食物可驱散寒气(《伤寒论》推荐“黄麻附子细辛汤”)。五畜与五谷之中,肺与马、稻米相应。马肉与水稻皆凉性,吃马肉、黄米可滋补肺气。肺病多发生于皮毛。听商音,与四和九数字打交道,闻腥味,可提肺气。

第五节论北方与肾水。“北方黑色,入通于肾。开窍于二阴,藏精于肾,故病在豀。其味咸,其类水,其畜彘,其谷豆。其应四时,上为辰星,是以知病之在骨也。其音羽,其数六,其臭腐。”①

① 《素问·六节藏象论》重复《金匮真言论》有关肝、心、肺、肾、脾的解释,比如,“肾者,主蛰,封藏之本,精之处也;其华在发,其充在骨,为阴中之太阴,通于冬气”。

肾在五行中属水。肾与北方、水星、黑色感应。黑色可提升肾气。补肾药材或食材往往为黑色，比如黑木耳、黑茶（以普洱茶为代表）。[①]“开窍于二阴。”人有九窍，七窍暴露于头颅，另两窍尿道与肛门属隐秘部位，主管大小便。肾气不足则大小便失禁。肾与谿相连，肾水不足，则肘关节、膝关节、踝关节以及相关的肌腱失灵、发病。民间因此而有“人老先老膝”之说。咸味可润肾。[②] 五畜与五谷之中，肾与猪肉、豆（豆与肾的形状相似）相应。吃猪肉、豆可补肾。肾病多发生于骨头（比如骨质疏松、股骨头坏死、白血病）。听羽音，与一和六数字打交道，[③]闻腐味，可固肾、提肾气。[④] 所谓“其臭腐”，亦暗示肾水与大肠关系密切。“小肠者，受盛之官，化物出焉”，而“大肠者，传道之官，变化出焉”。大肠承担由小肠分化出来的各种浑浊糟粕并化腐朽为神奇，将各种腐朽之物化为肾精肾气。[⑤]

最后为本篇小结，重点向有志于学医问道者（而非患者）提供诊脉的建议。“故善为脉者，谨察五脏六腑，逆从、阴阳、表里、雌雄之纪，藏之心意，合心于精。非其人勿教，非其真勿授，是谓得道。”在诊断病情时，西医重视解剖、验尿验血、透视，而以《黄帝内经》为代表的中医传统强调诊脉。诊脉的重点在于“谨察五脏六腑”。《素问·阴阳应象大论》云：“按尺寸，观浮沉滑涩，而知病所生。”通过切脉（按尺寸）的方法，观“浮、沉、滑、涩”不同的脉象，然后辨别施治。“阳病阴治，阴病阳治”，“以右治左，以左治右”。[⑥]

---

① 普洱茶分青饼和熟饼。青饼为生普，熟普是经过腐朽发酵的黑普。

② 苦味使肾坚固，而咸味使肾润滑。此外，《黄帝内经》也有“辛”润肾之说。《素问·脏气法时论》云：“肾苦燥，急食辛以润之。”

③ 中药以“六一散”（主要成分为滑石和甘草）利尿、退烧。“六一散”亦与“天一生水，地六成之”观念相关。

④ 按“其味咸，其类水，其畜彘”的思路，若适当吃臭豆腐、奶酪、酸奶、榴莲、腌鱼、酱菜、咸猪肉或腊肉可固肾，提肾气。《论语·述而》曰：“自行束脩以上，吾未尝无诲焉。”孔子所收“束脩”，可能为腊肉。据说腊肉、腊肠、腊鸭皆可补肾，但鸡肉为火性，腊鸡类似火上浇油，“近似于毒药”。详见：徐文兵，梁冬.黄帝内经·金匮真言（下）[M].南昌：江西科技出版社，2014：200—206.

⑤ 《庄子·知北游》云：“道无所不在。……在屎溺。”中医亦以童尿为活血化瘀之用。相反，现代商业美容推行所谓“洗肠”会损害大肠以及肾精。

⑥ 《素问·缪刺论》称之为“缪刺”。

中医强调天人感应、阴阳五行与藏象论,有志于此者,其人可教,使得真传。怀疑者,勿教勿授。“非其人勿教,非其真勿授。”[①]此为中医之道,亦为中医教育之道。

---

① 也可将“非其人则不教,非其真则不授”两句理解为:患者若不真诚信任中医之道,则不提供教治、救治之道。另外,此处“阴阳表里,雌雄之纪”,是对前面“此皆阴阳表里,内外雌雄,相输应也”的重复与强化。“一逆一从”,则是对《四气调神大论》的呼应:“从阴阳则生,逆之则死。从之则治,逆之则乱。”

实践探索

让学生成长更具生命气息

——校园四季之秋季系列活动实践感悟

何学锋*

2015年秋，上海市闵行区实验小学对已有的“校园主题节”进行重审，尝试以“秋天的色彩”为主题，开展校园四季之秋季系列活动。在探索实践中，逐渐确立了以自然季节的变化为主线，包含人与自然、人与社会、人与自我三大模块的校园四季主题活动结构。聚焦中华传统节日、时令节气的自然变化与学科学习拓展三方面，从校级、年级、学科不同角度推进活动。经过实践，我们认识到，只有“破”原主题的框架，才能形成校园四季活动的“立”；校园四季活动需要通过模块化和弹性化的设计，凸显其融通性、创生性特色。校园四季活动打通了学生课内外学习的界限，也正影响着家庭教育的方式与视角。

当今社会，科学技术以及文化经济的迅猛发展，已逐渐把人的学习、生活与生长不经意地裹挟进了快速甚至是机械性的节奏中。这样的状况也已渐渐影响到在校学习的、极具成长气息的学生身上，然而，目前学校很多的教育方式和活动内容，有的已经脱离学生的成长需求，脱离学生的生活世界，缺乏

---

* 作者简介：何学锋，上海市闵行区实验小学校长，正高级教师、上海市特级校长。主要研究方向为学校管理。

内在整合与融通。

以华东师范大学叶澜教授领衔的“新基础教育”研究团队,在与全国共生体学校持续的研究性变革探索中,于 2015 下半年发起了校园四季系列活动策划研究,意在围绕自然四季及其背后的中华文化传统,从学校教育的育人角度出发,展开具有系列性、融通性以及人文性的校园四季系列活动,以使学生的成长更具生命气息。

基于此,我校也展开了积极的思考、探索与实践。

一、“学生活动校历”构建及其价值的再思考

(一) 从点状随意走向有序和节律

在“新基础教育”发展性研究或成型性研究阶段,绝大部分基地校都完成了具有校本特色的“学生活动校历”的梳理与重构,进而使学生的一学年活动,从时间、内容和年级三个维度来看,改变了原来策划设计的点状性以及开展活动的随意性,使活动更有序和节律。然而,随着时间的推移和活动的深入展开,新的疑惑和矛盾也在不断产生,尤其表现在活动量最大,也最具学校特色的“校园主题节”的策划与开展上。当下,很多学校的艺术节、体育节、科技节、读书节、英语节以及狂欢节等,都很隆重、精彩与丰富,但这些活动对于学生而言,终究犹如日常学习生活中的“加餐”或是“大餐”,在某一主题节开展的时候,同一品种的“营养”会太多太集中而显得有些“过剩”,但过了这一时间节点,这一品种的“营养”又会显得特别稀缺。因此,目前大部分学校“校园主题节”的有序和节律,对于学生健康成长而言,仅仅是一种表面与简单意义上的有序和节律。

(二) 从有序节律走向基于生命成长的融通与人文

2015 年下半年,在前期个别学校探索的基础上,叶澜老师提出了以自然四季及与其相关联的中华传统文化为主线来策划学生活动,这一建议引领与促进了我们基于前期疑惑与矛盾而对学生活动策划的重新思考。

一是校园主题活动策划,可不以单一学科(领域)的延伸与拓展为主线,

而是以自然四季为主线，将各学科的延伸与拓展有机地整合在自然四季这一载体上，进而实现在活动过程中的学科整合、融通。

二是以自然四季为主线的活动策划，可以围绕中华传统中特有的二十四节气，把中华民族的文化精髓与精神特质，有机渗透与融合在活动的推进与体验中。

三是基于自然四季及与其相关联的中华文化传统的活动策划与开展，能更好的引领学生走进和体验大自然，更多的接触、学习与感悟中华传统文化。

二、校园四季之秋季系列活动的策划与推进

（一）策划的总体思路与目标

以九月和十月为时间跨度，以秋天自然季节的变化为主线，围绕人与自然、人与社会、人与自我三大模块，在框架性策划的基础上，引导更多教师与学生主动参与和自主策划，并以“画秋”“唱秋”“诵秋”“探秋”“聊秋”“爱秋”等多种方式，引领学生增强对自然变化的观察与体验，促进对学科相关知识的融通与运用，增强对中华传统文化的学习感悟，并探索学校原有特色活动的创新开展路径。

（二）推进的主要策略与路径

一是聚焦中华传统节日，注重校级整体策划，侧重季节时令背后的传统文化探究、学习与感悟。如春城校区的重阳节活动策划为“九九秋意浓重阳亲情乐”，活动分为“重阳节介绍”“了解我的祖父母”“关爱我的祖父母”“想想我的孝心计划”“晒晒我们的亲情一刻”和“评评我的孝心行动”，给予学生多元的探究空间，既能感悟中华传统文化，又能体验浓浓亲情。

二是聚焦时令节气的自然变化，注重分年级策划，侧重引领学生亲近大自然，关注对大自然变化的观察与体验。如景城校区以“秋天的色彩”为底色，分别以“小树的色彩”“种子的故事”“风儿的吟唱”“身体的语言”和“节日的味道”为主题设计了一—五年级的活动菜单，每份菜单有“探究篇”“实践篇”和“阅读篇”，着力引导学生从不同学科的角度去观察、了解和体验秋季的自然变化。

三是以学科学习的拓展与运用为主线,分学科策划推进,过程中强化学科教学课内外的沟通与整合,以及学科间的合作与融通。如数学学科,引导高年级学生以秋分、寒露等节气为时间节点,在相同时间和相同地点去观察与记录日出、落日以及月相的变化等,并尝试以曲线图形的方式去表达;如美术、自然、语文等学科合作策划,引导低年级学生进行叶贴画和种子画制作,让孩子认识不同树种及其不同形状和颜色的树叶,掌握种子的名称,并在班队课上分享与交流。同时引导高年级学生进行“最美家乡秋”的探究活动,用相机拍摄家乡的美景,用文字描绘家乡的秋色,用分享特产来表达对家乡的热爱等。

三、秋季系列活动的实践感悟

校园四季之秋季系列活动,因初次尝试,没有成熟的活动方案和具体经验可借鉴,与以往开展的主题节活动相比较,活动的整体策划和过程推进有很大的差异,也正因为如此,本次系列活动的策划与推进,带来了诸多不一样的体验与感悟。

(一)在思考与明确校园四季系列活动价值的基础上,要勇于“破”与“立”

2015 年 9 月,我校在开始推进校园四季之秋季系列活动前便达成了共识,即四个校区对于秋季系列活动的开展可以自由选择:1. 仍然可以做原有的校园主题节——创意科技节;2. 若选择做校园四季系列活动,则原有主题节的框架必须全部打破,即不可以“挂羊头卖狗肉”,因为校园四季系列活动的策划不是原有校园主题节活动基础上的修修补补或是增增减减,其价值定位与活动策划的理念完全不同于原有的主题节活动,所以要做校园四季系列活动,则必须对原有的主题节活动有一个“破”的意识和举措,进而才有可能在持续探索与研究的基础上对校园四季系列活动重新进行“立”。

(二)活动贴近各学科师生课内外学习与拓展需求,师生认可度高

校园四季之秋季系列活动的开展,四个校区的实际推进在内容和形式上

不尽相同，虽然在策划的成熟度和方案的完整性方面仍需提升，但各学科教师参与的积极性、自主性和创造性完全出乎意外，且真正实现了学生活动的“全员参与”。

反思以往的一些主题节活动，其聚焦的主题内容以及学科都较为单一，因此，很多学科教师认为活动和自己任教的学科毫无关联，自己只是一个被动的任务承担者，而校园四季系列活动则不同，其活动的开展非常贴近各学科师生课内外学习与拓展需求，很多教师感到我能参与，我也能策划，教师的自我价值和成功感提升了，参与的积极性和主动性较高。

（三）应“模块化”和“弹性化”设计系列活动，不宜太“精细化”

校园四季系列活动开展的综合性、融通性以及生成性非常强，因此，对于系列活动的策划而言，要进行“模块化”和“弹性化”的设计，不能太“精细化”，要有一定的“留白”，给教师、学生甚至家长留出更多自主思考和个性化创意的空间，要更为关注过程中各种活动资源的生成，更为重视过程中资源的优化重组和推进方式的及时调整。

（四）活动影响了家庭教育的方式与视角

校园四季系列活动的开展，在很大程度上影响了家庭教育的方式与视角，促进和形成了更多新的家庭亲子活动和亲子关系。正如畹町校区一个学生所说：“因为四季活动，我开始格外认真观察我家的院子，发现秋天院子里的丝瓜成熟了，奶奶经常做给我吃，美味极了，南瓜也成熟了，奶奶做成南瓜粥。院子里的金桂花银桂花都开了，香飘四溢，让我每天上学放学回家路上都心情很好。”这个学生的家长也说：“我们在这个秋天里，和孩子一起走进自然，收获知识，收获温暖。而这份来自学校的心意，就像是一颗小小的种子，总有一天，会在孩子们的心里开出更美丽的花。”

校园四季系列活动的开展，让师生开始关注身边的世界、身边的自然，开始对大自然有更多的驻足和深情的凝视，也让校园生活、班级生活和日常活动有了更多的美感和诗意。

自然节气生活之
小学四季活动的设计与实施*

李伟平　姜明红　张勇卫**

四季系列活动的设计要打破单一、割裂的活动设计思维，把传统文化、地方特色等与儿童成长需要相结合，从而提升学生对自然、科学、人文以及社会、生活的感知度，实现新发展。常州市局前街小学通过对教育内容的选择优化，对孩子成长节点的深入开发，设计活动组织结构架构，以促进师生的发展。

一、小学四季活动存在的问题

（一）点状，缺乏整体感

学生校园四季活动的设计虽然丰富多样，层次鲜明，但较少考虑这些活动的整体性布局，着眼于学生年段发展的综合性整体设计相对较少，往往忽视了学生某一阶段发展中整体性目标的清晰达成。点状的呈现很精彩，整体推进却呈现碎片化，缺乏整体感。

（二）叠加，缺乏融通性

多数的活动设计与组织，强调学生活动的外在性，活动组织与校园其他

---

* 本课题是江苏省前瞻性教学改革实验项目的成果之一。

** 作者简介：李伟平，常州市局前街小学校长，正高级教师，研究方向为学校教育；姜明红，常州市局前街小学副校长，正高级教师，研究方向为学科教学；张勇卫，常州市局前街小学教导主任，研究方向为教师发展。

生活节律不能很好地勾连，活动实施相对独立，活动与校园生活不能“无缝对接”，如此，使得教师的组织，学生的参加形成往复的叠加，活动与校园生活，活动展开与学科学习，活动体验与自我成长感受的融通较弱，学生活动的效益有待提升。

（三）割裂，缺乏关联性

目前，很多活动都已关注到了资源的综合应用与设计，以一个主题为背景，通过各方面教育资源的整合，呈现特定环境，促进儿童的成长。在精品个案的推进中，往往又会忽视一个个典型设计之间的内在关联，即关注活动的横向丰富性的同时，缺乏对学生活动纵向延展性的认识与规划，使活动有时仅局限于一个主题、一个阶段，没有关注或很少涉及小学六年的整体发展性关联。

（四）笼统，缺乏独特性

在校园四季活动设计中，对学生发展与成长的理解还停留于抽象的学生群体，没有脱离一般性的表征状态，同时，活动设计中也未将本校育人目标与学校特色的理解纳入到学生整体活动设计序列中。这样，本校学生的主题活动，形成的是较为笼统与抽象的“概念”与“纲领”，过多呈现一般发展轨迹，对于本校学生、本年度学生的特质、特点、发展特色等的独特性把握，对于不同阶段学生发展规律的把握，对于不同节点活动育人价值的体现等，还没有系统思考，活动内容选择与设计组织缺乏儿童发展独特性。

二、自然节气生活之小学四季活动的育人价值

常州市局前街小学坚持践行“教育是一种生命关怀”的办学理念，坚持从人的视角审视和践行教育。随着科技的进步，现代社会的生活方式逐步变化，加之学校位于城市中心地带，学生生活被钢筋水泥“捆绑着”，被现代科技包围着，很少有与自然接触的机会，这使得儿童的成长缺少必要的“地气”，缺乏坚实的“底气”。

人类的进化和人的生长始终离不开自然的孕育。“大自然为人类儿童赋予了一个顺序模式,儿童按照这个时间表展开不同阶段的发展,就是这些不同的发展阶段构成了儿童的整个生长过程。”①儿童不同的成长阶段都有其独特的自然的生长方式,顺应自然赋予的顺序模式,抓住一年四季的自然本质与儿童的率真的契合点,给予他们相应的生活方式,激发他们探索自然乃至世界的渴望,让他们在与纯美的自然相吸相触相融中自由地成长。

二十四节气是四季的主要组成,也是大自然赋予儿童生长的顺序模式之一。它是我国古代先民根据太阳在一年中对地球产生的影响而总结出来的一套气象历法,是人类了解自然和连接自然的一道桥梁。节气活动可以让儿童的好奇心与自然千变万化的植物、动物、天气、天象、人事等变化相连,激发他们探索自然乃至世界的渴望,让他们走进自然,发现自然界的规律,感受自然的奥秘和四季的变化,发现大自然的美妙与神奇,感受中国古代农业文明与天文学智慧的结晶,感受人与自然和谐相处的生活境界。集聚节气文化的小学四季活动就是抓住节气的自然本质与儿童的率真的契合点,让学生随着二十四节气的时序发展,通过多样性的节气主题活动,在亲近自然、探索自然、感受自然中,改造与发展自己的生活经验,在属于儿童生命成长的生活节律中不断成长。

自然节气生活之小学四季活动是以“节气活动”为载体的整体性、序列化活动,把“节气”“文化”“生活”等元素,融入学校的各个方面,将知识、经验、思维方式、体验等有机结合起来,满足并适应儿童不同成长阶段的发展需要。

三、自然节气生活之小学四季活动的内容架构

如何把活动内容有效地组织起来?如何根据一定的目的、形式对各部分加以具体的安排,使之成为一个有序且具有较高育人价值的整体?二十四节气的丰富内容如何进入小学六年的十二个学期?如何关照小学不同年级学生的差异?近年来,我们学校做了以下突破和尝试。

① 虞永平.学前课程的多视角透视[M].南京:江苏教育出版社,2006:71.

（一）内容的结构化

抓住各节气的显著特征，统整校园四季活动，引导学生在序列化的实践体验中丰富经历。自然节气之小学四季活动内容设计通过兼顾生命、艺术、科学、社会四个领域，结合不同学段学生不同的身心和认知规律以及校本化的教学资源，对二十四节气分别进行了梳理与选择，形成融合四个领域的综合学习活动。每项活动内容包括实践观察——整理归纳——价值提升三个板块，让学生经历发现问题、提出问题、分析问题、解决问题的过程，形成复杂性思维方式，培养热爱自然、珍惜生命的积极情感。

1. 节气活动体验是超学科体验，我们更注重在活动中直接体验的感受。

2. 节气活动的内容设计注重对季节、节气等农耕文化的理解，在传承与创新中找到融合点，突出当下儿童身心发展的现实需求。

3. 节气活动设计的主题具有综合性，能主动应用多学科知识分析、解决问题，提出个性化建议，或结合具体工作获得相应的实践能力。

4. 节气活动设计与学生节点成长的展示活动相结合，助推体验由形象感知到系统内化。

5. 节气活动设计注重年段特点，设计不同年段发展目标，在不同年段相同内容之间设计层次发展要求，注重差异化的个性发展。

（二）内容的主题化

以主题统整每个季节的节气活动，建立起节气之间的横向的内在关联，既提升了活动设计的逻辑性和完整性，又实现了四季活动的整体育人价值。

春天主要围绕“希望”主题，让学生立春时观察小鸟筑巢，惊蛰时观察苏醒的冬眠动物，春分时观察花朵渐渐开放，清明时踏青、植树、放风筝，雨水、谷雨时制作雨量器，种植土豆、花生，探究雨量对万物生长的作用，采桑、养蚕并记录蚕的生长过程，进行摄影、绘画和春天诗会，感受春天的复苏和勃勃生机，让学生用自己的方式书写春天。

夏天围绕“成长”主题，立夏探究植物的茎，小满观察抽丝剥茧，芒种参与或观察收麦子、种稻子，夏至探究蝉的生长，小暑记录雨量和植物的生长，大暑拍摄荷花、紫薇……通过假期手册引导学生走进自然,亲身体验在豆蓬瓜架上绿蔓一天可以长出几寸,到竹林、高粱地里听啪啪生长的声响,等等。以此激发学生的自我生长意识,引导学生感受自己的成长。

秋天以“收获”为主题,立秋吃赤豆、芝麻、糯米、枇杷等,种萝卜、种大蒜;处暑认识刚收上来的农作物;白露收集桂花和制作桂花糕,尝蜂蜜,摘枣子,摘棉花;秋分做月饼,吃螃蟹,开展中秋节活动;寒露探究花生的成长过程和植物果实的多样性;霜降收集叶子与立秋的叶子对比,并制作秋天贴叶画,拍摄枫叶图、残荷图,绘制秋景图并配上诗词,拍摄与霜有关的景色……让学生参与实践,感受劳作带来的成果,感受春天期望变成实实存在的收获。让学生在美丽的秋天中收获快乐、收获成长。

冬天以“梦想”为主题,立冬画一画“冬眠小动物的梦想”的绘本,参与给校园的树木“穿”棉衣活动;小雪地封严,关注运动;大雪欣赏白雪皑皑的美景,探究“瑞雪兆丰年”的原理;冬至探究包饺子、吃豆腐等习俗的来历;冬至记录日出日落时间;小寒记录冬季梅花的生长过程;大寒堆雪人,写春联,写福字,画年画等。

(三) 内容的序列化

整个小学六个年级的四季序列活动需要建立一定的内容组织结构,从单元到课时,都要涉及各节气的常识。每个季节的每个活动均应结合活动目标和学生的认知特点形成一个纵向内容的序列化排列,这样一是便于教师操作,二是便于学生学习。

1. 横向内容的整体序列与过程

我们在四季活动的整体内容设计中,每项活动都围绕“内容选择”“活动方法”“活动组织”“活动评价”这五个维度进行,注重每项活动的系统融合,并主动将各项内容的设计渗透到日常生活中,体现育人的全面渗透。比如,在活动方式上,形成多样化设计,结合学生特点和生活中丰富的活动资源,呈现灵活的样态。

➢ 阅读与观察:围绕物候、人事等现象,进行长期或短期的观察、记录,为总结比较提供数据;通过阅读、媒体欣赏、现场表演等形式,获得对节气的间接认识和感悟。

➢ 走访与考察：走访各界人士，实地考察获取第一手资料，增加知识，开阔视野，在实践活动的基础上整理资料、运用资料，提高解决问题的能力。

➢ 调查与实践：针对一个问题，开展多层面、多领域的调查研究，获得丰富、翔实、准确的资料；通过亲自动手操作、实验等方式，获取对活动主题的直接的体会和感受。

➢ 研究与辩论：围绕主题开展多角度、多方面的讨论，以拓展思路，学会多角度考虑和分析问题；开展围绕主题的话题辩论，让学生形成辩证地看待问题的思维习惯。

2. 纵向目标的层次架构与推进

学校四季活动的内容架构，除了关注横向内容的序列与过程，也十分关注内容间的关联，形成纵向的低、中、高不同年段的活动目标序列。如在自然节气生活中，对活动目标进行层次规划。

一、二年级主要结合节气特点观察昆虫、花卉、瓜果、蔬菜、农作物、天气、星空、运动、美食、服饰、社会活动等的变化，整体感知和体验节气文化。

三、四年级主要抓住节气和季节时令的变化，从艺术、生命、人文等领域开展相关活动，通过仪式、表演等形式关注人文领域，使内容与孩子的多学科认知相结合。

五、六年级主要抓住节气和季节时令的变化，从艺术、生命、人文、科学领域设计相关活动，通过制作、观察和探究等方式关注科学领域，使内容与孩子的知识体验、经验系统、创造能力相关联，提升孩子的综合思维与实践能力。

在具体活动中，体现各年段活动的层次差异。以白露为例：

➢ 一年级：亲亲小露珠——“摸摸”露珠，体验清晨的温度。

➢ 二年级：你好！小露珠——采集露珠，记录草丛里露珠的变化。

➢ 三年级：我是小露珠——语文课本中《小露珠》课本剧表演。

➢ 四年级：白露天气的研究——观察、表达天气的变化。

➢ 五年级：“白露水”的研究与制作。

➢ 六年级：白露习俗与我们的生活。

再以秋季四个节气为例，一、二年级的学生对节气没有明确概念，但他们习惯通过自然界的色彩、声音、线条、形态等去感知一切。基于儿童的认知习惯和各方面能力，一、二年级的节气活动主要采用大主题连贯推进的方式，分别通过绘制物候图和绘制人事图贯穿一年二十四个节气的体验活动。

三、四年级的节气生活体验主要以主题活动为基本组织方式，注重传统节日、校园生活与节气生活的整合。主题活动体验贯穿一年二十四个节气。

五、六年级的节气生活体验主要以研究性的项目发现为主要组织方式，通过若干研究主题，探索学习二十四个节气。

四、自然节气生活之小学四季活动的融通实施

(一) 多学科全息渗透，创生丰富的生活世界

2014 年 3 月教育部颁布的《关于全面深化课程改革　落实立德树人根本任务的意见》中指出：“要增强整体性，强化各学段、相关学科纵向有效衔接和横向协调配合，……充分发挥学科间综合育人功能，开展跨学科主题教育教学活动，将相关学科的教育内容有机整合。”节气活动的开展必须注重每项活动的系统融合，并主动将各项内容的设计渗透到日常生活中，做到节气活动与各学科学习、班级和学校生活全息渗透，使节气活动贯穿于一个阶段、一学期甚至整个学年，引领学生成长。① 融合主要以问题或主题统领，将不同的学科知识、能力整合起来，打破学科之间的界限，找到各内容之间的内在联系，整合为一个有机的四季活动整体。在六年级的大雪节气活动教学中，引导学生记录最低温度和最高温度、日出和日落时间，记录下雪和积雪的时间。数学课分析气温变化与下雪、积雪日期的关系；科学课探索“瑞雪兆丰年”的真假；语文课赏析关于雪的诗词，并进行读写绘创作；美术课进行画雪花、雪景，摄影和雪花创意剪纸比赛；体育课带领学生滚雪球、堆雪人、打雪仗……

其实，各年级寒假活动手册中节气假期综合作业单的设计也较好体现了

① 李伟平，张勇卫.节气活动：延续中华传统文化的精神命脉[M].北京：人民教育出版社，2017：65.

这一原则。如三年级立春节气假日作业单主要包括以下活动内容：

➢ 小龙娃初识春

通过阅读书籍或上网查阅资料，了解立春的来源和民间活动（如塑春牛、抢春等）。了解与立春相关的农谚及诗文。

➢ 小龙娃来抢春

巧手折春牛（或制作泥塑春牛），用照片记录自己的动手成果。

➢ 小龙娃动手尝

和家人一起动手制作春饼或春卷，感受动手的乐趣，品尝自己的劳动成果，并用照片晒晒自己的精彩瞬间。

➢ 小龙娃知物候

从立春开始，记录一周的最高气温和最低气温。

立春时分观察周围植物和动物的变化，用自己喜欢的方式记录下来（文字、照片或者绘画）。

（二）长短线交织融通，创生核心素养

自然节气生活之小学四季活动强调主题化活动设计。

重视长线活动的设计。长线活动应贯穿于四季活动实施的始终，它不仅对培养学生持之以恒的良好学习习惯，激发学生的创新潜能和团队合作精神，培养学生形成科学的价值观和实事求是的科学态度，提高科学素养等有重要价值，而且是学生四季活动认知和体验的经验基础。长线活动对小学生来说兴趣很难持久，尤其是低年级学生。因此，低年级采用绘制节气物候图、节气人事图为主题，用绘本的形式吸引学生表达自己对四季和二十四节气的理解。教师在长线活动中一是要善于引导学生选准观察点，要选择与节气相关的动植物、天气、星空、运动、美食、服饰、社会活动等进行自主观察和表达，二是要引导学生设计、开展一些有趣味的成果交流活动，提高学生参与活动的成就感。

重视短线活动的长程设计。中高年级的节气活动虽然多数为一个个节气为主题的短线活动，看似活动与活动之间是一个个独立的主题，但这样的短线活动非但不能单纯割裂开来，更应该以整年不同节气的气象、物候乃至

生物环境的整体研究为基础。也要重视长程实施设计，让学生在一、二年级的基础上进一步了解气象知识，学会观测方法和技能，长年坚持进行校园气象观测和物候调查，为节气活动的节点实施提供一定的依据。如春分、秋分、夏至、冬至和其他节气日影长度的对比、白天与黑夜长短的对比，不同节气的气温、降雨等的变化与季节转换，不同季节植物、动物生长速度的对比，等等。

(三) 多方协同推进，创生多样的体验路径

校园四季活动提供给学生的是一个丰富多彩的、广阔的、充满弹性的开放生活空间。二十四个节气，每个节气涵盖多个领域，为活动设计的主题和活动组织实施方式的选择提供了广阔的空间。① 结合学生特点和生活中丰富的教学资源，活动的开展应该呈现一种多样灵活的样态。

我们可以开展围绕物候、人事等现象，进行长期或短期的观察和记录，为总结比较提供数据；可以通过阅读、媒体欣赏、现场表演等形式获得直观体验；可以围绕主题开展多角度、多方面的讨论，以拓展思路；可以通过实地考察获取第一手资料，增加知识，开阔视野；可以针对一个问题，开展多层面、多领域的调查研究，获得丰富、翔实、准确的调查资料……

---

① 靳玉乐.课程论[M].北京：人民教育出版社，2016：323.

探索校园访春活动，丰盈学校自育文化

屠红伟*

在新的阶段，我校积极探索实践校园四季系列活动。春季活动设计紧紧把握三个维度：主要围绕“春立新志，日常节点融通，点亮自育少年的精神世界”的宗旨；同时注重师生互动，秉承“春蕴诗心，师生活动融通，创造自育校园的全新生活”的理念；在活动与学科融通的思想下领悟自育生命的意义价值。

素质的养成在言传，在身教，更在顺四时之美，合五体之勤。庄子云：“天地有大美而不言，四时有明法而不议，万物有成理而不说。”自然界四季分明，节气贯通，于静穆之中有无限大美。对人类而言，更重要的是发现其规律，去欣赏、去遵从、去适应并合理地利用它；而对于学校教育而言，同样需要去发现、去遵循生命成长的规律，顺时而为，依季而育。

作为一所以自育文化带动学校优质发展，引领学校转型变革的学校，在新的阶段，我校积极探索校园四季系列活动，努力将自然、人文、科学、艺术、校园活动与学校自育文化有机渗透、高品质融通，以创造学校教育新生活，为我校学生自育自强的成长拓开一片新天地，跃上一个新台阶。

学校首先从大自然中最温煦美丽、最具生机活力的春季开始探索，踏上一段美好的探春之旅。学校经过反复学习研究之后，决定从一个“立”字着手，从三个“融通”切入，综合改造传统活动，精心设计创意活动，努力实现以

---

* 作者简介：屠红伟，上海市闵行区闵行四中校长，主要研究方向为学校教育。

春季活动引发学子对精神世界的追求,从而点亮花季少年的人生梦想。

一、春立新志,日常节点融通,
点亮自育少年的精神世界

2016年第一学期始于立春与雨水之间的早春二月,新芽初生,新绿初染,新苞初绽,崭新的岁月,全新的生活正待开启。在学生部和年级组的策划下,各班早已在开学前便发起了“自育学子新春心愿”的征集活动,在此基础上,我校精心组织了“金猴砺新志,春风沐校园”的开学典礼,典礼上小草破土、芽苞绽放、鲜花盛开的精彩视频画面,朱自清《春》的配乐朗诵,以及学生新春心愿的现场揭晓,营造了极其感人的氛围,而校长的致辞则启迪学生要在最美丽的春季,播撒一颗梦想的种子,让自己变得更善良、更勇敢、更智慧、更有活力! 同时校长也激励学生,没有春之辛劳,哪有夏的热烈,秋的果实,冬的安详! 新年立新志之后,更应切切实实地行动,不负这大好春光。

此外,另一个重要的成长节点活动也在这个春季酝酿、生成,那就是初三年级的春分日“踏青登高放眼量”毕业季主题活动,该活动由年管会教师与学生管理委员会共同商议策划,对传统的保留节目——“初三百日冲刺誓师大会”所作出的大胆改革尝试,一改以往学生呼号表决心、家长寄语话鞭策、校方颁发倒计时牌的“大战前夕,摩拳擦掌”活动套路,而是于江南三月春色最美的春分日,全体师生选择来到历史悠久,素有“上海之根”美称的松江,一起开展主题活动。初三学生在老师、家长的陪伴与见证下,以班级为单位,登上东佘山之顶,而在山顶,校长、教师代表早已在树木葱绿的山顶迎候,并一一与登顶的学生拥抱,同时赠送印刻着每一个学生名字寓意着成长的青春徽章一枚,橙子与定胜糕一份。在山顶上,各班开展了形式不一但情意深深、元气满满的活动,比如在心愿树上挂上写满祝福心声的红绸带,或向着山谷高声呼喊,倾听青春欢快的回声……校长则代表全体师长,作了“一生尽在一山中”的主题发言,勉励学生:我们每个人的一生就如今日的登山一般,是一个不断朝着目标,不断向上的过程,登知识的高山,登道德的高山,登事业的高山,通过攀登,拾级而上,让我们自己变得更好,更开阔。下山后,教师及家长

又带领着学生走进大学城，走进华东政法大学的校园，让学生们拓视野，放眼量，参观图书馆，观摩模拟法庭，与大学生对话交流，采访四中毕业的学长，聆听他们的成长奋斗历程，最后在报告厅集中，举办了“奔跑吧，青春！”主题仪式，情真意切，感人至深！

在活动结束后，学生们纷纷在大学校园里徜徉流连，3 月的华政满园梨花，洁白如云；满树桃花，红粉如霞，分外浪漫迷人，青春学子们陶醉在这一片春色中，欢笑留影。老师和家长们相信，这样的一次活动一定会让孩子们的心里萌发出一些东西，正如这一日他们攀登的那座青葱的小山、他们漫步的这所有美丽花海的校园一样，也一定会在他们的生命里留下印记。就像学生们自己的感言中写的那样：“春色真美，青春真好！我们愿意与老师同学一起度过一段拼搏、充实、有意义的时光，留下一段将来回忆起来，让自己都泪流满面、无怨无悔的日子！”

二、春蕴诗心，师生活动融通，创造自育校园的全新生活

学校是师生共同成长的生命场。因此，在四季系列活动的设计与探索中，我校努力融通师生活动，力求达成师生心灵交响共鸣、精神生活相互滋养、情感世界气息相通。

于是，在这个春天，多部门互通、商议、研究，联合策划了两大师生活动。

1. “相约春天，经典诵读”系列活动。春天是一个充满诗意的季节，在学生诵读的诗中有天、有地、有山、有水、有你也有我；有初绽的花蕾、摇曳的柳丝；也有开春的耕耘、铿锵的脚步。于是，来自班级的、年级的各类诵读活动在校园里进行着，比如“唐诗雅韵”“宋词小唱”“致青春”“春风十里不如读你现代诗朗读会”……初二年级的两个班还联合开展了一场原创诗歌赛诗会。

系列活动最高潮的节目是教职工的“相约春天”美文诗歌诵读会，这个节目教师全员参与，学生担任评委。最让人感动的是全体教务总务人员也登台齐诵，他们饱含深情地朗诵了《我们的学校是花园，和煦又温暖》，他们的声音朴实、直白，充满真情。他们歌颂繁花盛开的春天，更歌颂他们每天甘愿付出

爱与汗水的这个美丽校园。

2.“春光中最美的那个人”寻访表彰活动。每年的三月八日，学校有一个光荣传统，即借妇女节之际，评选并表彰各类“三八红旗手”。今年，迎着探春季的脚步，这项活动有了全新的改造。由工会与学生部联合策划，发动全校师生一起寻找、赞美校园里最美的女教师，并选择最契合女教师形象神韵品格的花语来命名表彰。于是素雅甘菊、温暖山茶、阳光葵花、清新百合、铿锵玫瑰、大气牡丹、傲雪梅花等十个美好的花语名称被授予了十位自育女教师。在颁奖仪式上，学校的绿化工精心准备了十束鲜花送给这些女教师们，并由师生共同为这些女老师撰写颁奖词，以体现这些最美女人花身上，或坚忍执着，或温情善良，或淡泊清新，或阳光开朗的优秀品质。由这项活动延伸出去，学生部在学生中开展了“发现春光中最美的那个人”的寻访活动，于是家长、老师、校园勤杂工、普通劳动者、A同学、B同学……成了学生眼中和笔下最美的那个人。寻访活动让学生深深体悟到，人勤春早，用自己的双手才能创造真正的春天！学生由衷感言：最美的春色原来在人间！

三、春探奥秘，多学科融通，领悟自育生命的意义价值

桃红柳绿，是草长莺飞最美好的时节。校内七年级学生正在学习生命科学学科的植物分类章节。科学教研组主动提出，要与班主任、其他学科教师合作，共同组织与策划，开展探春系列的学科活动，从春天开始，着手编写学生版的闵四校园植物志。

在生物教师的带领指导下，学生以班为单位，分工协作，开始校园植物的观察、辨识、分类、记载、编录，并配以学生自己拍摄或搜索的植物艺术照一张做身份证用。在语文教师的指导下，学生们或查找，或自创相关的诗歌一首，或描绘植物特征的美文一段，制作成特别的植物名片，并编辑成植物志。此外，班主任老师的参与则让这个活动有了更多的内涵与意义，在编志的基础上各班申请领养保护区，开展四季的观察、记录、养护活动，引导学生用心观察和探索自然界的草木，以感受四季的更迭，同时领悟生命的奥秘与意义。

这个长程的、多学科参与的活动中，常有意想不到的收获，比如有的班级会根据校园香樟树不断发新芽、长新叶，生生不息的坚强品质，染绿了一年四季的特点，结合江川地区香樟家园的地域文化开展了香樟文化的探究活动。

此外，还有的班级学生对校园最普通、最常见的一种草本植物——红花酢浆草(也称三夹莲)，进行了观察、记录，发现这种植物从不要求任何的照顾与呵护，也不需要特别的生长条件，却能不断地清零和重生，其粉紫色的花轻盈、低调，开了一季又一季，每一次的绽放都新鲜如初。因此，班主任引导学生从草木的世界里感知、珍惜人间越来越稀缺的节制与安宁。这样的活动，这样的学习，对于正在成长的少年、未来世界的领跑者、建设者又何尝不是一种珍贵的教育与智慧的启迪！

由于这样的探索与实践，这样的创造与思考，2016 年的春天，四中人收获了别样的经历、体验与成长。蓦然发现，教育的生活也可以过得这般诗意与美好！

而探索春季的这些活动，不仅能让四中人放缓脚步，深情地凝望与谛听自然，而且也能亲身感受到一种力量，一种精神生命被唤醒、被点亮后那种主动萌发绽放与拔节生长的力量！

《论语》中有这么一段："莫春者，春服既成。冠者五六人，童子六七人，浴乎沂，风乎舞雩，咏而归。"这样一个无比感性而惬意的春天里的教育场景，曾让多少人感叹和向往！其实，只要我们用心，我们也完全可以去创造意义更为深远的、自然科艺人文交融的、天地人事相通的学校教育新生活，从而不断丰盈学校文化，滋养师生生命成长。

整体架构校园四季活动，发挥最大的育人价值

王叶婷　陆　敏*

叶澜教授提出要以综合的方式来命名学校的四季生活，如探春、嬉夏、品秋和暖冬。我们深受启迪。的确，一年四季，百草万物，有着其独特的生长规律，沿用自然规律来检视师生的成长经历，确实会有类似的成长体验。

我们要让学生学会主动地“探”，健康地“嬉”，高雅地“品”，智慧地“暖”，从教育培养目标出发，用孩子的眼光重新审视四季，寻找出能够打开儿童纯真心扉的那扇“门”，帮助儿童认识善缘，提高儿童审美情趣，因为孩子们都是有生命会思考的人，不能替代他们去感受四季之美、之趣、之理。我们需要凝练而丰富的设计。四季的自然变化（日月星辰，风霜雨雪，花草树木，鸟虫鱼兽……），四季的生活文化（衣食住行、琴棋书画、诗赋歌舞、风俗礼仪……）都可以由浅入深，积少成多的纵向提升，也都是可以内外结合，动手动脑的横面展开，我们要找到两者交互的节点，进行各种有效的活动，实现“天人合一”的教育。

为此，我们以“春之探”“夏之嬉”“秋之品”“冬之暖”为主题，将各季的综合育人目标分解到自然科学、艺术、人文、社会、生活几个方面，不同方面的推进体现与学科的整合、与班队的融通，也体现年段性。

* 作者简介：王叶婷，上海市闵行区华坪小学校长、中学高级教师；陆敏，上海市闵行区华坪小学学生工作部副主任，上海市德育特级教师。

一、把四季的特点和人的成长规律进行横向联系，整体设计校园四季活动主题

教育要顺应自然，依据人的自然本性和身心发展的规律进行。我们分析四季的特点，抓住其与生命成长的关系，如春天的萌动和勃发，夏天的火热和激情，秋天的色彩和收获，冬季的温度等，融入活动的主题，引导学生在与大自然的亲密相处中，通过感受和体悟去获得成长。

我们确立了“别样的萌动，别样的生命”探春系列，“别样的活力，别样的激情”嬉夏系列，“别样的色彩，别样的风景”品秋系列，“别样的温度，别样的温暖”暖冬系列。

二、以校园四季活动的主题为导向，整体架构校园四季的活动内容

根据活动的大主题，确立横向和纵向交错的主题活动内容，如表 1 所示：

表 1　探春系列主题活动

<table>
<tr><td colspan="5">“别样的萌动，别样的生命”探春系列</td></tr>
<tr><td>年级</td><td colspan="2">体验“别样的萌动”的活动</td><td colspan="2">创造“别样的生命”的活动</td></tr>
<tr><td>一年级</td><td>1. 了解春季 6 个节气的知识；
2. 说出描写春天到来的词语</td><td>观察白玉兰在 6 个节气时候的变化，用画画的方式记录</td><td>参加学校“诗韵香溢校园，经典滋养心灵”诗歌会，进行“十里春风不及儿童咏柳”古诗朗诵，各班朗诵有关春天的各类动物、植物的变化的诗，表达春天万物之萌动</td><td rowspan="2">探究清明节来源：
1. 问问爸爸妈妈清明节的典故；
2. 了解清明节人们喜欢的活动；
3. 设计小风筝（上交小风筝设计稿）</td></tr>
<tr><td>二年级</td><td>1. 了解春季 6 个节气的知识；
2. 知晓春天的成语，吟诵诗歌等</td><td>观察梧桐树的树叶在不同气候（春光明媚、春雨绵绵、乍暖还寒、春风细雨）中的变化，用简单的语句描写</td><td>参加学校“诗韵香溢校园，经典滋养心灵”诗歌会，进行“十里春风不及儿童咏柳”古诗朗诵，各班朗诵有关春天的气候的变化的诗，表达春天万物之萌动</td></tr>
</table>

续 表

“别样的萌动,别样的生命”探春系列				
年级	体验“别样的萌动”的活动		创造“别样的生命”的活动	
三年级	1. 了解春季6个节气的知识; 2. 知晓春天的成语,吟诵诗歌等; 3. 记录自己的身高、体重变化	观察梧桐树的树叶数量在立春、雨水、惊蛰、春分、清明、谷雨不同节气中的变化,用拍摄的方式和观察日记的形式记录	参加学校“诗韵香溢校园,经典滋养心灵”诗歌会,进行“诗之韵,春之美”古诗词朗诵,各班进行描写春天之美的古诗吟诵	探究清明美食: 1. 探究清明节有哪些美食; 2. 小队活动,学做青团
四年级	1. 了解春季6个节气的知识; 2. 知晓春天的成语、谚语,吟诵诗歌等; 3. 结合春分的习俗,开展“立蛋”活动; 4. 结合端午习俗,开展“斗蛋”比赛	观察春天里的梧桐树颜色和数量的变化,用拍摄和观察日记的方式记录	参加学校“诗韵香溢校园,经典滋养心灵”诗歌会,进行“我与春天的约会”古诗词朗诵,用不同的诗歌描绘春天脚步声	探究生命的温情: 1. 读绘本故事《一本叶子落下来》《小鲁的池塘》; 2. 探究风筝的做法和原理,学着制作风筝,在风筝上写下心愿; 3. 放风筝
五年级	1. 了解春季6个节气的知识; 2. 知晓春天的谚语,吟诵诗歌等; 3. 开展“竖蛋”比赛; 4. 结合端午习俗,开展“斗蛋”比赛	观察梧桐树是怎么发芽的,用拍摄和观察日记的方式记录	参加学校“诗韵香溢校园,经典滋养心灵”诗歌会,进行“一年之计在于春”的诗歌表演,用诗歌表达春天是目标和计划的开始,要珍惜春光	探究家族史: 1. 探究非华人世界是否有类似清明节之类的节日; 2. 向长辈打听家族史,编制简易家谱

(一) 精心推进单个的长程活动,让学生感受自己在春夏秋冬的成长

把单个活动的时间拉长至一年,让学生在单个的长程活动中进行体验式学习。我们主要设计两项活动:第一是了解二十四节气知识,让学生通过各种方法随着一年季节的变化去探索二十四节气的知识和习俗;第二是“我们是小小观察家”,以校园门口的梧桐树为载体,引导学生对校园门口的梧桐树进行观察、触摸、嗅闻等,开发学生的感官意识,让他们在亲身体验中感受大

自然的神奇和智慧，开拓学生丰富的想象力和激发学生的求知欲。

1. 开展了解二十四节气知识的活动

(1) 了解节气知识

我们设计了“春之令”“夏之令”“秋之令”“冬之令”的活动，引导学生了解二十四节气知识。每周二午会课是常规的节气知识讲座，每周五的活动课结合节气开展各种活动。如在探春系列进行春的诗歌、春的成语比赛等。

(2) 感受节气的魅力

我们在了解节气知识的基础上，开展了“感受节气魅力”的活动。结合节气知识中的民俗、故事开展各种有趣的体验活动。如二年级的孩子开展了探索各种冬季特有现象的活动，有浓雾，有霜冻，有薄冰……三年级的同学开展“了解冬季温度”的活动，记录不同节气的气温变化，还和数学整合，用学到的数学知识认真绘制统计表或统计图。四年级同学开展了“观察人们在冬季衣服的变化”的活动，他们从帽子、围巾、手套、衣服、鞋子等不同角度进行研究，撰写冬季的服装报告，这不仅需要他们细致的观察，还要不断地学习，查找资料，他们不仅了解了冬日服装的种类、演变过程、文化故事，还初步学会搭配和选购的方式，提高了学生的生活情趣。五年级的同学开展了撰写冬天的蔬菜报告活动，向我们展现了冬天蔬菜的种类、价钱、味道等，不少同学了解到冬天最适宜食用的蔬菜是萝卜、莲藕、山药等。

2. 开展“我们是小小观察家”的活动

结合学校的科技特色，引导学生走进自然，观察树木在节气转换过程中的变化。让学生观察一株植物(从树叶、花、果实到整棵树)在一年四季的生长，感受生命在不同季节的变化(参见表2、表3、表4、表5)。

表2 “我们是小小观察家”活动之春天观察的内容

年　级	春天观察的内容
一年级	观察白玉兰在6个节气时候的变化，用画画的方式记录
二年级	观察梧桐树的树叶在不同气候(春光明媚、春雨绵绵、乍暖还寒、春风细雨)中的变化，用简单的语句描写

续 表

年 级	春天观察的内容
三年级	观察梧桐树的树叶数量在立春、雨水、惊蛰、春分、清明、谷雨不同节气中的变化,用拍摄和观察日记的形式记录
四年级	观察春天里的梧桐树颜色和数量变化,用拍摄和观察日记的方式记录
五年级	观察梧桐树是怎么发芽的,用拍摄和观察日记的方式记录

表 3 “我们是小小观察家”活动之夏天观察的内容

年 级	夏天观察的内容
一年级	观察白玉兰在 6 个节气时候的变化,用画画的方式记录
二年级	观察梧桐树的树叶在不同气候(烈日当空,暴风骤雨)中的变化,用简单的语句描写
三年级	观察梧桐树树叶的数量在(立夏、小满、芒种、夏至、小暑、大暑)不同节气中的变化,用拍摄和观察日记的方式记录
四年级	观察秋天里的梧桐树树叶颜色和数量的变化,用拍摄和观察日记的方式记录
五年级	观察梧桐树树皮的变化,是怎么度过夏天的,用拍摄和观察日记的方式记录

表 4 “我们是小小观察家”活动之秋天观察的内容

年 级	秋天观察的内容
一年级	观察白玉兰在 6 个节气时候的变化,用画画的方式记录
二年级	观察梧桐树的树叶在不同气候(秋高气爽、秋意深浓、狂风暴雨、秋风萧瑟)中的变化,用简单的语句描写
三年级	观察梧桐树树叶的数量在(立秋、处暑、白露、秋风、寒露、霜降)不同节气中的变化,用拍摄和观察日记的方式记录
四年级	观察秋天里的梧桐树树叶颜色和数量的变化,用拍摄和观察日记的方式记录
五年级	观察秋天里的梧桐树树皮的变化,观察它是怎么度过秋天的,用拍摄和观察日记的方式记录

表 5 “我们是小小观察家”活动之冬天观察的内容

年　级	冬天观察的内容
一年级	观察蜡梅在 6 个节气时候的变化，用画画的方式记录
二年级	观察梧桐树的树叶在雪花、薄冰、霜冻、浓雾等不同气候中的变化，用简单的语句描写
三年级	观察梧桐树的树叶数量在冬天里的变化，用拍摄和观察日记的方式记录
四年级	观察冬天里的梧桐树颜色和数量的变化，用拍摄和观察日记的方式记录
五年级	观察梧桐树是怎么过冬的，用拍摄和观察日记的方式记录

本项活动时间长达一年，在这个过程中，有的孩子放弃了，有的孩子不断坚持。活动让孩子变得更细心，更有耐心与有毅力。活动也让孩子有了很多体悟，如一年级的学生通过自己的探究提出：“今年的蜡梅不怎么香，是不是没有经历寒彻骨呢?”有的孩子发现：原来梅花要先落叶后才开花。有的学生说，在学校读书三年多了，一直在梧桐树下走路，从来没有想到随着季节的变化，梧桐树会有这么多美丽、奇妙的变化，大自然真是魅力无穷。

(二) 把四季的特色和各种资源相融合，有特色地设计四季活动的内容

1. 整合学校各部门特色资源，形成合作之网

四季活动不是一项孤立的学校活动设计，而是把自然节气、人文节庆、日常学习生活进行了纵横贯通，让孩子们在全身心地投入中多方位体验生活的丰富、自然的神奇与人情的温厚。因此，在设计校园四季活动时，学校各部门共同商量，对活动进行整体策划。开学初，由学生部牵头联合课程部、艺术部、科技部、后勤部、工会等共同对学校的学期计划进行解读，寻找各部门的特色精华，在此基础上精心设计校园四季活动，形成了校园四季活动和传统节日、校园节、学科、教师活动的整合。如在秋天，工会组织开展“华小人文研修”的品秋活动，在“读秋文”“品秋诗”基础上，进行“品秋意”活动，我们参观了多伦多文化名人街、上海多伦多现代美术馆、四行仓库抗战纪念馆等，让孩子们在系列活动中提升人文素养。

2. 把四季的民俗和传统节日进行融通,放大传统节日中民俗的内涵

我们在传统节日里,注重学生的探究和体验,引导学生挖掘节日背后民俗的来历,并鼓励学生尝试体验民俗。如在“别样的萌动,别样的生命”探春活动中,我们充分挖掘清明节中的各种民俗,设计了“清明话清明”活动。我们针对清明节的扫墓民俗进行了“网上祭英烈”活动,有的学生在网上为英烈献上鲜花,写下自己最诚挚的寄语,以此来缅怀这些英烈。有的学生还特地赶到烈士陵园为他们献上鲜花,表达崇敬和感恩。一、二年级的小朋友进行了“探究清明节来源”的活动。每个孩子回家问问爸爸妈妈清明节的典故,了解清明节人们喜欢的活动,他们发现原来清明节还有一个名字——踏青节,登高、赏花、放风筝都是不错的选择,于是他们每个人设计了形状各异的小风筝。三年级的小朋友们开展了“探究清明美食”活动,自己动手来制作清明美食的代表——青团。四年级同学们开展了“探究风筝做法和原理”的活动,有的询问父母,有的是采访长辈,也有的上网查找资料,还有的买来风筝自己研究,在了解原理的基础上,他们又学着制作风筝,先画出设计稿,然后动手制作风筝并在风筝上写下心愿,放飞风筝,让心愿和风筝一起飞翔。

清明还是让孩子认识生命与衰亡的好契机,在四年级进行探究生命的温情活动里,他们看绘本故事《一本叶子落下来》《小鲁的池塘》,感悟生命的温情和希望。五年级开展了探究家族史的活动,探究非华人世界是否有类似清明节之类的节日并向长辈打听家族史,编制简易家谱。让这个清明节显得更有意义。

3. 把四季的节气内涵和校园节进行融通,让校园节具有四季的味道

我们的校园活动虽然丰富多彩,但活动往往缺少人与社会、人与自然、人与人之间的线性联结,以致校园和班级活动缺乏人文底蕴的积淀与汇聚。由此,我们将校园原来的节日活动融合穿插于四季主题活动之中,感悟人与自然之间的联结与节律,从中汲取人文积淀和智慧结晶。如每年冬季,我们学校都有校园艺术节,学生部和艺术部门以“别样的温度,别样的温暖”为主题,充分挖掘冬日独特内涵,根据不同年段学生的认知,设计了不同小主题,如表6所示:

表6 送一份“别样的温暖”

	送一份“别样的温暖”活动
一年级	参加学校暖冬歌会，每个班级表演立冬、小雪、大雪、冬至、小寒、大寒的童谣（上海话）
二年级	参加学校暖冬歌会，每个班级寻找一首和雪花等冬季现象有关的歌曲进行表演
三年级	参加学校暖冬歌会，每个班级选择一首祝贺新年的英文歌曲进行表演，比如庆祝圣诞节、新年好等
四年级	参加学校暖冬歌会，每个班级选择一首祝贺新春的中国歌曲进行表演
五年级	参加学校暖冬歌会，每个班级选择一首表达爱的歌曲进行表演

不同年段的孩子们围绕“冬天的节气真奇妙、冬天的景色真美丽、我们的新年真欢乐、我们的冬天最有爱”这四个方面唱出了对冬天的期盼和憧憬。活动也带给孩子们丰富的体验，比如四(2)班的文艺委员沈馨告诉我们：为了选择一首合适的歌，还特地召开班会，经过试唱、投票最后选了歌曲《嘻嘻哈哈迎新年》。在排练过程中，同学们都群策群力，网上找不到伴奏带，就自己做伴奏带；特地乘车到城隍庙商场买过新年的道具；自己买彩带做首饰等。

4. 集科学教育资源，让学科教师参与到四季活动之中

校园四季活动是一项综合性的活动，除了引导学生参与各种体验，还要引导学生对人与自然关系进行思考，树立爱护自然的观念。这需要教师拥有扎实丰富的知识，需要班主任借助各学科教师之力。如我们开展“我为秋天添色彩，国庆重阳齐行动”活动。在第一个“品味秋天的色彩”活动中，我们组织全校学生拍一拍或画一画秋天美丽的景色，感受季节的变化，热爱我们美丽的祖国。在这个过程中，由美术组进行相关的指导。其次开展“秋天最美果实”活动，活动中由手工组的老师发挥指导作用，指导学生用果实或果皮（如绿豆、豆荚、橘子皮等）动手制作各种小工艺品。第三个活动是“读一读秋天的故事”，四、五年级的语文教师介入，指导每个孩子寻找发生在秋天的爱国诗歌或故事。第四个活动是“品味秋天的风俗”，班主任利用小队活动，结合重阳节活动，开展“品一品秋天美食”活动，品味重阳节的相关习俗如登高、

插茱萸、品重阳糕等。

(三)注重班主任的个性化创造,创造性地推进校园四季活动

在开展校园四季活动的时候,我们注重发挥班主任的个性化创造。如学生部要求各年级在寒假系列推进“送家庭一份别样的温暖”活动。各班主任充分发挥智慧,指导学生开展了丰富的暖冬家庭活动。如一年级每天盛饭,二年级每天为父母铺床叠被子,三年级每天洗碗并参与购买年货的活动,四年级每天自定完成一个家庭小岗位并参加置办年夜饭、写春联,五年级每天自定完成一个家庭小岗位并做两个节日佳肴等。

构建学校四季，奏响“成长和弦”

赵瑛群*

“新基础教育”学校四季系列活动的设计与实施，是长期探索学校整体性变革研究基础上的又一次突破。笔者以我校的学校四季系列活动设计和冬季的活动案例，来和大家分享我校的思与行。

一、借助生态区共研，形成“四季两期一循环”四季活动框架

2016年1月，叶澜教授发出了综合设计学校四季系列活动的倡议，我校虽然有两年多“学科研究与班级建设融合共生”的实践研究基础，但是对这一新的研究项目还比较迷茫。针对各学校的共性问题，华坪小学生态区将学校四季系列活动的策划与实施作为学期研究重点，开始稳步推进。

（一）解析四季内涵，明确推进策略

2016年2月，在闵行区校长专题研讨会后，生态区校长率先开始了头脑风暴，通过“研读叶澜教授讲话内容”“畅谈校园四季的育人内涵”“探索有益于学生综合素养提升的路径与方法”等活动的思维碰撞，促使各位校长“明价值、理思路、清策略”。并在方案设计和推进策略上，做到“学生部全面策划，各年级分层设计”，真正基于学校办学理念，进行“自然节气、人文节庆、生活节律”的整体性设计，将综合融通的思想落于实处。

为此，学生部牵头，联合各学科教研组长和年级组长，开展了校内专题研

* 作者简介：赵瑛群，上海市闵行区田园外语实验小学校长。

讨,进行顶层设计和综合改造,形成了春季活动方案。同时,在认识上达成一致:四季活动既相对独立也是一个整体,它不是一项孤立的学校活动设计,而是落实学校办学理念和学生培养目标的具体实施载体,应始终坚持学校教育要“丰富学生的成长体验,唤起学生的生命自觉,充盈学生的情感世界”的理念。

(二) 突破思维定势,建构四季框架

2016年3月,“我和春天有个约会”的春季活动顺利拉开帷幕。学校以春天种植活动为载体,融合科技、自然、语文、数学等多学科元素,开展“科学种植”“手绘观察日记”“最美春景摄影”等活动,校园掀起了春季探究体验的热潮。

但实践中很快又发现一个普遍现象,大家只是将原有学生活动或主题节庆做了一个转换,冠以学校四季的帽子,内容并没有实质性的关联,尤其在“人与自然、人与社会、人与自我”方面并未真正做到内在的连接和贯通。于是在校际交流会上,我们借鉴了华坪小学的经验,设计学校校园四季活动方案的基本框架,从价值解读、整体框架、年段框架三个方面,整体思考和阐释学校四季内涵。并以表格的形式,通过纵横两个维度进行梳理和架构,横向包括自然科学、艺术人文、社会生活,纵向涉及春夏秋冬四个季节(如表1所示)。有节律的聚拢与分散,可以不断激发思考、提升认知、创生智慧;生态区实践绝不是大而统的复制,应始终坚持和鼓励各校基于校情的独特创造。

(三) 贯通四季节点,凸显校园节律

2016年4月,经过多次校内研讨后,我们确定了“四季两期一循环”的实施策略,遵循学期时段规律,将寒暑假纳入其中,呈现四季“起承转合”之美,形成了“春启、夏承、秋转、冬合”的四季主题。同时,挖掘自然事物之意象内涵,产生了具有代表性的四季标志:春风、夏阳、秋叶、冬雪。从学校四季的“外显形象标志、内在季节资源、学期生活节律”等进行较为全面的顶层设计,使每季的活动有目标、有主题、有标志、有仪式、有内容。各年级在此基础上,基于年级学习内容、年段成长目标、学生认知规律等,在年级组长的带领下细化年级校园四季方案。

由此,通过学校的顶层设计、年级的分层细化、教师的全员参与、家校的

通力合作，校园四季活动突破了部门、领域、学科、时空、资源的限制，成为综合改造学校生活品质和学生成长经历的强大引擎。校园四季活动将“天道”与“人道”进行了有机融合，是一项打动人心的教育研究。

表 1　学校四季活动整体框架

四季活动目标＼分类	自然科学	艺术人文	社会生活
春启（2—4 月） 通过“我和春天有个约会”跨学科序列活动的开展，促进学生对春季节气特征的了解，培养学生细心观察、积极探究的习惯，培养乐于分享的品格	1. 感受春天自然界的气候变化； 2. 记录植物萌发的过程，探究自然生长的秘密； 3. 班级、家庭盆栽植物的展示、介绍，学生、教师、家长共同参与	1. 感受“春萌”：描绘、拍摄生长的瞬间； 2. 感悟“生长”：撰写植物生长记录，抒写对生长的感受，诵读与春节、生长相关的美文诗篇； 3. 进行生长童话故事编写和戏剧创作表演，表现生命成长的故事	1. 在闹元宵的活动中，感受传统节日文化的魅力，体验和睦家庭氛围； 2. 在春季社会实践活动中，分享交流对春景春物的认识和体会； 3. 体会家和万事兴的温馨
夏承（5—8 月） 通过“旅行中的世界”主题的系列实践探究活动，培养学生的规划能力，拓宽学生的视野，培养创新精神	1. 了解夏季气候特征和旅游地自然景物的特点； 2. 收集旅游景点资料，测算出行费用，规划出行安排或总结出行经验； 3. 制作旅行攻略	1. 拍摄美景，绘制旅行手册； 2. 记录成长的脚步，总结呈现成长中的收获，展望未来的成长； 3. 各学科暑期主题探究作业	1. 策划亲子旅游活动，体验暑假欢乐生活； 2. 学习安全知识及自我保护知识； 3. 体会亲子陪伴共成长的快乐
秋转（9—10 月） 通过“品秋行动”主题开展传统节日（中秋、重阳）与艺术活动，促进民族精神的传承，推动学生形成自我发展意识，培养自信的品格	1. 探究秋天植物变化的特征和规律，观察树叶的形状及颜色； 2. 联系生活经验，进行设计和制作以及纸艺、皮艺课程的学习，提高环保意识； 3. 举行师生、家庭摄影比赛	1. 了解秋天节气的内涵，继承传统并积极实践； 2. 从学生视角出发，为校园环境建设出谋划策、添砖加瓦； 3. 京剧艺术的学习与体验	1. 在亲子合作活动中体验亲情； 2. 全体师生互动，展示才华，共同营造校园积极健康、高雅文明的环境； 3. 参与各类艺术文化活动，培养艺术兴趣，提高艺术审美能力

续 表

四季活动目标 \ 分类	自然科学	艺术人文	社会生活
冬合(11—1月) 通过“冬日里的温情”主题的学生跨文化学习与探究,结合感恩和超越的品格教育活动,促进学生跨文化学习与交流	1. 尝试时间的量化统计,发展观察及评测能力; 2. 知晓南北半球的气候特征; 3. 了解冬季气候特征对农业的影响	1. 利用材料进行创作,充分发挥想象力; 2. 了解不同地域文化,主动学习并和生活融合; 3. 收集冬季中外风俗、谚语,体会冬季融合与积蓄的力量	1. 怀感恩之心,践行于日常生活; 2. 感悟传承家风的厚重历史与文化; 3. 体验跨文化学习与交流的快乐

表1是我校与华坪小学生态区的兄弟学校围绕着学校四季系列活动开展的研究设计和实践思考,研究中对学校四季活动的意义有了更深的认识:

一是只有打通关乎学生生命成长的内外教育元素,为学生的综合发展整体策划学校四季活动,才能滋养学生的生命成长;

二是学校四季活动促使教师重新审视和思考学校生活对学生成长无可替代的价值与意义;

三是对自然节气、人文节庆、生活节律的纵横贯通,引领学生成为更好的自然人、社会人、地球人。

二、“冬日里的温情”——冬季活动策划

(一) 内涵与价值

冬季是一年中最寒冷的季节,从立冬、小雪、大雪到冬至、小寒、大寒,气温日益变冷。冬季涉及多个重要的以家庭为主体的东西方节庆日——感恩节、圣诞节、元旦、春节。外部气温的下降和内心情感的升温,形成了鲜明的对比,这也是冬季特有的融合与积蓄。我们以“家的故事”为主题,经历从原

生小家—学校大家—社区众家—地球村的家庭系列温情体验活动。将冬季演绎成一个“成长感恩季”，引导学生学会感恩（家人师长）、祈福（关爱他人回馈社会）、传承（家风民俗），做一个心系家园、放眼世界的田园外小人。并由学生部牵头，完成了第一稿方案的设计。

（二）整体策划与家校联合

2016年10月，召开年级教师家长委员会议，就学校四季活动开展家校专题研讨。家长们充分肯定了春季、夏季的活动带给学生的成长经历和生命体验。同时，也对冬季活动方案提出了建设性的意见。如启动仪式能否依托校园电视台，可以实现全体家长的网络同步收看，有助于学校生活与家庭生活的同步推进。又如“感谢有你”探访行动中三、四年级的感恩班主任活动，可以由家长和孩子共同策划，给班主任减负，享受孩子们带来的感恩惊喜。再如“同一个地球”祈福行动中，五年级可以放宽视野，不局限于南美，能关注具有代表性的南北极、赤道。

通过讨论，教师和家长不仅对冬季活动的价值有了更深的认识，同时也使方案更趋完善。活动方案如表2所示。

表2　学校冬季活动方案

时　间	内　　容	年级活动	节点活动
11月	秋冬两季转换	观看电影《我们诞生在中国》和校园电视台专题节目	班队活动：我爱我家
	“感谢有你”探访行动	一、二年级进行一次家庭成员调查，了解生肖、工作、喜好、心愿等（完成一份家庭图谱）	一、二年级开展一次家庭感恩会
		三、四年级进行一次班主任一日工作调查（完成一份调查小报告，能通过讨论提出回馈班主任的好建议）	三、四年级策划一次班主任节活动
		五年级走访身边的社区服务工作者（完成一份“世界因你而美丽”的探访报告）	五年级送上一封感恩的真情信（视频记录）

续 表

时 间	内 容	年级活动	节点活动
12月	“同一个地球”祈福行动	一、二年级了解上海的城市特点(地理位置、自然气候、城市交通、城市风光等)	元旦祈福活动: 1. Amazing South America 校园狂欢日(环保时尚秀); 2. 跳蚤市场的爱心义卖活动(义卖款送给西部困难地区的学生)
		三、四年级了解自己或父母长辈的家乡(地理位置、自然气候、特色特长、城市发展等)	
		五年级了解南美洲、南北极、赤道(自然气候、风土人情、重大活动等)	
寒假	“幸福在来回的路上”传承行动	和家人共迎新春佳节,品味家的快乐(了解春节文化,探访民俗、家风,收集家乡特产,参与一道年夜饭的制作)	与家人一起欢度春节:除夕夜晒全家福、年夜饭
2月	冬春两季转换	新学期开学第一天:品年味迎春归活动	1. 开学典礼:校长赠送新学期福袋(一小包种子、花语); 2. 开学第一课:品年味迎春归活动(分享家乡美食,介绍家乡特色活动,开启和春天的又一次约会)

(三) 仪式策划与季节转换

学校四季系列活动的推进,是一个起承转合的过程,也是一个启动—分享—再启动的过程。在实施中我们始终关注“节律”与“节点”的关系,创造节点设计仪式,在两季转换中进一步加深对季节活动的综合体验和认知提升。

秋冬转换仪式:暑期档电影《我们诞生在中国》,以中国独有的三种野生动物——四川大熊猫(丫丫)、三江源雪豹(达娃)、川金丝猴(淘淘)为主线,讲述了它们在神秘的自然保护区出生、成长的感人故事。影片在幽默和欢笑中也隐藏着成长的不舍和感动。严酷的自然环境、天敌的威胁,都无法阻挡这些野生动物从出生伊始就追随自己种族千万年生命轨迹的脚步，完成自然的轮回。此片的种族意义和亲情内涵，与冬季“家的故事”的主题高度契合。于是将此片进行了剪辑，保留了大量秋季美景和冬日温情的画面，借助校园电视台两校区直播两季转换仪式，开展短片回顾品秋活动、电影片断欣赏、“家的故事”冬季活动倡议等活动。

冬春转换仪式：冬春两季的转换仪式恰逢新学期开学，是一个分享寒假生活，开启新学期的重要节点。学校延续传统活动“幸福在来回的路上”开展“品年味、迎春归”活动，在回味中开启又一个春季。开学第一天进校门的时候，校长带领学校行政团队，在校门口迎接每一个孩子，并赠送新学期福袋（一小包种子、花语）。开学第一课由各班分别进行，可邀请家长代表参加，一起分享家乡美食，介绍家乡特色活动，交流自己的新年企盼，开启和春天的又一次约会。

三、思　　考

在叶澜教授领导的“新基础教育”研究团队的指导下，我校围绕着“学校四季新生活”开展了有目标、有策略、有成效的实践和研究，取得了阶段性成果，同时也引发了我们的进一步思考。

第一，“生命·实践”教育学是中国教育学百年建设的当代成就，是华东师范大学几代教育学人的接力成果，也是叶澜教授三十余年心血与智慧的结晶。“生命·实践”教育学提出了“教育是点化生命的人间大事”，“教天地人事，育生命自觉”等中国式原创命题，需要实践者不断学习内化，以学派内涵引领研究行动，进一步思考校园四季系列活动的策划实施与教师梯队发展之间的关系，如何更好地成事成人。

第二，要从学生立场的角度不断追问学校四季系列活动对学生成长的价值和意义，不能背离“生命·实践”教育学派的教育信条，不能为活动而活动。

第三，学校四季系列活动的策划与实践，是一个循环优化相互滋养的过程，在冬季活动实践中取得的成效和引发的思考，要能作用于其他三季的重建和调整。

让孩子们有一个不可忘却的夏天

——花园学校嬉夏活动设计的思考与实践

薛　琼*

华东师范大学“生命·实践”教育学创始人叶澜教授说过，四季是大自然给予人类的恩惠，蕴含着丰富的育人价值。访春、嬉夏、品秋、暖冬，预示着四季的轮回，也创造着学校的新生活。花园学校以嬉夏活动为突破，兼容游泳特色，开展了系列性的整体设计，凸显“嬉”字，从一个项目联想到一门课程，进而打开思路，形成整合融通、累进滚动的综合活动，既有横向勾连又有纵向序列，并不断将研究策略迁移到其他季节活动，提升了学生的生命质量。

夏天在儿时的记忆里就是属于我们自己的秘密花园，在大人们嘴里就是“瞧！这孩子一个夏天不见，蹿得老高了！”“见水就长呀！”其实在我们每个人的成长过程中，一定会有对夏天的抱怨：这么热的天气，让人昏昏沉沉，恨不得钻到冰箱里去，讨厌死了！当然也会有夏天里踩水、嬉雨、纳凉的美好回忆，每一个夏天仿佛就是童年成长的转折节点，一个个光阴的故事串起浪漫而热烈的夏天。

花园学校是闵行区游泳特色学校，怎样把一个特色项目的育人价值提炼并融通到学生活动中去，也一直是我们思考的问题。于是，我们带着孩子们的好奇心，踏上了嬉夏活动的设计之旅，也希望以点带面，延伸拓展到其他季节的活动中。

---

*　作者简介：薛琼，上海市闵行区花园学校校长兼书记，主要研究方向为教育管理。

一、设计思想突出一个“夏”字，围绕一个“嬉”字

我们认为，每个活动都应该有一个魂，也就是它的指导思想，我们的嬉夏活动想要突出一个“夏”字，围绕一个“嬉”字。

夏天是一个阳气外盛、万物生机活跃的季节，是人的生命潜能最集聚和容易爆发的季节，是一个独特而不可替代的季节。因此我们在设计的时候想到的是：哪些活动是夏季独有的，最具有夏天的味道？哪些活动会让孩子们终生难忘？我们该设计怎样丰富而独特的活动或方式去帮助孩子们学会观察、学会记录属于他们自己的夏天？例如可以从夏季植物生长荣枯的角度，从夏天动物迁徙繁殖的角度，从夏季周围环境特征的角度或是自己和小伙伴生长变化的角度等。现在的校园主题节日很多，生活中的节日也很多，当然我们认为通过节日让孩子们增加仪式感非常重要，但是我们也要避免让节日成为孩子们知识积累的又一门课程，让孩子们望而却步，不愿意过节。孩子们的天性就是玩，因此要紧紧抓住“嬉”字，教孩子会玩，更要有情趣、有品质地玩，根据他们的年龄特点设计丰富、有趣，能充分体验、感知的活动，尽情让孩子们嬉闹、玩乐、想象、探究，去创造属于每一个孩子自己的夏日历程。

二、育人目标要将原有办学理念、特色项目整合融通

我们认为，嬉夏活动并不是另起炉灶，一股脑儿推翻学校原有的传统和活动，而是要有机整合。花园学校的办学理念是“崇生尚美”，花园学校的办学特色是游泳项目。基于以上的认识和基础，我们制定了嬉夏活动的总体目标：将中华传统节气的立夏到立秋定为校园“嬉夏节”，整合融通校园体育、科技（艺术、读书）节和暑期假日小队活动，以爱玩、会玩、有情趣地玩为路径，开展包括“人与自然、人与节气、人与社会、人与自我”等系列主题活动，达成“三生三美”的育人目标，即学会生存、理解生命、享受生活，感受自然之美、人文之美、生命之美。最后

我们也希望用这个目标去检验嬉夏活动的效果——孩子们生长在哪里了?

三、内容设计体现活动性,做到横向勾连、纵向序列

说实话,四季活动对所有的学校来说都是全新的设想,具体怎样开展,没有先例可以参考或借鉴。抱着试试看的心态,我们想先从某个季节活动设计开展,以点带面逐步推广到其他季节活动中去。

表1 四季活动设计框架1

目标维度	拓展型	探究型
生存性技能	游泳知识与技能	游泳安全与规则
发展性素养	游泳与心理游戏	游泳与科学探究
审美性价值	游泳与审美认识	游泳与人生价值

表1是我们第一次的活动设计框架表,现在老师们可以一眼看出其中的问题,这不像是活动设计方案,更像一个课程架构图;这不像学生的嬉夏活动,而像学校游泳课程建设框架表。我们当时是站在课程的角度来思考和设计的。记得在实验小学现场讨论会上,是叶澜教授的指导打开了我们的思路:活动不同于课程,它给孩子们成长的空间或许应该比课程更大、更自由,要把它还给孩子。因此,我们又有了第二轮的设计。

表2 四季活动设计框架2

<table>
<tr><th>节气</th><th>公历时间</th><th>育人目标</th><th>实施部门</th><th>年级序列要求</th><th>活动载体</th></tr>
<tr><td rowspan="5">立夏—小满</td><td rowspan="5">5/5—5/20</td><td rowspan="5">赏生命之美</td><td rowspan="5">由艺术团队总体负责</td><td>欣赏美的意识</td><td rowspan="5">结合校园艺术节活动,通过电视、报纸、网络或现场观赛等活动开展</td></tr>
<tr><td>寻找美的习惯</td></tr>
<tr><td>品味美的方法</td></tr>
<tr><td>评价美的素养</td></tr>
<tr><td>创造美的能力</td></tr>
</table>

续 表

节气	公历时间	育人目标	实施部门	年级序列要求	活动载体
小满—芒种	5/51—6/5	学礼仪之规	由班主任负责	一、二、三来排队	结合学生日常行为规范教育，通过班会课和每周行为规范教育课开展
				对危险行为 say no	
				安全卫士我来当	
				游泳馆里讲文明	
				遵循规则能自律	
芒种—夏至	6/5—6/20	立身心之志	由心理专职教师负责	勇敢(水中探宝)	结合校心理健康教育，开展水上和水下的各类游泳和心理辅导课
				自制(龙珠交换)	
				坚持(海底密室)	
				自信(大闹龙宫)	
				责任(劈波斩浪)	
夏至—小暑	6/21—7/6	探健康之源	由科技探究团队总体负责	游泳与怕水	结合探究型课程实施，设计探究任务单，以小队为单位开展探究型活动
				游泳与安全	
				游泳与饮食	
				游泳与作息	
				游泳与健康	
小暑—大暑	7/7—7/21	寻戏水之趣	由体育团队联合总体负责	笨拙的小企鹅	结合学生暑期夏令营，开展各类游泳技能训练和游泳游戏活动
				欢快的小鲸鱼	
				可爱的小青蛙	
				淘气的小海豚	
				欢腾的小飞鱼	
大暑—立秋	7/22—8/5	品人生之境	由少先队大队部负责	成长须挑战	结合开学典礼筹备，开展夏日诗歌PK、新闻简报、小报海报设计或微信卡秀等活动
				发展会选择	
				成功要坚持	
				人生有缺憾	
				梦想应超越	

这一次的设计似乎有点像样了,但是细心的老师不难发现,我们犯了一个“拼盘”的错误,我们恨不得把所有学校的活动和主题节日都在这一个嬉夏中体现,而且还舍不得丢弃原来围绕游泳项目本身的很多思路,这样一来,变成了一个“四不像”,失去民俗活动的传统味道。于是我们再一次扎根研究,让活动有思想、有灵魂、有韵味,更要有孩子气(如图1所示)。这一次我们还找了部分学生来尝试实践,这样也能够保证活动开展更加顺利,也不会让老师们觉得朝令夕改。

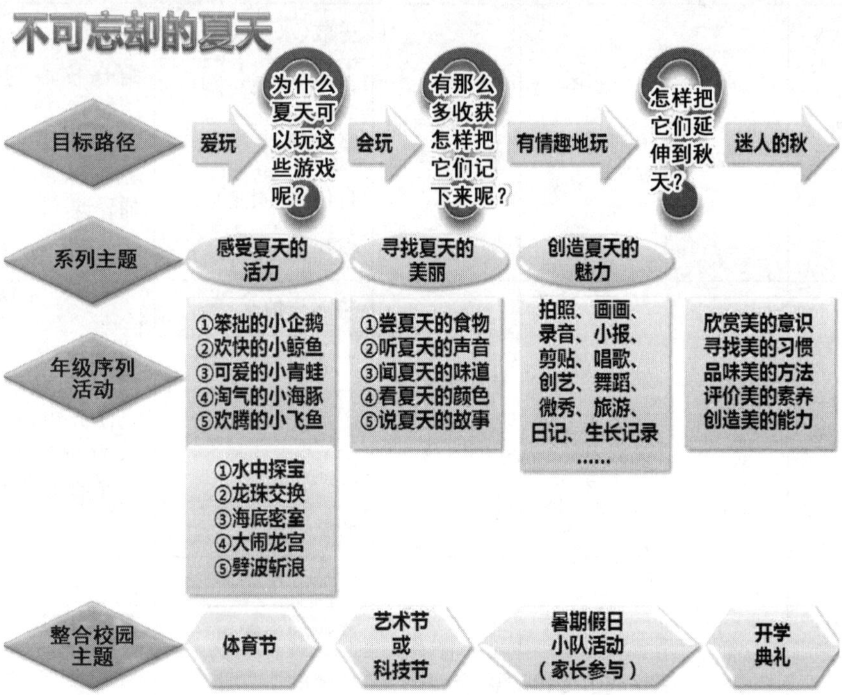

图1 四季活动设计框架3

四、实施策略做到全员卷入、学科整合、家校共育

有了顶层设计之后,我们需要进入真正的操作和实践环节,下面用几个例子来具体说明我们的实施策略。

二年级的一个孩子小李是安徽人,暑期他回到老家,选择完成听夏天的声音任务，无意中对夏天公鸡的叫声产生了兴趣，于是他连续几天早上让爷爷一听见公鸡打鸣就叫他，他发现每天凌晨3点左右公鸡准时打第一遍鸣。为什么网上查出来的时间却是5点呢？他带着这个问题回到学校，请教了科技老师，于是老师带领孩子们查阅了一些科普书籍，如《十万个为什么》《科普知识》《百科知识》等，确认了一般南方夏天公鸡3点打鸣的准确答案。有的孩子看过一本故事书《半夜鸡叫》，孩子们的兴趣又被调动起来了，这里的半夜到底是几点？为何说故事里的半夜鸡叫是不好的前兆，是突发事件的一种表征呢？全班许多同学对中国传统计时与西方24时计时法之间的关联发生了兴趣，于是他们决定在品秋活动中开展中国古代计时法的研究。

从这个例子中不难看出，不仅有班主任老师的牵线搭桥，还有科技和探究老师的深入介入和指导，全员老师的卷入已经成为常态。来听听小李爸爸的话："学校的这个活动设计得很好，不走形式，老师是真的在带领儿子体验、探究大自然的秘密，经历了发现问题、寻找答案、解决问题的过程，我们家小李现在对身边的自然现象越来越感兴趣，这份敏感来之不易。谢谢老师，谢谢学校！"

"尝尝夏天的食物"是一年级小朋友的任务，活动内容发布后，四年级(1)班的小黄人小队非常感兴趣，其中一个队员的爸爸在莘庄镇食品监督管理所工作，在他的带领下孩子们去实地开展了一次小队活动，各种先进的检验仪器让孩子们叹为观止。活动结束后，队员们对夏季六大传统节气吃什么、怎么吃、为何吃的问题产生了兴趣。孩子们决定用他们喜爱的画画的形式表示出来：立夏吃发芽豆寓意"发"，吃鸡蛋寓平安；端午吃粽子祭屈原；大暑吃生姜治百病；立秋过后不太适宜多吃瓜果……

五、总结阶段关注育人价值与学生活动的延续

整个嬉夏活动，"玩"始终是活动的主要内容，孩子们感受到了校园生活的快乐和有趣。但是每个阶段的"玩"都有提升。我们认为，整个嬉夏活动至少有以下两个方面可以延续。

第一是方法的延续，拍照、录音、剪贴、创艺、微秀等方法同样适用于秋天

的活动;

第二是活动的延续,在开学典礼上我们对整个嬉夏活动进行了总结,聪明的孩子发现自然界、生活中还有身边的同学们都值得自己去观察、去记录、去探究,而他们现在研究的每一个小问题都可以再次成为继续研究的新起点。

我们希望每个孩子都能拥有一个罗大佑的歌曲《童年》里描写的童年:池塘边的榕树上,知了在声声地叫着夏天,……等待着下课,等待着放学,等待着游戏的童年……

匠心创未来：
“汽轮娃”创造力培养的实践与思考
——来自上海市闵行区汽轮小学校园四季系列活动的实践案例

王培颖 *

叶澜教授提出以自然四季及其背后的中华传统文化为主线来策划学生活动的建议，期望通过校园四季活动的整体设计，打破单一活动思维定式，立足学校文化根脉，统整自然与文化资源，引领与促进学校生活的深度再造，以综合活动的方式作用于学生的全面成长，促其从有序节律走向基于生命成长的融通与人文。

一、因调研而关注的学生立场与科学研究间的系统设计

每一位汽轮小学的教师和学生走进校园，都会被学校浓浓的地方工业文化建筑吸引。我校前身是一所职工子弟小学，48 年的厂办教育历史让学校与动力工程研究结下了不解之缘。从 1997 年起，学校划归地方管理，成为公办小学，但是“动力起航，从一做起”的探究精神一直传承至今。在 2012 年，学校成为基础教育改革与“生命·实践”教育学派创建研究合作校，努力践行“好学自信，共生奋进”的八字校训。教师们尝试改变教育观念和课堂角色定

---

* 作者简介：王培颖，中学高级教师，上海市闵行区汽轮小学校长，主要从事学校管理及教学研究。

位,尝试在改变课堂教学中关注教学重心和学生行为方式,先后就“身心健康”“家庭文化背景”“学习兴趣和能力”“起始年级摸底调研”“学生英语学习能力和学习兴趣现状调研”“高年级学生数学学科‘形概念问题’学习现状调研”“学生阅读能力和阅读量的现状调研”等大小几十次调研分析中,老师们逐渐改变以往的经验判断式教育研究,而转向教育实证研究,教师们的理论和实践不断丰富,研究视角逐渐被打开。从2008年起,学校利用校园网、家校听证会、问卷等方式了解到:(1)学生对于科技前沿方面的知识非常少;(2)家庭提供给学生拓展视野感受高科技事物的机会相当匮乏;(3)教师习惯于基础能力的培养,而缺失对高层次思维能力的培养;(4)学生对于科技环保方面的教育需求非常强烈。这样的信息反馈,激活了学校学生创造力方面的教育实践,我们希望我校的孩子敢想敢实践,勇于挑战自我,并成为有策略有智慧的学习主人。

为此,学校开始进行系统设计,把科技创新教育纳入学校整体课程计划中。在宏观层面,我们设置了学校课程研发组,校长担任组长,全面负责课程实施,选定了自然、劳技、信息、美术为学科背景的科任教师,并招募了其余学科的教师志愿者,协助任课教师观察、记录、分析、调研学生的学习行为,我们称之为“牵手八人行”。在中观层面,教师团队先后编写了《小布条旅行记》《我与太阳的互动》《魔法天裁》《追“光”一族》等科普类校本教材,同时开设了“绿色能源”“绿色账户”“绿色出行”“神奇秀丽手”“巧手做”“小小‘李时珍’”“清波‘仙子’”“思维体操”等科普社团。另外,我们对照课程学习目标和学习内容,将信息技术、自然、劳技、美术两两组合,保证每位学生每周有70分钟的活动时间,我们称之为“叠加七十分”。在微观层面,我们设计了“普适性学习”“专题式提升”“社团类选拔”三大模块的培养计划,采取“知识营”“体验营”和“挑战营”的形式推进课程学习。

基于前期的综合调研和后期的分类调研,我们意识到系统设计对于学生成长的必要性,基于每个学生成长的课程一定是前置而后内生的。所谓前置就是课程的设定要顺应时代发展的基本走向,所谓内生就是课程要符合人的成长规律,把握学生的最近发展区,进而自洽于学校的文化与传统。唯有这样,我们的调研才能真正地从学生中来,并作用于学生。

二、因整合而触发学科教学与学生成长间的跨界融通

在学生创造力培养过程中，我们将多学科知识融合在一起，融趣味性、生活性知识于一体，立足学科学习与学生成长勾连。语文学科我们尝试绘本阅读，培养学生的想象力；数学学科从问题解决过程中激发学生自主发现和建构知识的能力；英语学科从语言表达的意义化来提升学生语用表达能力；还有美术学科的平面设计、劳技学科的制作设计、信息技术学科的软件设计和D&T课程的产品设计，让学生通过活动逐步掌握读、写、算等最基本的知识技能，学会通过分析、综合、比较、抽象、概括来掌握概念，学会自觉地、有意识地进行逻辑判断、推理和论证。

在2010年，学校推出“新能源教育”主题，借力“外脑”的智慧，建成了“校园风光一体发电”的“光伏单晶硅离网式”一期和“光伏发电并网不入网式”二期装置，同时，学校的科普项目“新能源综合运用‘零排放屋’”“‘零排放’有机生态种植小乐园”“‘零废弃’和‘碳补偿’行动”形成了学校独特的环境陶冶、学科渗透的培育策略。低年段“我当家了”系列与“光伏发电天天记”“我家的绿色账单”相整合，让学生通过记录的方式培养日常生活中节能节电意识；中年段的“我十岁了”系列与“零废弃”“碳补偿”行动相整合，鼓励学生关注“低碳金点子”，主动参与，积极体验，获取科学知识，领悟科学道理；在高年级“我毕业了”系列与“我与汽轮机的故事”“我和航天叔叔学习面对面”等活动相整合，让学生们通过走进高科技、走进行业明星，树立远大理想。

三、因创造而重构师生成长与教育价值的内在关联

因为调研，我们转变了学生观，跳出了“生源决定论”的思维定式，寻找学生在创造力方面的新生长点；因为学科教学与学生成长的跨界融通，我们的学生有了更广阔的天地、更多的阳光、更新鲜自然的空气，进而让他们从学习

教材移向对整个社会和人生的认知。

下面以载人航天器中的新能源科技教育为例,结合小学生的认知特点和实践能力,并紧扣载人航天光能源探究主题,为学生参与社会可持续发展进程需要的科学知识、价值观念与生活方式作准备,引导、激发学生学科学、爱科学、用科学的学习热情。

【活动目标】

认识航天科技中新能源、新材料的应用,把航天科普教育融于学校整体课程建设中,以“追光”系列实践活动为载体,了解“太阳是取之不尽、用之不竭的绿色清洁能源”的科普知识。

领悟航天人“特别能吃苦、特别能战斗、特别能攻关、特别能奉献”的精神内涵,进而树立仰望星空的远大理想,培养不畏艰难、勇于进取的科学态度和科学探究能力。

为建设一个“资源节约型、环境友好型”的生态校园而认真践行,以自己的实际行动参与地球生态环境的保护,展示自己的社会责任感,提升小公民的科学素养,将绿色可持续发展理念发扬光大。

【活动方法】

整个活动分为“识光”“探光”和“用光”三大系列,采用“课程专题化、课程活动化、活动课程化”的方法和分年级实施机制,有序、有效持续开展实践活动。

【活动组织与实施】

学校建立活动项目领导小组,统筹安排,切实保障活动的有序、高效开展。

(一)“识光”——载人航天知识课程专题化

项目负责:自然学科教师、学生发展部、环保科普志愿者。

1. 梳理自然学科教材、区本教材《航天闪行》、校本课程《人杰地灵大中华》《我与太阳的互动》中关于航天光能的相关内容,在课程专题教学中落实。

2. 建立载人航天教育资源共享库。目前学校的航天资源有时长约 30 小时的视频,动画 40 余个,扫描图片 200 余张,电子文档 70 多篇。同时向学生推荐自主学习航天知识网站,例如国家航天局网、少年航天网、航天科技网、星空天文网、中国科普博览网等，为逐渐对航天光能知识产生兴趣的学生提供更为丰富的学习资料。

3. 举行“航天精神代代传”专题会。挖掘、整理身边的航天人故事，与航天劳模面对面，讲父辈献身祖国西北航天基地的故事，观看“长征”“神舟”飞天英雄的电视新闻等，了解航天人奉献航天事业的感人事迹和中国航天事业发展的艰难历程。

（二）“探光”——载人科普航天课程活动化

项目负责：自然学科教师、学生发展部、环保科普志愿者。

1. “环保科普日”举行校本课程开放活动

学校利用每年9月全国科普教育周，举行学校校本课程主题展示活动，并邀请家长、社区居民来校参与互动。

表1　校本课程展示活动菜单

适用年级	主题活动展示内容	展示目标
低年级	用各种镜子打光斑、三棱镜游戏	了解光反射、太阳灶、彩虹形成原理
中年级	探究小孔成像，制作潜望镜、七色盘	了解光的直射、折射、散射原理
高年级	自制太阳能作品展示	了解光能动力是清洁绿色新能源

2. 期末评价中实施“追光”探究活动

每学期期末组织以“追光”活动为主题的表现性评价（如表2、表3所示）。

表2　“追光”探究活动表

适用年级	探究主题	评价说明
低年级	太阳“光”剧场	创设问题情境，通过观察、比较，认识光源的不同特性，了解太阳是最清洁、最廉价的光源

续 表

适用年级	探究主题	评价说明
中年级	光会转弯吗	创设问题情境,激发学生探究兴趣。通过多种实验与讨论来认识探究光的折射现象及影响因素,并了解光折射的应用,培养学生自主探究能力
高年级	调查光污染	通过调查小报告和体验,认识光污染的主要危害

表3 (低年级)太阳“光”剧场探究学习评价单

列　举	哪些物体会发光√	哪些是自己发光的√	说说它有什么特性
手电筒	(　)	(　)	
月　亮	(　)	(　)	
手　表	(　)	(　)	
太　阳	(　)	(　)	
镜　子	(　)	(　)	
蜡　烛	(　)	(　)	
(再列举)	(　)	(　)	
	……	……	

我的发现:以上会发光的物体中,__________是最__________的光源。

我可以得________颗☆,等级________

评价标准:

选择正确:☆☆☆☆☆;描述科学:☆☆☆☆☆;表达清楚:☆☆☆☆☆

等级评定:

5颗☆及以下“需努力”;6—9颗☆为“合格”;10—12颗☆为“良好”;13颗☆及以上为“优秀”

3.“探光”体验

我校充分利用每学期不少于三天的社会实践课程(春秋游、夏令营、冬令营等)，组织学生参观上海航天设备制造总厂与位于闵行紫竹科学园区的上海太阳能工程技术研究中心，开启航天太阳能科普探究之旅。

在航天设备制造总厂，同学们与各种火箭实体、发动机等零距离接触，每次活动都能看到新的技术、新的装备，聆听到航天技术人员既专业又富有教育意义的讲解。

上海太阳能工程技术研究中心犹如一个太空空间站，每次参观，同学们都被大规模的太阳能光伏发电系统震撼。

(三)"用光"——载人航天科普校外活动课程化

项目负责人：探究课教师、环保科普志愿者。

我校在上海电力学院太阳能研究所、上海航天局申航进出口有限公司、闵行区环保局、闵行区教育局、上海航天汽车机电股份有限公司太阳能系统工程分公司、闵行区江川街道等各级领导的关心支持下，在校门口屋顶平台上建造了"太阳能光伏发电"一期、二期装置，称之为"阳光屋顶绿宝石"。总容量为 500 瓦，预计年均发电 285 千瓦/时，每年可减少二氧化碳排放 95.19 千克、二氧化硫 7.14 千克、氮氧化合物 3.57 千克、烟尘 64.73 千克。

由探究老师专门讲解有关数据统计、减排换算的方法，组织"光伏能源天天记"课外社团，学生每天记录、积累数据，每年"世界环境日"表彰"低碳小先锋"，由学生社团团长汇报光伏发电总量和换算减排数据，让学生亲身感受"风光一体"新能源的无穷魅力。

附："光伏能源天天记"社团活动记录表

闵行区汽轮小学"光伏能源"天天记

记录员________________班　级__________

"天天记"小岗位工作要求：

1. 每日根据天气情况，于中午、放学时两次记录学校"光伏发电"数据；
2. 操作注意安全规范，及时记下观察感想，字数不限；
3. 每周向指导老师汇报一次。

<table>
<tr><td colspan="2">___月___日 星期___</td><td>天气情况</td><td></td><td>气温</td><td>___℃—___℃</td></tr>
<tr><td>记录时间</td><td colspan="2">中午___:___</td><td colspan="2">放学___:___</td><td>发电累计总量</td></tr>
<tr><td>当天当时发电量
(kWh)</td><td colspan="2"></td><td colspan="2"></td><td></td></tr>
<tr><td>当日减排数值
(kg或g)</td><td colspan="2"></td><td colspan="2">累计减排数值
(kg或g)</td><td></td></tr>
<tr><td colspan="6">记录感悟</td></tr>
<tr><td colspan="6"></td></tr>
</table>

【活动成效】

(一)“追‘光’一族”校本课程拓宽了师生知识面,激发了师生探究科学的潜能

科学探究的教育环境将促进学生科技探索的精深,会激励学生在将来积极面对各种压力,并对科学保持向往之心。近几年来随着航天新能源等科技教育的不断推进,我校师生在市、区各级科技类比赛中的参与率、获奖率也显著提高。

(二)“追‘光’一族”实践活动锻炼了学生动手操作能力,提高了学生发现问题、解决问题的能力

学生通过开展实践活动,动手操作,自主实践能力提高了,也学会留心观察周围的环境,对身边事物产生了兴趣,逐渐学会并喜欢去发现问题,乐于努力去解决问题,并在课堂上呈现科学思维的碰撞。他们也在生活中实践着自主探索,学生的思维方式也向着科学与辩证转变。

(三)“追‘光’一族”课程活动的开发,提升了师生的综合科学素养

学校通过对航天教育资源的整合、开发和教学实践,一批教师的学习力

得到很大发展。在日常教学活动中，学校也更加关注载人航天科技领域的新发展、新突破，这大大提升了教师的科学素养，同时师生也得到更多实践锻炼的机会；在摸索与发展中和在创新与实验中形成了航天教育课程校本化、系列化。因此，学校在课程结构、知识技能、学生体验、情感价值、资源利用、活动设计等方面的统整与思考也更加成熟，这为提升师生综合科学素养又打开了一扇成长之门。

四、结　　语

学生是项目的参与者、协调者和责任人，而不是被动的接受者和被灌输知识的对象。培养学生的创造力，是我国培养21世纪人才的迫切要求，是实施素质教育和课程改革的重要课题。小学生创造力的发展是一个受各种因素制约的复杂的动态过程，学校层面在课程与教学上为学生提供创造空间，鼓励学生根据自己的兴趣特长对现实、知识和意义进行独特的建构。幸运的是学校引进了DT课程的学习，让学生确定了自己的项目，然后利用创客空间的支持去实现。学生参与特定领域群体的创造实践活动，以培养学生与之相关的习惯、能力、知识，从而形成他们的专长，并跃升到创造新理念、方法和产品的新水平。这种方式强调领域的具体性，强调知识技能的情境性，这对于学生创造力的培养具有重要意义。

在以上活动的实施中，我们发现学生创造力培养的研究还存在很多不足。比如我们关注到了全体学生基础数据的研究，却在一定程度上忽略了个体的变化发展；我们分析了基础数据反映的问题，但是缺乏对影响因素的深入分析；我们看到了课程和活动对学生创造力培养的综合作用，却忽视了课程和活动的个体作用，等等。因此，校园四季系列活动的新探索，对学校管理机制、课程评价、学业评价、资源协调、教师培训等多个方面都提出了新的要求和挑战。未来，我们还会围绕学生创造力培养继续我们更为全面、系统、细致的研究，还将围绕如何打破特色课程与基础课程之间的壁垒，进一步实现学校课程的融合发展。

诗意校园,孕育生长的力量

尤兆蕾　范向华*

上海市闵行区实验小学于2015下半年发起了校园四季系列活动策划研究。首先,我们对原有校园主题节的内容、节律等进行了重新思考和构建。在此基础上,开始了校园四季系列活动的策划和实施,重点探索了多校区背景下校园四季系列活动的策划路径。我们将校园四季系列活动纳入学生成长体验课程,不断明晰其对于学生成长的意义,弥补了文化传承的缺失,让学生得到优秀传统文化的熏陶,植生命成长于博大精深的中华文化沃土之中,厘清了其和整个成长体验课程之间的关系,使整个体验课程打通了学生成长中,个体与自我、与集体、与社会、与自然的关系世界,更好地满足现代社会对人的发展的要求,确立了凸显学校特色的校园四季系列活动的整体结构和逻辑。

叶澜教授在《"生命·实践"教育学派的教育信条》中提出:"教育通过'教天地人事,育生命自觉',实现人的生命质量的提升,体现教育中人文关怀的特质。""教天地人事"是用大自然和人类文明的财富,丰富受教育者的精神世界,是教育中认识外部世界,学会生存、学会学习、学会创造等重要的基础性任务。可是,当今社会,科技以及文化经济的迅猛发展,已渐渐地把人的学习、生活与生长不经意地裹挟进了快速甚至是机械性的节奏中,使得人们缺乏对自然与生命的凝视。我们的学生在很大程度上亦是如此,当下很多学校

* 作者简介:尤兆蕾,闵行区实验小学课程研发中心副主任,中学高级教师,研究方向为学生工作;范向华,闵行区实验小学畹町校区执行校长,中学高级教师,研究方向为学生工作。

的教育方式和活动内容，还是自上而下、点状策划和应试训练，缺乏对学生成长需求的关注，缺乏内在的整合与融通，远离学生的生活世界。

由华东师范大学叶澜教授领衔的“新基础教育”研究团队，在与全国共生体学校的持续研究性变革探索中，于 2015 下半年发起了校园四季系列活动策划的研究，意在围绕自然四季及其背后的中华文化传统，从学校教育的育人角度出发，展开具有系列性、融通性以及人文性的校园四季系列活动策划，使学生的成长更具生命气息。

经过一年多的研究与实践，我们深深感受到了校园四季活动的开展，让我们的校园生活增添了许多诗情画意。

一、更新校园活动理念，实现活动策划的“破”与“立”

在“新基础教育”发展性研究和成型性研究阶段，我们绝大部分基地校都完成了具有校本特色的学生“活动校历”的梳理与架构，都已经形成了相对固定的校园节律，但是，原有活动和四季活动的关系始终是困扰大家的问题。舍，感觉可惜，原有的活动也深受学生喜爱，也有丰富的育人价值，也在一定程度上凸显了学校特色；留，意味着叠加，冲淡了“四季”的味道，增加了师生负担。“破”与“立”是摆在我们面前最有挑战但必须面对的问题。

因此，我们首先着力于思考和寻找校园四季活动开展的起点。

（一）对学生“活动校历”的再思考

学生“活动校历”是我们从时间、内容和年级三个维度出发，对全校一学年的学生活动进行的系统梳理与构建。它改变了原来策划的点状性以及开展活动的随意性，使学年的学生活动更有序和节律。在实验小学，学生“活动校历”则被纳入蒙正学生成长体验课程之中，成为其中一个版块——缤纷节日。

确实，近年来学校的四大主题节“创意科技节”“国际文化节”“紫藤书香节”和“炫动艺体节”,并非不成功,相反很受学生欢迎、家长认可。随着其内容形式的不断改进、创新,渐渐地成为学校特色。但是,这些活动对于学生而言,终究犹如日常学习生活中的“加餐”或是“大餐”,在某一主题节开展的时候,同一品种的“营养”会太多太集中而显得有些“过剩”,但过了这一时间节点,这一品种的“营养”又会显得特别稀缺。因此,校园主题节的有序和节律,对于学生健康成长而言,仅仅是一种表面与简单意义上的有序和节律。

(二) 对“节律”内涵的重新构建

2015 年下半年,在前期个别学校探索的基础上,叶澜教授提出可以自然四季及其背后连接在一起的中华传统文化为主线来策划学生活动。这一建议引领与促进了我们基于前期疑惑与矛盾基础上对于学生活动策划的颠覆性思考。我们的校园主题活动策划,可不以单一学科(领域)的延伸与拓展为主线,而是以自然四季为主线,将各学科的延伸与拓展有机地整合在自然四季这一载体上,进而实现在活动过程中的学科整合融通;以自然四季为主线的活动策划,可以围绕中华传统中特有的二十四节气,把中华民族的文化精髓与精神特质,有机渗透与融合在活动的推进与体验中;基于自然四季及其背后中华文化传统的活动策划与开展,能引领我们的学生更多的走进和体验大自然,更多的接触、学习与感悟中华传统文化。

(三) 对主题节的重建

基于此,我校在开始推进校园四季之秋季系列活动前就达成了一个共识,即校园四季系列活动的开展,必须打破原有主题节的框架,即不可以“挂羊头卖狗肉”。因为我们感到,校园四季系列活动的策划,不是原有校园主题节活动基础上的修修补补或是增增减减,它的价值定位与活动策划的理念完全不同于原有的主题节活动,因此,要做校园四季系列活动,则必须对原有的主题节活动有一个“破”的意识和举措,进而才有可能在持续探索与研究的基础上对校园四季系列活动进行“立”。

二、品传统文化韵味，建立人与自然的紧密联系

二十四节气的知识、活动是以往学校教育中的空白，但恰恰因其融自然知识、中国传统文化于一体，可以说是博大精深的中华文化的代表。

叶澜教授在《怎么办好学校的各种"节"》一文中提到，每一个节庆都在诉说着各种情怀的"节"语，"节"是人类最基始的各种内在情感的世界表达，天象、气象、物象、世像的变化，都凝聚、集中到一个个栩栩如生的节气之中。于是，我们的校园四季活动也从走进二十四节气开始啦！

（一）从认识二十四节气起步

我们从秋季的节气起步，开展了"探访节气来历""观察节气变化""体验节气习俗"三个阶段活动。围绕二十四节气，我们开展了"二十四节气创意画"活动，引导孩子们将自己探究了解到的节气由来和故事，用缤纷的绘画形式表现出来。孩子们在活动中这样表达：

"通过'二十四节气创意画'活动，我知道了二十四节气的气候变化：立春是春季的开始，雨水时气温回升，惊蛰时冬天蛰伏的冬眠动物开始活动，春分时昼夜几乎等长，清明气温继续回升，谷雨时雨水增多，立夏万物生长……我还制作了立秋节气卡，卡的主打色是我喜欢的金黄色，它代表着金灿灿的收获！"

"没想到一个看似普通的节气，竟能学到这么多知识！今年的秋季活动让我特别兴奋，尤其是对二十四节气的了解。我现在特别期待，当冬季活动的时候，当周围很多同龄人忙着在 12 月底过圣诞节时，我却能和同学们在学校里过一个地地道道的冬至，了解更多民俗，学习相关技能，这让我们对自己国家的文化肃然起敬。"

（二）多角度探索自然

区别于以往的校园主题节，自开展校园四季活动以来，自然探索方面的

活动比重大大增加,每一个季节,孩子们都会开展不同主题的探究,涵盖了动物、植物、气候环境等方面,为孩子打开通往大自然的大门。

比如二年级的“种子的故事”。秋天,让身在城市的孩子,看到了种子和自己的生活环境、生存方式的密切关系,看到了它们各有各的特性,并用种子做了“拼贴画”,漂亮而有趣。春天,“种子的故事”在继续,孩子们通过种植,用相机记录下种子的神奇变化。孩子们用自己喜爱的方式记录和表达植物生长的过程和感受到的喜悦。

(三) 自然与人文水乳交融

上学期开学初,我们结合“抽红包”活动,组织部分班级前往学校附近的梅园游赏。他们或摄影,或绘画,或吟诗作对,由此延伸出系列活动,如在班级里办起了摄影展、画展、诗歌朗诵会等,丰富了班级生活。这个活动也让我们意识到,我们期待的四季活动就应该是这样的,融自然、人文于一体,孩子们可以用从各种学科学到的方式来感知、体悟、表达。

三、打破固有思维模式,探索多校区背景下校园四季活动的策划路径

在校园四季活动启动之初,我们就这样设想:每一季的活动策划,都力求相对聚焦,有所侧重。春秋两季,是大自然最具特色的季节,生命的勃发、种子的播撒、丰收的喜悦、色彩的缤纷,我们可以引导孩子走进自然,在探索中感受大自然的美好。冬夏两季,恰逢新年和孩子最喜欢的暑假,我们在活动策划中可以聚焦人文,通过体验和寻访,来感受这些季节的独特魅力。

但具体策划和实施并非一帆风顺。学校目前一校四区,有 6 000 多名学生,141 个班级,因此,推动全校师生打破固有思维模式、更新理念,比起其他学校困难更大。这一年来,我们也尝试用不同的方式来设计、开展活动,在摸索中寻找方向。每一个季节的开始、中期和末期,校长室、学生工作部都会聚集在一起,对活动的设计、实施进行反复探讨论证,及时总结,及时反思,每一季都在原有基础上有所改进,这一学年的专题研讨比以往任何一年都要多。

我们的活动经历了从散点汇总式到聚焦综合型的转变过程。

（一）最初状态——散点汇总

去年开学初，我们首次研讨秋季活动时，四校区各有各的想法，校长鼓励大家按照自己的设想去尝试，于是呈现出非常丰富的活动内容。有的校区一个年级一个主题，有的校区一个个节气挨着开展活动。经过中期交流，我们发现各有所长，也各有所短。另外，在开展学科拓展活动中，学科教师结合教学内容，各自开展跟季节有关系的活动，年级、学科之间显得不均衡。

（二）中期状态——有聚有散

在此基础上，冬季活动有所调整。校园活动还是根据校区特色自主开展，但寒假学校设计了统一活动“镜头里的年味”，以相对统一的方式启动、推开、总结、评价。春季活动基本也是按照这一思路开展的。学校的活动方案分为三大板块，分别是四校区同一活动、校区特色活动和以学科拓展为主要形式的年级、班级活动。形成了“有合有分，有聚有散”的活动局面。

通过反思，我们也发现统一部分和自主部分关系不密切，自主部分相互不融合，也就是说我们并没有真正做到“综合”，我们的四季活动还是处于“拼凑”的状态。但是，相较于秋季活动，我们开始尝试建立活动之间的结构，关注活动之间的联系。

（三）实践突破——聚焦综合

春季的“访梅探春”活动给了我们启示以后，在“夏天的气息”活动设计时，我们聚焦一项活动，进行了重点设计，推动全校共同开展。

我们考虑到，暑期学生都分散在校外，因此选择了“寻访”这一活动形式。引导学生自主规划，寻找发现夏天独特的自然现象和人文景观，探索大自然的奥秘，体会烈日下坚持工作的辛勤付出和可贵精神，乐于用力所能及的方式送上“一份清凉”。在了解社会生活中，丰富成长历练，树立小公民意识。

全校学生都积极地参与到活动中，据初步统计，二至五年级学生开展寻访活动 1 529 余次，有 4 049 多人，727 余支小队参与。寻访，让小学生的这个暑假经历了不一样的体验。孩子们走出空调房,真正体验到高温天是什么感受,看到在这样的高温天人们是怎样工作的不易,明白了骄阳下坚持的不易,学到了骄阳下坚守的责任,懂得了珍惜每一份骄阳下的付出!

活动也呈现出我们期待的融通。它不仅实现了自然气候与人文精神的交融,同时也突破了学期与假期的界限,学生的参与背后,有130多名老师的支持,有110多名班主任的始终关注,有四校区学生工作部对活动的及时宣传、报道和资料整理。学生和老师就如同一起在校园那样地参与到活动之中。

另外,活动还打通了学校、家庭、社会的界限。家长们对这样的活动给予充分肯定,四校区共有2 380位家长参与了活动指导。同时,活动也得到了社会支持,不管哪个行业、单位、部门,都对前来寻访的学生敞开大门,认真配合学生的采访,尽量提供实践机会,并对学生给予极大的鼓励。

四、完善课程建设,明晰校园四季活动的价值定位

开展了整整一学年的校园四季活动,蒙正学生成长体验课程中的“缤纷节日”完成了向“缤纷四季”的转型。

(一) 厘清自身内涵和价值

“缤纷四季”这一课程板块,弥补了文化传承的缺失,让学生得到优秀传统文化的熏陶,植生命成长于博大精深的中华文化沃土中,而更为坚定、厚实;融认识自然、感受自然于科学探索、艺术感染中,使学生获得美的熏陶,生命更加灵动;在欣赏自然中,形成保护自然的意识,培养人与自然和谐相处的能力。

较之以往的“缤纷节日”,“缤纷四季”要综合而丰厚得多,学生的文化涵养、科学素养、艺术欣赏等各方面的能力在活动中得到综合发展。

(二) 确立内在结构和逻辑

叶澜老师在“教育信条”中提到:“学校是师生开展教育活动的生命场,提

升学校的生命质量是学校变革的深层次诉求。”从“塑造人”转化为“成就人”，从“大工厂”转化为“生命场”，学校的生命质感通过学校时空、整体活动和活动主体的特殊性来实现。教育要尊重、遵循生命成长节律，按照不同年段有区别地开展。

我们也进一步思考“缤纷四季”这一课程自身内在的结构和逻辑。设计实施校园四季活动首先需要尊重学生的年龄特点，同时也要注重校园四季活动策划的结构化。纵向上，体现一到五年级的循序递进，形成每一年这一季的独特性和关联性，给每个孩子留下五个精彩纷呈的“四季”。横向上，一年四季活动，既有季节特征，也力求凸显活动之间的有机联系。前一个活动为后一个活动提供基础与前提，后一个活动继续深化、拓展。

（三）形成对外勾连和融合

蒙正学生成长体验课程五大板块（如图 1 所示），在学生成长中分别起到不同作用，满足不同方面的成长需求，既相对独立又相互交融。“健康养成”指向学生个体的身心健康，引导学生养成良好习惯和文明言行；“雏鹰当家”将学生个体和班级、学校联系起来，引导自主参与班级和学校的管理；“仪式庆典”将成长的里程碑，发展成阶段性的成长主旋律；“开心远足”引导学生走向校外，认识社会、了解社会，提高实践能力，培养公民意识。

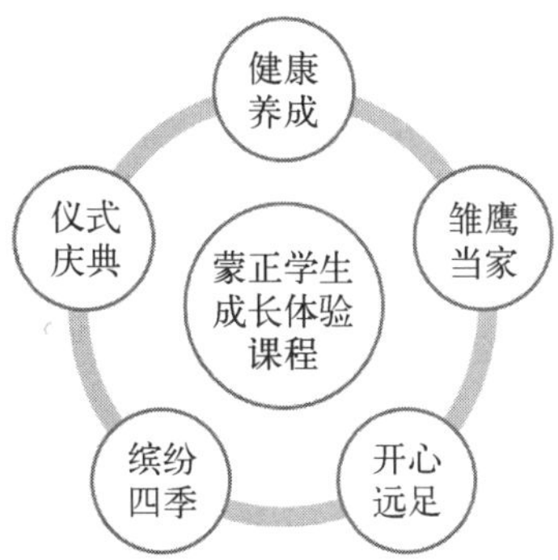

图 1　蒙正学生成长体验课程结构图

“缤纷四季”课程的设置，使整个体验课程打通了学生成长中个体与自我、与集体、与社会、与自然的关系，更好地满足现代社会对人的发展的要求。如果说，“仪式庆典”是在纵向上将学生五年的生命成长串联起来，那“缤纷四季”，则在每一年的横轴上，体现生命成长的丰富性。

最后想说的是，“缤纷四季”的美丽画卷才刚刚展开，我们将不断努力绘就它的精彩！

立足成长需要，重建学校四季生活

——以玉律小学四季系列活动的重建为例探索四季活动育人价值

张静慧*

四季与人的生命成长，是紧紧地联系在一起的，在学校的学生活动中，以四季轮回为主线，立足学生的成长需要，让学生和万物一起，在季节的变化中，去发现，去交互生长，是符合自然规律的。本文试图以深圳市光明新区玉律小学"新基础理念"指导下的四季系列活动的重建，尝试挖掘四季的育人价值。

玉律小学是一所处于深圳繁华都市边缘的城中村小学，外来务工子女占全校学生的92.7%，这些学生多数来自外省、外市。此外，社会信息的开放与多元，使他们不断受到外界各种丰富资料的冲击，他们非常渴望能够参与到丰富多彩的活动中去。因此，近年来学校一直在探索，如何能够创建一种充满成长气息、多元成长平台的学校生活，来弥补、促进学生在小学阶段的成长。在"新基础教育"理念的指导下，在四季系列活动研究的推动下，玉律小学进行了四季活动的重建。

一、反思：基于学生立场

学校主题活动是学生在学校的校园生活中非常重要的组成部分，对学生、教师和学校的发展有着重要的价值。传统的学校主题活动，一类是社会

---

* 作者简介：张静慧，深圳市光明新区玉律小学副校长。

性节日，如庆元旦、迎中秋、庆六一、过国庆等；一类是学校自定节日，如艺术节、运动会、科技节等；还有一类是根据上级部门的要求开展的教育活动，如安全教育周、禁毒宣传日等。然而，在一次艺术节后，面向五年级的一个班52个学生的问卷调查显示，12人认为很喜欢，因为能上台表演，或者能不用上课在台下看表演；6人认为很累，因为要排练节目；27人认为很无聊，坐在台下很晒，不能走动不能讲话；还有少部分认为无所谓。在对班主任老师的访谈中，班主任老师也提到，要“应付”这些主题活动很累。显然，这些传统的学校主题活动，已经很难真正受学生喜爱和老师们欢迎了。反思这些传统的学校主题活动，主要呈现以下几点不足：

一是活动育人目标单一窄化。从指导思想以及活动的目标上看，每个主题对于某个方面德育的指向性太强，例如或是品德或是爱国或是习惯等，育人价值呈点状、单薄，任何一个活动育人的价值都不是单一的，任何一个活动也不能对德育的哪一方面有立竿见影的效果，我们总强调不能用说教的方式管理学生，但我们也不能用假活动的方式对学生进行教育。

二是活动开展脱离成长需要。很多时候活动都是上级空降给学校，学校空降给班级，班主任老师又空降给学生，活动的主题是否符合学生真正的成长需要？是否有学生立场？另外，很多时候开展主题活动的目的在于获得外部评价，具有功利性。当学生立场变成了外部评价立场，学生的整体发展被个别替代，内在发展需要被忽视，重心过高的主题活动就变成了假活动、假生活、假成长。

三是活动主题设置呈点状割裂状态。传统的学校主题活动，多是呈点状开展，活动之间没有关联，育人过程没有前移后续。

《“新基础教育”研究手册》中提到，学生工作要从窄化的德育教育、片面的管理中走出来，创造体验成长的良好氛围，形成丰富的学生活动系列，构建全方位、多层面的学生发展评价体系，聚焦于学生健康人格、自我意识、成长需求以及未来公民素养等，在丰富、改变学生生活的班级建设中使学生成为主动、健康发展的个体，从学生社会性格和个性方面，积极有效的实现“三维双向”的新人培养，形成新的工作格局。[①] 那么，什么样的主题活动更受学生

① 张向众，叶澜.“新基础教育”研究手册[M].福建：福建教育出版社，2015：226.

喜爱呢？在对部分老师和学生的访谈中发现，学生的关注点是"好玩的"，也就是说，他们对好玩的新鲜的独特的事物活动更加感兴趣，而教师对"喜欢的活动"关注点是"成长的"，他们认为，开展活动付出的时间和精力"不能白费，不能瞎忙"，要使学生有所成长，也要使自己专业能力有所成长。因此笔者认为，学校主题活动只有真正属于师生们自己，大家共同来参与策划、组织、开展、评价，大家都共享这些权力，且在这个过程中收获成长，这样的活动才是大家所喜欢的真活动，过程所带来的成长，才能体现真成长。

二、重建：着眼育人价值

玉律小学从2014年开始进行"新基础教育"试验，在试验的过程中，学校不断去学习、梳理、反思如何真正提升外来务工子女的综合素养。

第一，活动是否符合学生成长需要？学校需要考虑到，学生是否愿意主动参与？能否通过努力使自己得到成长？同时，每个年段的学生都有不同的成长点，那么，同样的活动形式很明显不能适用于一到六年级的全部学生。

第二，活动是否体现教育综合融通？这是对学校活动的顶层设计提出的高要求。班主任老师抱怨活动多，还要管理班级常规，科任老师则头疼活动多，影响了学科学习，那么，活动与校园常规生活之间的综合融通、活动与学科之间的综合融通就显得尤为重要。

第三，活动是否突出师生共同发展？随着社会的发展，学生自主学习的途径越来越多，能力提升越来越快，那么老师就更应该加快步伐成长，让自己在每一次活动设计活动指导中，和学生一起成长，不断提升自己的专业素养。更重要的一点是，我们应该多反思，每一次的活动有什么不同的提升？每一个人的成长是怎么变化的？

第四，活动是否能设计成长程育人系列？"系列性的活动设计，并不是相同内容的简单重复，而是层层深入，加深学生的体会和感悟；是不断深化认识，不断更新行为，不断追求更高水平内化的过程。"①那么，活动与活动之间

---

① 李家成，王晓丽，李晓文.学生发展与教育指导纲要[M].福建：福建教育出版社，2016：92.

的联系是什么？这个活动和上一个活动比较，育人提升点又是什么？学生一整学年的活动与发展有没有长程设计？学生在学校六年的时间里，每一年都有什么不同阶梯的成长？

三、实践：扎根日常生活

学校活动的主题不应该束缚、框死师生在班级、年级等多层面重心下移的创生，而应该有助于师生在生活中迸发灵感，成为一颗能够激发创造、刺激成长的种子。

为了使学校活动能重心下移，最大限度扩大活动的育人资源，辐射到每一位学生的成长，学校把思考聚焦在三个回归，从关注外部评价回归到关注学生立场，从学校层面的顶层设计回归到班级生活，从复杂的育人价值回归到校园文化的渗透。因此，学校将往年的活动进行梳理，保留学生喜欢的项目，重点从班级实验中生成适合校级推广的活动。

叶澜老师在《人间“节”语》中提到：“尽管我们不去过每个节气的‘节’，但他们的‘节’语，充满着中华民族的诗情和智慧，是祖先留给我们的最重要的馈赠。”[①]因此，玉律小学三年来，尝试融入玉律小学的“美玉文化”，在一个又一个的活动、一次又一次的反思、一轮又一轮的成长中，梳理出如下四季系列：一是翡翠般的“美丽春天节”系列活动，它充满希望、焕发成长，学生在活动中不断挖掘春天的含义，挖掘春天的智慧，体验春天的成长；二是如水晶般的“缤纷夏天节”系列活动，夏天总是多彩的、有趣的，是经过春天的滋润后，更加蓬勃生长的季节；三是如玛瑙般的“向上秋天节”系列活动，秋天代表着收获，秋天也是新学年的开学季，是积极向上、庆祝成长的季节；四是如和田般的“温暖冬天节”系列活动，这里的温暖不是形容词，而是一个动词，和田玉是温润的，用行动、用爱心、用自己的发光发热去温暖寒冷的冬天。

第一，一个活动是一段生活过程。学生活动不是昨天做方案，今天开展，明天就杳无声息的一件事情。它应该是一个过程，并且是和师生的生活十分

---

① 叶澜.人间“节”语[J].人民教育，2015(1).

融合的一个过程,也就是我们常说的,不是为了活动而活动。

玉律小学“蒲公英的梦想”毕业典礼,是每年“缤纷夏天节”的一个重要活动,它与艺术节的不同在于,它不仅仅是舞台上的一次艺术表演,而且是一个成长的仪式,是毕业班整个毕业季甚至六年学习生活的总结。因此,紧紧抓住这一点,毕业班的师生们从一开始就策划寻找“毕业的意义”,今年的毕业典礼,四个毕业班都呈现出了不一样的精彩,例如六(1)班在过去三年里,一直开展财商学院活动,他们把班级活动从班级到年级到校级,最后开展到了校外,与社区基金会合作开展爱心活动,还与企业合作进行融资,最后,他们打算把班级财商学院变成校级的学生草根组织,在最后的毕业季里,他们在舞台上用艺术的形式把这几年的生活表现了出来;而另外的班级,有开展与幼儿园手拉手幼小衔接活动的,也有开展与山区孩子手拉手活动的,他们最终把这些活动在毕业典礼上艺术化,他们是舞台真正的主人,是典礼真正的策划者。

第二,活动提供了学生与外界平等对话的平台。在此笔者想先分享这样一个故事。

2015年春天,三(3)班发生了一件大事情,他们发现新种在操场围墙边的炮仗花全死了,原因是炮仗花爬藤生长的竹子被调皮的学生抽去当玩具玩了。

在学校的常规管理中,这是多么严重的德育问题啊!按一贯的做法,学校德育部门肯定得找出这些调皮的孩子,或者纪律扣分,或者批评处分,或苦口婆心教育一番,总得让孩子们知错且改。可是,在学生的成长生活中,每一件“错事”都是一个难得的育人资源,学校和班主任商量后,决定把事情交回给孩子们处理。于是,在班主任的指导下,孩子们分成小队分别去调查炮仗花养不活的原因,调查发现原来低年级的孩子们不知道竹子是炮仗花的生命线,孩子们不是不爱花而是不懂得如何爱花,后来,该班学生请来学校的花工叔叔分享花的知识,制作校花好朋友卡片,分享护花知识,开展小队活动和主题班队会课。

一次意外事件变成一个从班级延伸到学校的活动大课堂,一次有可能以批评扣分结束的“违纪事件”变成有许多发展可能性的主题活动。活动从班级扩大到年级，再到校级，“我与校花做朋友”活动受到了大同学小同学的欢迎，各个班级纷纷以此为经验开展“做朋友”系列活动，发生了“我与花儿做朋友”“我与小动物做朋友”“我与同桌甜蜜蜜”等活动，于是，“我与春天做朋友”系列活动从学生中、从班级生活中萌芽、生长。

在班级和年级的自主策划下，学校开展不同年段的“与春天做朋友”系列主题活动，分别寻找班级里的春天、学校里的春天（与校花做朋友、桃李林植树等）、学科里的春天（讲春天的故事、演春天的童话、画春天、捏春天、唱春天等）、家里的春天、郊外的春天，还从大自然的美丽春天延伸到作为自然中一员的人身上，开展三八节“最美丽的妈妈”、学雷锋“做美丽少年”等活动。

一个又一个的学校活动，事实上满足了学生与自我、外界平等对话的需要。首先，是与自然的对话，学生回归到自然中，探索自然，发现春天中的自然；其次是与自我的对话，主要体现在不断地自我追问，不断向自我挑战，不断自我提升；第三是与同伴的对话，包括与同伴沟通、合作解决问题；第四是与老师和学校的平等对话，学生是学校活动的主体，是策划者也是参与者和评价者；第五是与家长和社区的对话，活动带动家庭的亲子主动沟通，带动学生走出学校走进社区。这些平等的对话，在以往学校的传统主题活动中，是不可能这么主动地呈现的。

第三，活动的育人价值在于提升学生的综合素养。这基于关注每一个学生不同的成长，关注天地人事的变化发展，正如玉律小学的四季系列活动，让学生在探索四季的更替与人的发展之间的关系中，让教师在指导学生主动挑战的过程中，共同去不断提升综合素养，提升综合能力，提升迎接社会发展无数可能性的能力。在几年的实验后，玉律小学对学生综合素养的情况进行了一次调研，通过对学生和家长以及老师的问卷调查、访谈，我们把提升点概括为以下几方面：一是思维品质的提升，主要体现在学生能够主动发现问题，例如校园生活中发现的问题、课堂上学习提问时问题质量的体现，还体现在学生能主动去思考问题，寻求解决问题的多种方法；二是合作沟通能力的提升，学校在四季活动中根据不同年段和学生成长需要，为学生设计了群体合作的方式，例如一年级的“同桌甜蜜蜜”，二年级的小队活动，三年级的班委建设等，学生从简单的 2 人合作开始，慢慢学会在群体中表达、沟通与合作；三是创造能力的提升,由于重心的下移,学生在班级里能够主动去策划,并且组织开展活动,活动过后懂得反思;四是道德品质的提升,玉律小学的校训是“玉汝于成,律己达人”,律己达人是玉小人对自我道德品质的要求,对自我要律己,对外交往要达人,要有爱,活动的开展与学校文化的渗透,都使学生的道德品质不断提升。

四、提升:四季滋养成长

一个四季一年轮回,四季与人的生命成长紧紧地联系在一起,以四季轮回为主线,让学生和万物一起,在季节的变化中,去发现去交互生长是符合自然规律的。玉律小学四季系列活动,正是在“新基础理念”的指导下,尝试挖掘四季育人价值,开发四季系列活动。

第一,从横向来说,四季的流转为系列活动串起一条丰富的多元的成长线,玉律小学在几年的不断重建中,梳理出“美丽春天”“缤纷夏天”“向上秋天”“温暖冬天”四个系列活动,学生在二十四节气宝贵民族文化资源中,探索自然与生活的生命联系,在国家节日与传统节日中,体验历史与今天的对话联系,在学校特色节日中,感受个体与群体的交往联系。

第二,从纵向来说,四季轮回不应是平面重复的,而应该体现在学生小学六年的生活中,让学生获得螺旋上升的成长感。因此,学校非常有必要探索学生六年四季的成长节点。玉律小学在三年的实践过程中,逐步形成学生成长六大节点:一年级“谷雨时节我入队”、二年级“美玉小队展风采”、三年级“我的班歌我做主”、四年级“十岁成长生日会”、五年级“小领巾换大领巾”、六年级“缤纷夏天毕业季”。每个活动都是一年学习生活的发展主题,例如一年级结合少先队入队仪式,开展“与同桌交往”“学习规则”等活动;二年级开始建立小队,以小队展风采的形式,展示或评价二年级的生活;三年级开始建立班委,班级文化的建设就成了班级生活的重要主题之一,通过班委的选举、班歌的选定或创作,以及一系列班级建设的活动,达到阶段育人的目标。学生在小学度过六个四季,每个四季都有不一样的成长目标。

第三,从融通来说,学生工作如何与教学工作相结合,把活动育人与学科育人的目标综合融通，探索共同的发展点，是尤其重要的探索方向。对此，李家成教授提出具体活动开展的路径："其一是班主任可以组织有关学科学习的主题活动，直接聚焦、提升学生的学习能力。其二是在相关主题活动、主题班队会及班级文化建设之中，融入学科学习的因素，促成活动质量的整体提升。"[①]玉律小学正在努力探索中，例如在学科学习中，低年段主要通过直观的绘画、吟唱、表演去表达对春天美丽的赞美之情，中年段主要通过合作探究去挖掘春天与生活的关系，高年段则通过调查研究等方式去探索春天与自然科学的关系。

学校的四季系列活动设计，始终是从人的需求出发来设计与构建的，尊重师生基础，关注师生兴趣，着眼师生成长需要，让老师和学生成为活动的主人，成为活动的设计者与收获者，致力于实现每一个孩子主动发展的快乐，实现每一位教师自我超越的幸福。

① 李家成.班级日常生活重建中的学生发展[M].福建：福建教育出版社，2015：202.

访春——用“跨界”的方式践行“信条”的生命哲学*

郦少春**

叶澜教授指出：“综合活动的独特在于它以主题和项目为核心。综合活动的跨界，可突破学科之界、学校行政组织之界、校内外空间之界、学期与假期之界，它具有极大的灵活性，是相对自由的天地。综合活动的主题和项目，可来自社会生活、自然世界、传统文化、科学技术、文学艺术等各领域，也可从多领域、多角度切入开展。每项具体活动应更多让学生全程参与、主动承担责任。”

在这一教育信条的指引下，常州市第二实验小学教育集团尝试整体设计访春系列活动，用“跨界”的方式践行“信条”的生命哲学。

一、活 动 内 容

活动的设计理念是基于创造校园新生活的整体架构和突破学科壁垒的多部门联合设计。为此，常州市第二实验小学教育集团（以下简称“二实小教育集团”）围绕访春主题，设置了十大主题活动。

（一）春之行——“拥抱春天”

二实小教育集团赋予传统的春游活动以新的内涵，通过前移后续的方

* 本文系“生命·实践”教育学研究课题的成果之一。

** 作者简介：郦少春，常州市第二实验小学教育集团学生发展研究部部长，主要研究方向为校园四季新生活实践研究。

式，让学生走出校园，去拥抱春天、认知社会、增长见识、拓宽视野。

春游前开主题班会，指导学生进行活动分组、活动策划、文明礼仪、安全保障等一系列游学准备；春游时开展边游边学体验活动，通过主题研学，低年级学生在玩中进行未来职业体验，中年级学生在赏景中探寻春天的奥秘，高年级学生在缅怀先烈中传承革命精神；春游后开展美篇分享活动，师生共同完成《班级美篇游学记》，并通过网络展示和交流。

(二) 春之美——“比美春天”

春天不仅在美丽的大自然中，也在二实小教育集团的每一个角落。教室——一个师生生命成长的重要场所，整洁、明丽、温馨的教室环境也是班级文化最显性的彰显。为了促进班级文化建设，营造良好的班级文化氛围，培养学生的集体凝聚力，学校将明媚的春色引入教室，开展了以访春为主题的“比美春天”班级文化展评活动。

师生共同完成班级环境文化布置，学生部组织全体班主任及学生代表走进各班深度体验“班级文化”，邀请教师或者学生对本班特色文化进行现场2分钟解说，校园新竹电视台同时进行现场拍摄，后期制作成“比美春天”班级文化展评专题片，定格校园文化春之美。

(三) 春之健——“健与美的较量”

春天是健壮的青年，有着铁一般的胳膊和腰脚，领着我们向前去。传统体育节更多的是赛场上的竞技，我们通过设置“精神面貌篇”和“同场竞技篇”，在保证体育比赛专业品味的同时，倡导生机勃勃的体育精神。年级组统一入场式主题，各班级创意设计入场口号、服饰、队列，把跑道变成班级文化的展示舞台。学校各社团带着各自的绝活参加开幕式表演，把赛场变成社团文化的展示平台。

(四) 春之声——“四季声音魔术匣”

音乐组指导学生留心搜集大自然和人类社会在春天特有的声音，把它装进春季声音魔术匣。学校通过举办校园四季音乐会，学生每天都可以分享一个春季声音魔术匣。

(五) 春之伴——“走进心灵,等待花开”的家校共育

春天是花开的季节,教育是等待花开的事业。二实小教育集团将发现的目光投向家长,围绕家校合作,开展“三个一”家校合力工程,开学初组建一个新竹家庭教育工作室,每周分享一则新竹家庭教育小贴士,每月开展一次新竹父母学堂公开课,从而构建学校、家庭、社会“三力合一”的育人体系,促进资源共建共育共享和生命的共同成长。

(六) 春之绿——“我和种子共成长”

春天是万物萌发的季节。我们结合“金色生日”活动,指导学生选择自己喜欢的植物种子进行种植体验,将自己悉心照料的小植物成长的每一个瞬间记录下来,撰写研究记录。

(七) 春之舞——“筝情放飞”

风筝是春天的舞者,她飞舞在空中,带走我们的理想。结合“绿色生活”和“小主人的四季之约”风筝节活动,开设“微讲坛”讲述风筝历史,开展“微展览”展出各种风筝形象,建立“微作坊”制作创意风筝,最后让风筝与理想一起高飞。

(八) 春之花——“花儿与少年”

“龙城无日不飞花”,又到一年赏花时,常州即将开启最美赏花模式。“新竹娃”向全校同学发出“赏花令”,邀请伙伴们走进花展,不错过常州每个花开的瞬间,参与“花儿与少年”小拍客活动,定格美丽的春天。

(九) 春之诗——“春风十里”

春天是百花齐放的季节,也是自古以来文人墨客大发诗兴的季节,二实小教育集团举办了“最美毕业季”系列活动之“诗词大会”,大会采用个人、集体朗诵的方式,且吟且诵,用经典古诗把大家带入漫天春意之中。

（十）春之探——“春风拂面”

二实小教育集团校庆在即，我们将结合校庆，建立集团“绘本馆”，并成立校史“讲解团”，向校庆献礼。

二、活动实施

活动实施采取必修与选修相结合的灵活参与方式和统筹与分工的有机推进策略，围绕访春十大活动主题，通过全校必修和年级选修的方式推进，并通过领衔人（部门）统筹与选修年级个性化实践相融合的方式开展。

（一）必修与选修

春之行、春之美和春之健这三项活动面向全体学生，作为学校访春必修活动课程，确保了校园大型活动人人参与的全员性。

春之声、春之伴、春之绿、春之舞、春之花和春之诗这六项活动与二实小教育集团“七彩童年”年级系列活动相整合。而春之探这一项活动则与新竹服务公司旗下的新竹创作室以及新竹国际部的岗位职能高度匹配，赋予了传统岗位新的使命和职责。上述七项活动主要面向年级和新竹服务公司，作为访春选修活动课程，确保了年级特色活动的独特性。

（二）统筹与分工

七项访春选修活动课程，分别由语文、数学、英语、音乐、体育、美术、科学、信息技术、综合实践提供学科支持，选修年级提供组织保障，从而确保了访春活动课程全员育人的德育追求和专业指导的专业品性。

三、活动评价

访春系列活动作为一门活动课程，其新的评价理念也应运而生，我们提出了过程性评价与阶段性评价相结合的方式（如表 1 所示）。过程指的是学生通过课程活动获得发展的过程，这样的过程不仅有延续性的一面，也有阶段性的一面。从延续性的一面看，评价关注的是在发展过程中的学生的情感态度和行为表现；从阶段性的一面来看，评价关注的是每一阶段学生学习的效果。

（一）过程性展示。每项活动课程结束后进行阶段性成果展示，及时反馈，同时也为六一儿童节集中展示积累素材，做好准备。

表1 访春系列活动评价表

过程性展示	阶段性展示	承办部门
班级美篇游学记	游学体验分享会	学生部(孙巍)、各班级
校园春之声广播	璀璨童声音乐会	音乐组、一年级
微信平台分享亲子故事	亲子成长小论坛	二年级语文组
我的植物名片设计	成长日记交流展	数学组、科学组、三年级
筝情四月风筝节	风筝艺术博览会	综合实践组、四年级
小拍客网络交流	花儿与少年摄影(绘画)展	信息组、美术组、五年级
升旗仪式诗词会	春风十里诗词大会	语文组、六年级
绘本创作展	我爱我校校史巡讲	学生部(王珏)
视频交流会	国际理解异域交流	英语组

（二）阶段性展示：六一儿童节将举办二实小教育集团访春活动专题成果展。

四、活 动 写 真

“爱我你就陪陪我”，这是童谣中的一句歌词，也是孩子们内心真切的呼唤，更是常州二实小教育集团二(4)班“21天亲子活动”的主题。

（一）交流与访谈

1. 社会现状

《2014国民家庭亲子关系报告》中的数据显示，17.8%的父母与孩子共处时常看手机，51.8%的父母偶尔看手机，这两类加起来等于近七成父母在陪孩子时看手机。的确，身处移动互联网的时代，亲子时间刷屏，是很多年轻父母的“通病”。有位漫画家创作的名为《小宝的爸爸妈妈被手机抓走了》被不少人转载，“这个手机，究竟是什么妖怪？它又不漂亮，又不能变棒棒糖，可为什么爸爸妈妈都爱它？小宝只好跟熊宝玩，因为熊宝不会看手机，不会不陪我……”众多家长看后，直呼“太揪心”。

其实父母的“手机病”只是冰山一角，它反映出的是庞大的家庭教育体系中的亲子陪伴问题。当然，还有一些家长，“手机病”倒并不严重，对孩子也有着较强的陪伴意识，但缺少合适的陪伴方法与途径。

2. 学生立场

为了深入了解这一现象对家庭教育的影响，我们从学生立场出发，在夕会课上，就“爸爸妈妈和手机”这一话题与孩子进行了交流。

(1) 我妈妈整天和朋友圈里的小姊妹在聊天，主要聊买这个好还是买那个好。

(2) 爸爸最喜欢在手机上打游戏，我让他教我一道题，他眼睛盯着手机，嘴里说着“哦哦”，可“哦”了半天，脚都没有挪一步。

(3) 我和爸爸妈妈出去玩，他们和我一起玩得时间不多，最喜欢用手机拍这拍那，然后盯着手机发半天照片。

(4) 爸爸妈妈如果去上厕所，肯定是拿着手机进去的。

……

孩子们的这些话被传到班级群里后，好多家长都是“滴汗”的表情，有的说几乎条条中招，有的说这些行为自己不觉得怎样，但通过孩子描述出来真是让家长汗颜。

低年级已度过了小学生活的适应期，主观能动性开始逐步增强。表现在家庭生活中，就是能有意识地参与家庭成员之间的交流，对家庭活动的安排会提出一些自己的建议，对家庭生活的质量有了更高的期待。在日常交流与夕会课的访谈中，好多孩子都提到，晚上或休息日，爸爸妈妈要么因为工作加班或外出忙事等原因而不在家。如果在家的话，除了督促作业以外，其他很多时间不停地在盯着手机。孩子们特别希望爸爸妈妈能多多在家，能放下手机,陪他们一起做一些有意思的或有意义的事情。于是,“放下手机陪陪我”系列活动应运而生。

(二) 畅想与策划

分小组畅想期待的家庭生活,并在班级层面进行交流。师生共同讨论形成“放下手机陪陪我”倡议书,并让孩子带回家和爸爸妈妈一起阅读,由小手来牵大手,在倡议书上签名。孩子与父母通过共同讨论,每个家庭确定了适合自己家庭开展的亲子活动项目,具体细化到了活动时间、活动地点、参加人员等,以保证活动的有效开展。

活动开展多少天为宜? 我们从“21 天效应”中受到启发：在行为心理学中,人们把一个人的新习惯或理念的形成并得以巩固至少需要 21 天的现象,称之为“21 天效应”。这是说,一个人的动作或想法,如果重复 21 天就会变成一个习惯性的动作或想法。因此,本次亲子活动就定为 21 天,期待能通过这段时间的活动,使亲子活动成为每个孩子家中日常的、自然的一种良好习惯。

(三) 行动与反馈

倡议书发出之后的 21 天,各个家庭按自己定下的计划开展亲子活动。父母和孩子相互督促,每天在活动之余做适当记录。通过贴花方式,家长和孩子互相评价对方的活动表现,老师也会参与点评。每天虽然只是只言片语的记录,以及不起眼的小贴花的评价,但是孩子的兴奋与期待,家长时而坚持、时而放松,以及慢慢酝酿出的亲子之间亲密的互动,都在字里行间流淌,感染着父母,感染着孩子,感染着老师。

(四) 开放与分享

在为期 21 天的活动过程中,老师发现,不同家庭亲子活动的方式、质量等都存在差异,需要提供一个交流分享的平台,引领高质量的家庭生活。在亲子活动开展的第 21 天,老师特别邀请家长们走进孩子们的课堂,参与班队活动,希望家长也能在活动中得到启发,和孩子一起,坚持有意义的家庭生活。

班队活动开放时，根据各家庭亲子活动的不同内容分了不同的板块。

1. “亲子共读”类，通过几个家庭亲子共同参与的童话剧的表演，和十几个家庭亲子共读情景的回放，营造了温馨而又浓郁的亲子共读氛围；

2. “散步聊天”类，通过几组家庭现场的亲子互动式聊天，传递给孩子与父母，茶余饭后的聊天是沟通彼此心灵的桥梁；

3. “动手动脑”类，展现了亲子共同挑战智力玩具、共同克服学习中的一项弱点、共同坚持做好一样家务，对孩子与家长都有很大的触动；

4. “亲子运动”类，孩子们与家长一起展示了“亲子操”“亲子花样跳绳”等有趣又利于健康的项目，很多孩子与家长在现场就跃跃欲试了。

班队活动课的最后，播放了一段影音合集，浓缩的是46个家庭为期21天的坚持与成长。

（五）拓展与延伸

星星之火可以燎原，班级活动延伸到了学校四季系列活动中，公园里访春，同学家嬉夏，校园里品秋，小区里暖冬，处处皆有亲子活动的身影。班级活动还辐射到了整个年级，刚刚过去的三八妇女节，整个二年级孩子用各自创意的方式陪妈妈过节，作为对父母爱的回应。那天，送给妈妈的自制的贺卡上，有孩子写了这样的话：妈妈辛苦了，爱你我就陪陪你！

春季主题活动开发

——“我们和春天有个约会”

张艳琼　张继锋　李泰峰*

本文聚焦班级层面的春季主题活动开发，展现了班级层面诗词诵读、诗词手绘、寻找春天、探索春天等系列主题活动的动态生成过程和综合育人价值。不只是诵读有价值，诵读活动的开发本身也充满了育人价值，而且通过动态生成，诵读活动联结和沟通了多学科的育人价值，这才是综合活动不同于学科教学的独特之处。

按照中国的传统，从立春这一天起，时光就迈入了春天的历程。“一年之计在于春”。2017 年 2 月 3 日是鸡年的立春日，我们班的春季主题活动已经悄然绽放，芬芳不已。

一、底色：诗词诵读

河南巩义是诗圣杜甫的故乡，诗词诵读源远流长，活跃至今。叶嘉莹曾说：“诗之为用，乃是要使读诗者有一种生生不已的、富于感发的、不死的心灵。”如果孩子们润泽诗词的光辉，心灵就会愈加丰盈，气质就会日益高雅，生命就会更加温润。“盼望着，盼望着，东风来了，春天的脚步近了。”我们班级的春季诵诗活动也伴随着春风在班级开展起来。

---

*　作者简介：张艳琼，河南省巩义市子美外国语小学一级教师，主要研究方向为学生工作与数学教学；张继锋，河南省巩义市子美外国语小学一级教师，主要研究方向为学生工作与语文教学；李泰峰，河南省巩义市教育科研培训中心一级教师，主要研究方向为学生工作与数学教学。

担任语文学科教学的张继锋老师，每周都会在班级微信群里发送两到三首关于春天的诗歌，并且吟诵示范。孩子们在老师的带动下，也把自己的诵读音频发在群里，大家互相学习，取长补短。诵读活动的开展，还引起了班级家长们的关注与积极参与。家长们通过微信群对参与诵读的孩子及时评价、鼓励。爸爸妈妈的鼓励和点赞，无形之中形成了另一种评价体系，助推孩子们积极参加班级诵读活动。有时，家长朋友还为诗词的出处、读音在班级群里争论不休，孩子们也在微信群里互相鼓励，互相督促。这样，我们把班级微信群的作用拓展为孩子们一个新的发展空间。微信群不再是发送通知，传递信息的阵地，俨然成了诗词诵读的平台。

在微信群里每天都能听到不同孩子诵读的声音。一首首诗歌和着孩子们生命拔节的声音，就这样慢慢地唤醒了春天。孩子们诵读的声音，犹如天籁之音，唤醒了我们沉睡已久的心灵。“春天之所以美好、富饶，是因为它经过了最后的料峭”，“东边日出西边雨，道是无晴却有晴”，“这片叶子也醒了，那片叶子也醒了”，“诗家清景在新春，绿柳才黄半未匀”，“白雪却嫌春色晚，故穿庭树作飞花”，“东风杨柳欲青青，烟淡雨初晴”……

我们班有57个孩子，经过一年的时光，我们发现有50%的孩子能坚持诵读诗词，及时在班级群里发送自己的诵读内容；有40%的孩子经常参与；还有10%的孩子偶尔参与。一年时间，转瞬即逝，孩子们在这一年的诵读过程中，长期浸润在古今中外的经典诗词里。孩子们的性格、胸怀、气度、言行都在悄无声息地发生着变化，变得柔和、阳光、温暖，孩子们神情中自然流露着春天里的阳光气息。从乍暖还寒的初春，到阳光明媚的暮春，整个春季，班级微信群里流淌着孩子们的童音，春季诵读活动成了班级群里最美丽的一抹春色。

张皓轶是我们班诵读小王子，班级微信平台每推出一首新的诗词，他都积极参与，他妈妈每一次都会陪着孩子，认真倾听孩子的每一次诵读。张皓轶更是严格要求自己，把自己诵读的内容全部背会。正是由于大量诗词的积累和沉淀，润物无声地滋养着孩子的内心，孩子们对诗词也敏感起来。他写的《友情伞》就是由诵读余光中的《友情伞》的灵感触动而产生的。

友 情 伞

作者:张皓轶

在我小学生活的几年中,我遇见过许多人,有乐观的,有积极的向上的,还有容易嫉妒的……当然,令我印象最深刻的人就是李函昱。他的乐于助人可以从这件事中看出来。

那是五年级下学期10月的一天,中午还是骄阳似火,到了快放学的时候就乌云密布,真是孙猴子的脸,说变就变。我预料到,要下雨了。刚放学,果然不出我所料,不一会儿就下起了倾盆大雨。我只好站在屋檐下等家人来接我。可我又一想,这么大的雨,妈妈肯定去接弟弟了,爸爸又出差了,这可怎么办呢!正当我焦虑万分的时候,我看到了一个熟悉的身影。他正向我走来,我仔细一看原来是我的好朋友李函昱,他走过来对我说:“你没有带雨伞吧,我们两个撑着这把伞一块回去吧!”听了以后,我的心里顿时扬起几分温暖,说着我们两个就撑着雨伞钻进雨帘里去了。雨越下越大,他尽量多给我遮雨,他的衣衫几乎湿透了。我心想:所谓友情不就是一把伞吗?晴天收起,雨天才为你豁然开放!我说:“伞往你这边靠靠吧!别感冒了!”而他只是笑了笑,什么也没说。我到家后身上几乎没有湿,而他却变成了一个“落汤鸡”。

这就是我的好朋友李函昱,是个富有爱心,乐于助人的人。我是世间最幸福的人,拥有世间最宝贵的情谊,还拥有世间最宝贵的礼物就是那把友情伞。

诗歌诵读跨越了年龄的界限。让我感触颇深的是女儿和诗歌的美丽遇见。女儿上二年级,偶然的机会,在我的鼓励下,她也加入了我们班级的诵读行列。为了在微信群里以最好的状态诵读,她每次至少要练习20遍才肯发到班群里。她第一次诵读的内容是《沁园春·雪》,受到班级微信群里众人的鼓励和点赞,孩子开心极了,士气倍增。第二天,女儿和爷爷行走在路上,竟然脱口而出,完整背诵出了《沁园春·雪》。当时她才七岁半,很多字都不认识。这件事让我极为震惊。一个二年级的孩子和六年级的孩子相比，诵读能力不仅毫不逊色，而且对文本的理解，有感情的诵读，甚至超越了部分六年级的哥哥姐姐。这让教数学的我陷入了深深的思考，经过和语文学科老师的沟通，我更坚信学习语文最有效的方法就是有质量的积累。我更加坚定自己的想法：我要做的就是鼓励班级的孩子最大程度参与班级的诵读活动，和语文学科老师并肩，重建我们的班级，塑造属于我们独有的班级文化。

新学期伊始，阳光灿烂，春光明媚。始料不及的是到 2 月 21 日竟然迎来了一场纷纷扬扬的春雪。此刻，我和孩子竟然都疑惑了，这个季节是春，还是冬？上一刻还是春风拂面，这一刻竟大雪纷飞……闻着花香去寻梅，一下过渡到踏雪寻梅。到底是花恋上了雪，还是雪恋上了花？是春天不舍冬天的情谊，还是冬天不弃春天的风情？

或许只有大自然才会馈赠给我们这么神奇的美景吧！孩子们在春暖花开时节，偶遇大雪纷飞，晚上听着微信群里孩子稚嫩的声音，如同天籁。在真实的生活场景下，孩子诵读着前人留下的诗词绝唱《春雪》，感受着大自然的无穷魅力。57 个孩子都在用不同的声音演绎着《春雪》，用自己独特的触感理解着春天的大雪纷飞。白灵同学有感而发，当天晚上写了一篇文章《春雪柔情》。

二、晕染：诗词手绘

一个寒假，我们的诵读从未停止过，孩子们对诗歌的理解、文本的感知能力也在不断地提升。对于诗词主题的选择，我们也在不断地尝试，不断地转变。2017 年 2 月 13 日是开学的第一天，我们再次迈入春天的旋律里。和孩子共同商议：自己动手搜集春天的诗词，完成一份手绘画报，自己装饰，提倡加入创新元素。从由老师提供诗词主题到孩子自己动手搜集诗词，这样的转变扩大了春天诗词的搜集广度。孩子们眼界更加开阔了，有更多的元素融入我们的班级活动中。

孩子们约定四天完成该工程，也就是周五早上上交。周五一大早，孩子们把自己这份独特的作业交给了我。那一副副手绘的“春天诗词”手抄报展现在我的眼前,琳琅满目、色彩缤纷,如一缕缕春风温暖着我的心。光看题目就让你应接不暇了:《春韵似花开》《春之韵》《春意盎然》《春暖花开》《跟着诗歌找春天》《诗意春天》《春深似海》《诗中的春》《春天的脚步》《春的色彩》……孩子搜集的内容更是精彩纷呈,处处弥漫着春的气息。

孩子们展开丰富的想象去搜集关于春天的诗词,用五彩的画笔描绘着春天,春天在孩子的心中滋养、生根、发芽。而这些主题又可以演变成我们诵读的资源。主题的转变,资源的开发,孩子的变化,在开学之际,我们的这项活动犹如春风拂面,悄无声息地融进孩子的日常生活。就这样班级的新学年就在孩子的手绘中呈现了春天的颜色。

诗词手绘活动,锻炼了孩子搜集整理资料的能力,也实现了语文与美术学科的融通。孩子在这个过程中受到了美的熏陶,一首首中国古典诗词,为孩子们打造汉语根基、传承中华文化提供了资源。

三、行走:寻找春天

玩是孩子的天性,春游是每个孩子心中的渴望,大自然更是一本天然的教科书。"莫春者,春服既成,冠者五六人,童子六七人,浴乎沂,风乎舞雩,咏而归。"这种穿越千年的教育场景,是最浪漫的画面,也是我心中渴望尝试的经历。

我们学校和巩义市石河道公园一路之隔,10 分钟的行程就可以抵达。那里种植着各种花草树木,不同的季节,不同的花色,竞相开放,有着得天独厚的丰富资源。开发和利用这一天然的资源,和孩子们行走在赏春路上,对孩子来说是一种求知的经历,也是孩子心中久违的渴望。孩子们早已按捺不住心中对春天的向往和渴望,孩子早已考察好了:石河道公园的梅花开的正好,是赏梅的最好时光,那就行走在路上吧!

2017 年 2 月 16 日,星期四,开学的第四天,当别的班级还在稳定之中时,我们班利用午休时间,相约家长志愿者,已经行走在寻找春天的路上了。我们一路欢歌来到了石河道公园赏梅花。一段暖暖的午后时光,两个小时行走在春天的旅途中,孩子拥抱着春天,跟着春天的步伐,行走在路上。由于孩子的感知，内心才会发生如此巨大的变化，孩子们笔下的梅花才会那么生动无华，春天就在孩子的足下。

石河道公园赏梅花

巩义市子美外国语小学六(1)班　张明仁

开学第一周，星期四，我们六(1)班全体同学在数学老师的带领下，一起来到石河道公园的梅花区和春天“约会”。

到了石河道公园以后，我们先在小亭子里照了一张“全家福”。然后，张老师说：“同学们，马上我们就到梅花园了。一会儿到了梅花园之后，大家要观察梅花有多少种颜色，还要观察一下梅花有多少品种。可以小组合作来找一找哦。”我们组收到任务之后率先跑到了梅花园，组长分工后，我们开始分头行动，有人数梅花的颜色，有人观察梅花的品种。

我来到梅花树旁边，认真地观察起来。这里的梅花有黄色的、红色的和绿色的，每朵花瓣都是小小的，厚厚的，感觉像有一层蜡浇在了花瓣上一样。听说野生的梅花的颜色大多数都是介于黄白之间，并有红、褐、紫等颜色的斑点；还有一些种类的梅花花瓣像水晶一样晶莹剔透；至于梅花的花竟然是白色的，真特别。

我观察到梅花园中有很多品种，可惜我只认出来三种。第一种是素心梅，它的花瓣细长得像一个椭圆，花瓣又向后翻卷，淡黄色的花，花心像雪花一样洁白无瑕，真是素雅。第二种是金钟梅，它的花瓣比较大，也是黄色，形状像个钟，长了好多层花瓣，真是“梅如其名”呀！另外，我还闻到金钟梅有非常浓的香味。第三种是狗牙梅，它的花瓣是尖尖的，但是很小，花瓣的边上是淡黄色，花瓣的里边有紫色的条纹，香气非常淡，不仔细闻几乎闻不到呢。

美好的时光总是过得非常快，不一会儿工夫一中午的时间就过去了，我们不得不在老师的带领下回到了学校。尽管我回到了学校，但还是对美丽的梅花念念不忘，我一定要在周末带爸爸妈妈也来赏梅花，让他们也来感受春天。

李家成在《班级日常生活重建中的学生发展》一书中指出:“班级日常生活具有高度的动态性,处于不断的生成与发展之中;学生的发展同样在这一动态中绵延、发展,……就过程而言,学生的实践是真实的学生与世界的互动,创生出学生的具体生活过程。就外部结果而言,学生的实践所创生而出的生活世界,提供着学生发展的资源,体现着学生发展的质量,并生成着新资源与新平台。”①吴亚萍在《中小学数学教学课型研究》第二章第一节提出“交互反馈”的目的是:“为了促进课堂教学的‘过程生成’,即通过教师的倾听和捕捉、点拨和组织,使师生向着有效高质量的目标‘互动深化’地发展。在这个过程中,学生又可能出现动态生成出许多新资源,包括新的问题、新的认识,新的方案等等。”②

在“闻着花香去寻梅”的活动后,晚上,我辅导二年级的女儿写日记时,突然发现:我和女儿在网上搜集蜡梅的资料与中午在梅园看到的有所不同。我隐隐约约记得所属的科不同,于是,赶快问“度娘”:梅花和蜡梅有何不同?我才发现自己竟然没有弄清梅花和蜡梅的区别,就告诉孩子“赏蜡梅”了。正是由于这个错误资源的产生,让我陷入了思考:为什么不将错就错,开一个“闻着花香去寻梅”的分享交流会呢?于是就有了更加精彩的一个主题班队活动——梅花和蜡梅的区分和不同。令我意外的是,我的将错就错,歪打正着,孩子们的兴致和投入,形成了这个春天的另一处靓丽的风景。各小组摩拳擦掌,快速分工,搜集资料,整理资料,春天再一次从蜡梅 vs 梅花开始了。我们班上又掀起研究梅花和蜡梅的高潮。

春天的脚步跟随着孩子们,各小组之间展开了激烈的分享。孩子们从梅花和蜡梅的颜色、种类、分布范围、形态特征、生长习性、园林用途、药用价值……侃侃而谈,还谈到植物文化、植物的内涵。最让人惊艳的是孩子搜集的梅花的诗词,再次丰富了诵读活动的资源(如陆游的《梅花绝句》、毛泽东的《卜算子·咏梅》、王安石的《梅花》、杨万里的《探梅》、李商隐的《忆梅》、王冕的《白梅》、齐己的《早梅》等),在这春暖花开之际,孩子们聊起千古绝唱的诗

---

① 李家成.班级日常生活重建中的学生发展[M].福州:福建教育出版社,2015:69.

② 吴亚萍.中小学数学教学课型研究[M].福州:福建教育出版社,2014:38—39.

词仿佛回到了把酒当歌的岁月。

这项活动在我的误打误撞之下，将错就错之中，竟然让孩子这么喜欢这么执着地研究。他们研究了植物特征，又研究了相关诗词，在文化气息浓厚的班级，孩子们对周围的环境具有特有的敏感，对所有的事物充满好奇。这样我们的班级形成了一种属于我们班独有的文化。

四、色盘：探索春天

当孩子们成功探究了梅花和蜡梅之后，我意识到这是一个非常珍贵的资源，也是一个值得开发和研究的话题。孩子搜集资料，整合资源，创生能力无比强大，为什么不继续行走在春天里呢？

于是，我们开始了下一个主题活动——那时花开。每个组自主选择，选择一个想要研究的主题。由于孩子们头脑中已经建构了研究梅花这样的结构，孩子们商议后很快决定了研究主题：

刚竹组选择的主题是梨花；

金竹组选择的主题是油菜花；

绿竹组选择的主题是梅花；

玉竹组选择的主题是玉兰花；

淡竹组选择的主题是迎春花；

斑竹组选择的主题是海棠；

紫竹组选择的主题是红叶李。

每个组的孩子选派一名“摄影师”每天在学校跟踪拍摄所选主题的丁点变化，从冒出花苞，到开出一朵、两朵，到盛开、花落，孩子们经历了细致观察的时期，并且引发极大的兴趣，每节课间操时间、中午时间都要去拍照，并做了详细的记录。

渐渐地，孩子的发现更多了，聊的话题更有趣了。从放寒假迎春花就星星点点的开放了，一直开到3月底，3月6日杏花开了，3月7日学校的玉兰开了，3月13日学校的玉兰花全部盛开，3月12日学校的柳树也开始发出嫩芽，4月7日楼下的樱花开了，牡丹开花了……

淡竹组还给我们带来了与众不同的分享：迎春花和银翘的不同。金竹组为我们分享了油菜花的诗词。孩子们徜徉在花海和花香中，也沉醉在这些诗词中。

五、结　语

以上聚焦班级层面的春季主题活动开发，呈现了诗词诵读、诗词手绘、寻找春天、探索春天等系列主题活动。在每一环节都需要回答为何开发、开发什么和如何开发的问题。以诗词诵读为例，在如何开发这一问题上，需要回答：谁来确定诗词？学生参与质量如何？资源从哪里来？主题活动过程中还涉及家长参与教的问题，也涉及学生工作同学科教学融通的问题，还涉及班级建设的多个主题和结构，包括班级文化建设、班级岗位建设与学生干部培养、社会性与自然性资源开发等。如此多样和丰富的主题都需要在后期活动过程中不断加以挖掘和展开。

在本次春季主题活动开发过程中，不只是诵读有价值(主要是语文学科育人价值)，诵读活动的开发本身也充满了育人价值，而且通过动态生成，诵读活动联结和沟通了多学科的育人价值，这才是综合活动不同于学科教学的独特之处。正如《学生发展与教育指导纲要》所言，在形成学科整合性的班队主题活动时，要注意不要把活动作为语文课或其他课的附加课。班队活动与学科课程有着相辅相成相互渗透的关系，同时又有各自的教育功能。

春季主题活动结束了，孩子们收获了整个春天，作为班主任的我也收获了研发班级层面春季主题活动的能力和方法，形成了对春季系列活动的整体感知。在这一系列主题活动过程中，孩子们的诵读能力、口头表达能力、写作能力、提出问题的能力、搜集资料的能力、整合资源的能力等都得到不同程度的发展。我们可以把这种独有的类结构迁移到夏季、秋季、冬季主题活动的开发。看万物生长，听花开的声音，收获了春天，拥抱着四季。

跟随四季脚步，感受别样生活

——四季活动初探

陈爱荣*

我们生活在四季分明的中纬度地带，能深切地感受到四季的不同。有了这得天独厚的自然条件，在教育活动中，适时植入四季活动，引导学生观察生活，发现季节带来的变化，继而跟随四季的脚步，随季节而动，去感受，去学习，去游戏，去创造，在缤纷的活动中习得知识，获得成长，努力成为一个会生活、爱生活的孩子。

《鬼谷子·持枢》中提到："持枢，谓春生、夏长、秋收、冬藏，天之正也，不可干而逆之。逆之者，虽成必败。"也就是说，持枢，是掌握行动的关键，控制事物的规律。比如春季耕种，夏季生长，秋季收获，冬季储藏乃是天时的正常运行规律，不可悖反这一自然规律而倒行逆施，凡是违反自然规律的，即使偶尔成功，终究必会失败。

我们生活在世上，要经历几十个春夏秋冬、四季变化。大家都有这样的感觉，夏日赤日炎炎，人即便穿很少的衣服，也感觉热得难受，不得不采取各种方式避暑；冬日呢？特别冷，人们不得不穿很多衣服来御寒，即使这样，人依然有寒冷的感觉，于是人们烧火炉或制造暖气来取暖；而春天和秋天，温度比较适宜。春天象征着生命的开始，人们特别钟爱春天，谚语称"一年之计在于春"，千百年来有许多文人墨客对春天大加赞赏；秋天，金黄黄的收获季节，

---

* 作者简介：陈爱荣，江苏省淮安市淮海路小学教师，主要从事"新基础教育"四季活动研究。

玉米熟了,大豆熟了,人们载歌载舞庆祝丰收,丰收使人们忘记了疲惫,丰收给人们带来了喜悦和幸福。

温度变化对生命是有影响的,许多昆虫春生秋亡,寒冷的到来就意味着它们生命的结束,一些动物也开始冬眠,以此来减少体力和能量消耗,到开春之际再重新苏醒过来,而人类与其他哺乳动物则可借助衣被和皮毛来度过冬天。

温度变化对人也是有影响的,冷热的骤变会使人体不适应甚至得病,所以人们特别关注天气预报,根据天气预报来决定增减衣物以适应环境气温的变化。气温由冷变热是逐步的,由冬日结冰的零下几度、十几度变为夏日的 30 多度要经历好几个月的时间,而由夏日的 30 多度变为冬日的零下温度也要经历 100 多天的时间。这就是地球的自然平衡过程,也给人们的身体一定的准备适应时间。人根据温度的变化增减衣物以适应环境的变化,人的身体利用皮肤和毛细血管的收缩和扩张以适应外界的温度变化。自然造就了人类,人类逐步地适应了自然。

我们生活在四季分明的中纬度地带,能深切地感受到四季的不同。叶澜教授说:"教育就是把生命本来就具有的活力绽放出来、呈现出来,让它成为推动每一个人前进发展的力量。"有了这得天独厚的自然条件,在教育活动中,适时植入四季活动,引导学生观察生活,继而跟随四季的脚步,随季节而动,绽放他们的活力,在缤纷的活动中习得知识,获得成长。

一、春

春是一年之始,万物生长,立春、雨水、惊蛰、春分、清明、谷雨六个节气分布其中。在这样一个生机盎然的季节,大自然就是孩子最好的课本。

(一) 认识自然

春季,我们组织学生进行调查,第一声春雷、第一朵杏花、第一株春笋、第一只飞回的燕子、第一只蝌蚪……孩子们用他们的眼睛去发现,用他们的耳朵去倾听,用他们的心灵去感受……

在笼统的观察之外,每个孩子确立一两个详细观察目标,记录下它们的生长变化过程，拍下它们的变化图片，书写观察日记。在观察结束后，利用班会课时间，带着自己的观察资料与大家分享。下面是许灏轩同学的蚕豆观察记录表和观察日记。

【蚕豆观察记录表】

观察时间	观察人	观察对象	现　象	质疑并解答
2016.3.18	许灏轩	蚕豆	泡种	
2016.3.21	许灏轩	蚕豆	种植	
2016.3.23	许灏轩	蚕豆	长出了根	为何根总向下生长？因为它要寻找泥土，到泥土中吸收养分
2016.3.31	许灏轩	蚕豆	根上长出了须，开始发芽，芽向上生长	
2016.4.2	许灏轩	蚕豆	将植株移入花盆	
2016.4.6	许灏轩	蚕豆	芽变叶	
2016.4.9	许灏轩	蚕豆	茎总向阳光处弯曲	为什么？因为它有向阳性
2016.4.10	许灏轩	蚕豆	掉转花盆方向	
2016.4.15	许灏轩	蚕豆	茎掉转方向，依然向阳光处弯曲	充分证明了向阳性这一特点
2016.5.1	许灏轩	蚕豆	植株越长越高	
2016.5.21	许灏轩	蚕豆	长出白色的花苞	
2016.5.25	许灏轩	蚕豆	开出很美的花，像展翅的蝴蝶	
2016.6.10	许灏轩	蚕豆	结出小小的果实，扁扁的，绿绿的	
2016.6.20	许灏轩	蚕豆	果实大了些，也鼓了些	
2016.7.10	许灏轩	蚕豆	豆荚更大了，也显得饱满了许多	
2016.7.25	许灏轩	蚕豆	蚕豆成熟了，摘下豆荚，剥开，里面躺着三个蚕豆宝宝，可爱极了	

【蚕豆观察日记】

2016.3.18,下午,我把蚕豆种子从商场里买来,兴致勃勃地拿出一个透明的大碗,将水注入碗里,之后一个一个地把蚕豆种子放入水中。

2016.3.21,将蚕豆种子浸泡大约 18 小时以后,我便拿出以前做水果拼盘的盘子和一块旧抹布,上面放上水,将蚕豆种子铺在上面。

2016.3.23,大喜!终于有一个种子中的胚根冲破外壳,露出小白点。这个蚕豆早早地准备将自己的胚根长成植物的根。

2016.3.26,其他种子也跟着这个早长出根的种子,一起冒出胚根来,仿佛要比一比谁长得最快。不过,到现在还是那个第一个长出根的种子的根略长于其他种子。

2016.4.6,快看,快看!!有一些胚根与子叶的交接处出现了一点点绿色的东西——胚芽。胚芽将长大变成茎和叶!这又是一大突破!

2016.4.15,哈哈,在今天,发生了一件可笑的事情:根最长的那个蚕豆因为根太长而把根扎到一块布中间的缝隙里去了!扒出来一看,只见这个蚕豆的根上有一个小黑圈,像是刚刚抽过的烟头似的,告诉你吧,这黑点的位置就是原来把根扎进布的缝隙里时抹布的平面!

2016.4.20,芽越长越长,在右边,那个可笑的事情又发生了:有一个粗壮的跟直插入布下面。现在,它已经长得大约有 6 厘米长了。

……

此外,鼓励孩子们与家长共同下载“形色”软件,利用周末时间,到公园、小区、路边,用软件扫一扫,能够认识不同的花花草草,并为自己新认识的花草做一张名片,将这些名片在班内进行交流,以期获得更大的学习效果。

(二)感受节气

我们引导孩子们搜集节气相关俗语、谚语,并了解它们背后的含义。如

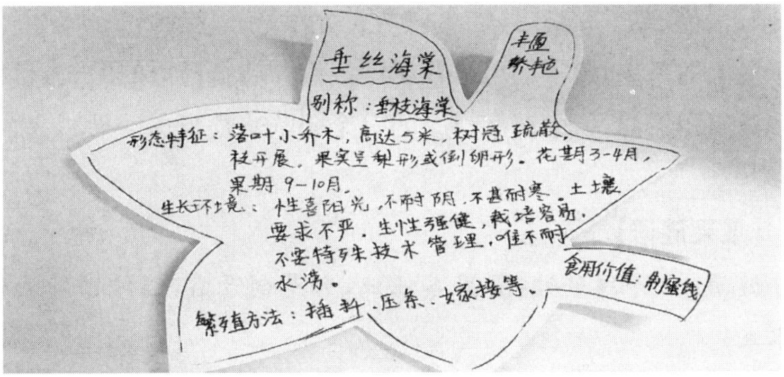

“春雷惊百虫”指的是温暖的气候条件利于多种病虫害的发生和蔓延，田间杂草也相继萌发，应及时搞好病虫害防治和除草工作。搜集完成后，鼓励他们制作一些图文并茂的俗语、谚语介绍图片，在年级内展示，这既加深了他们对这些内容的理解，又能增强自信心，还能调动全年级学生的积极性，可谓一举多得！为了将这一活动落到实处，不流于形式，我们继而在年级内开展“节气小锦囊”活动，凡能记住一条俗语及相关含义的同学即得“小锦囊”印章一枚，各班选出前十名，附上孩子照片与锦囊印章，制成锦囊树，于年级展板中展示。

清明，既是节气，又是节日。从清明的由来到踏青、扫墓风俗，处处皆学问。我们将清明活动分为两部分，一是参加学校组织的“纪念八十二烈士”的祭扫活动，缅怀英烈，不忘初心，砥砺前行！一是制作 PPT，记录与家人踏青的欢乐画面，与同学们分享春的惬意。

二、夏

古乐府诗集《子夜四时歌 · 夏歌》云：“情知三夏热，今日偏独甚。”夏季给人的感觉总是那么热烈，我们也要在这火热的季节带着孩子们忘情地挥洒汗水！

（一）又识自然

夏季的花儿并不比春天逊色，葵花、荷花、睡莲、紫茉莉、美人蕉、栀子、紫藤、茉莉、牵牛花……应有尽有。我们组织孩子们举办画展，画画他们喜爱的夏花,国画、素描、儿童画均可,还可以两人合作,一人绘画,一人题诗。

对于夏天的瓜果,孩子们可喜欢了。我们开展猜谜语的形式,自编谜面,集中呈现。组团猜谜,猜中谜底最多的一个团队奖励当季瓜果。

【瓜果谜语】

谜面:一个绿娃娃,肚里水汪汪,若是剖开看,红汁往外淌(打一水果)。

谜语解析:根据其外形猜,而且水分很多,流的是红汁。

谜底:西瓜。

谜面:小小灯笼树上挂,里面住满小宝宝(打一水果)。

谜语解析:满肚子小宝宝是解题的关键。

谜底:石榴。

谜面:弯弯藤儿架上爬,串串珍珠上边挂(打一水果)。

谜语解析:好多珍珠而且还串在一起。

谜底:葡萄。

谜面:圆圆身子似皮球,浑身长得绿油油,剖开地皮红水流,清爽可口赛美酒(打一水果)。

谜语解析:它的果实外皮光滑,呈绿色或黄色有花纹,果瓤多汁为红色或黄色(罕见白色),瓜瓤脆嫩,味甜多汁,含有丰富的矿物盐和多种维生素,是夏季主要的消暑果品。

谜底:西瓜。

谜面:红果子像打了蜡,美丽玛瑙树上挂,人人吃了笑哈哈(打一水果)。

谜语解析:说明果子是红色有光泽,像玛瑙一样。

谜底:樱桃。

谜面：土黄外皮包白果，岭南佳果易上火(打一水果)。

谜语解析：该水果和荔枝的吃法一样，主要分布于广东、广西、福建和台湾等省(区)。

谜底：龙眼。

谜面：圆圆形状似龙睛，一颗朱红值千金；红汁一流水灵灵，酸甜适口受欢迎(打一水果)。

谜语解析：酸甜水果是很少的。

谜底：杨梅。

……

(二) 田园体验

五月下旬或六月上旬，有条件的孩子可以来到农村，找一小块田地，用锄头锄开小沟，撒上玉米，培上泥土，施上肥料，再次培土，以后就是周末偶尔的浇水，静观其变了。不久，玉米就发芽破土了。它们的生长速度特别快，两三个月就可收获。这时，孩子们可以摘下玉米烤着吃、煮着吃，还可做成玉米元宵羹，用料理机做成新鲜的玉米粥。那一道道含有自己劳动果实的美味，岂是平常的食物能媲美的?

(三) 玩转节日

夏季最重要的节日莫过于端午节与儿童节了。

端午节我们举行一次班会活动。前期进行小队分工，主要包括节日来源、风俗习惯、香囊制作、编织鸭蛋网、学包粽子、端午诗朗诵等部分。小队领到任务后，在队长的带领下，分工合作，各负其责。其间，孩子们需学会利用资源，如社区资源、家长资源，以便顺利完成任务。活动的呈现过程中，节日气氛浓厚，孩子们八仙过海——各显神通。他们还能创新，如包出了菠萝粽子、葡萄粽子、玉米粽子等，让人大开眼界。

儿童节正值夏季，对于五年级的孩子来说，可以过一个更有特色的儿童节。在充分征询孩子们意见的基础上,我们开展了"夏日服装秀"活动。他们脑洞大开,有现有服装改制版,有自行裁剪缝制的,有纸板服装,有皱纹纸服装,有塑料袋服装,有旧报纸服装,花样繁多,色彩鲜艳,创意十足,不少设计还体现了低碳理念,我们唯有啧啧称赞!

(四) 缤纷小食

炎热的夏季,怎可少了爽口小食?想起来就令人垂涎欲滴!水果拼盘、水果沙拉、自制冰棍儿……几乎把厨房"搬"进了教室。

三、秋

《说文》里提到:"秋,禾谷熟也。"《尔雅》这样说:"秋为白藏。又,秋为收成。"秋是丰收的季节,我们的孩子们也要在这沉甸甸的季节里收获不一样的知识。我们让孩子观察秋天树木叶子的变化,如柿子树、樱花、山楂、枫树等的叶子逐渐变红或变紫,并将大自然赐予的缤纷秋叶收集起来,发挥想象力、创造力,用剪刀、胶水,将这些树叶组合成一幅幅栩栩如生的艺术图画。

我们让孩子观察动物的生活变化,如孩子们在这个季节,都会与蚂蚁来场"约会"。他们静静地蹲在地上,或趴在地上,用手中的面包屑轻松地吸引来一群群蚂蚁,看着它们如何传递消息,群策群力,不辞辛苦地将美食搬运到洞中。

我们让孩子感受秋天收获的喜悦。在淮安，稻谷最为常见，到了稻谷成熟时节，田野一片金黄。老家有田的孩子带着同学们，一起到乡下，看看那累弯了腰的稻谷，动手收割一部分，看着它们如何脱穗，如何脱壳。再亲自煮上一锅最新鲜的米饭，别提多开心了！果园里的丰收景象同样令人振奋。

重阳佳节，让孩子们为自家的老人做些力所能及的事，以表达孝心；或者带孩子们进养老院。

四、冬

《晋书・天文志上》记载："冬天阴气多，阳气少，阴气暗冥，掩日之光，虽出犹隐不见，故冬日短也。"冬，总给人萧索之感，好在"冬虽隆寒逼人，而梅白松青，装点春色；又感六花飞絮，满地琼瑶"。别有一番景致。

寒冷的冬天，小区里一般在每年的 12 月 1 日左右开始供暖。那么这暖气的工作原理是怎样的？为了弄清楚这个问题，孩子们采访铺地暖的工人，上网查询，又采用建筑工地画图纸的形式，将供暖系统画下来，配上简单的文字，取名曰"供暖的秘密"，张贴于学校橱窗。课间，围观者众多，不时指指点点，图纸制作者则得意地欣赏着这一热闹场面。

雪是冬天最美的景物。孩子们爱看雪，爱玩雪，或打雪仗，或堆雪人。

……

节气育人价值的综合开发*

张会爱**

二十四节气反映了季节、气候变化的规律,对我国的农业有着很好的指导作用。经过千百年的发展,二十四节气已经融入人们的日常生活,影响着人们的衣食住行等一系列的活动,它的价值是不容忽视的。本文试图以三年级开展的"探索立夏"主题活动为例,谈谈节气育人价值的综合开发。

一、活 动 背 景

经过三年的学习生活,三年级学生的视野逐渐开阔。随着年龄的增长,书本知识和简单的班级活动已不能满足他们的成长需求。他们对许多自然现象、科学知识充满了好奇,从学习书本知识渐渐转向对未知生活的探索,但在探索未知世界的道路上他们是迷茫的、无序的。那么,应如何引领学生开展班级日常活动?如何选择活动主题?如何开展班级活动?学生在活动中的成长需求又是什么?这是笔者和孩子们一直以来在努力思考和探究的问题。

2016 年,在上海召开的校园四季系列活动策划会为笔者开展班级日常活动打开了新的思路。叶澜教授在会议中提到,一年有四季,春夏与秋冬,周而复始,年年轮回。一年中的二十四个节气,是中华民族对人类与自然关系解读的伟大创造,富有中国智慧,体现了"天地人事"的关联思维,充满智慧和

---

* 本文系"二十四节气系列活动"课题的阶段性研究成果。

** 作者简介:张会爱,深圳市光明新区玉律小学语文高级教师。

情趣。二十四节气中饱含多方面尚待深度开发的育人价值，如对自然的亲近、探索、发现、表达和交流，对传统文化、精神命脉的接续，对健康、达观人生态度的节律式养成等。于是，笔者结合本校的校园四季系列活动——“美丽春天节”“缤纷夏天节”“向上秋天节”和“温暖冬天节”，以节气和节日为主题，引领孩子们有序地、有目的地开展班级日常活动，从而进一步拓宽孩子们的成长之路。

二、学 生 实 际

从二年级上学期开始，本班即进行小队建设。一开始，学生在老师的引导下开展校内活动，如“小队齐亮相”“我与春天做朋友——识花、爱花、护花”“谷雨时节我入队——小队合作增快乐”“唱响班班有歌声‘前奏曲’——歌声飞扬”“缤纷社团秀——我能我秀”“班班有歌声——秀我风采”“毕业季——大手牵小手，感恩有你”。小队日趋成熟后，小队活动的空间由校内扩展至校外。在二年级下学期，本班开展了假日小队系列活动周末故事会系列、周末课本剧剧场、周末读书会等。慢慢地，学生喜爱集体生活了，已有了小队归属感和荣誉感。从三年级起，班委开始建立，但班干部以自己为中心，做事时仍会显得随意和盲目。随着“探春系列活动”的开展，学生开始有了自己的主张，有了初步的策划能力和自主管理能力，队员的合作意识和小队长的组织能力不断提升，为后面班级日常活动的开展奠定了基础。但从细微处看，队员间也出现了不和谐的声音，大多数学生不会解决人际交往中的困难，解决问题的能力也较弱，队员间的合作程度处于表层化状态。这就需要加强班级建设和队干部的培养来解决存在的问题。

三、班级发展目标

综合上述活动背景及学生成长中存在的问题，本学年，本班将以校园四季系列活动为载体，通过活动的推进，提高小队合作意识、人际交往能力及解决困难的能力；建构班委管理下的班级组织，培养小干部的策划能力，加强小队间的合作,让班级成员在立体的班级关系网络中形成新的定位;引导学生通过参与小队主题活动的探索,拓宽学生的视野,了解并弘扬中华传统文化。在三年级第二学期开展了探春和嬉夏系列活动。

(一) 小笋芽探春系列活动

1. 探寻家乡春节习俗。
2. 分享家乡春节习俗。
3. 桃花红,黄鹂鸣,我们一起话惊蛰。
4. 春天里,接受传统文化的洗礼——九龙山实践活动。
5. 春天里,我们邀你一起走进“物语世界”(年级活动)。
6. 策划“探清明”活动方案。
7. “探索清明,传承文化”总结分享会。
8. 不见雪飞舞,静听雨无声,谷雨时节话农耕。

(二) 小笋芽嬉夏系列活动

1. “探索立夏”活动策划推进会。
2. “立夏是什么?”活动总结分享会(本次活动)。
3. 粽叶飘香话端午。
4. 我的“六一”我做主:盛夏水果大拼盘。
5. 夏天里,安全伴成长。
6. 小暑到,防暑知识知多少。

四、活动推进过程

(一) 活动准备阶段

学生通过查找资料、制作手抄报、采访家人等活动,先对立夏这个节气有个大致的了解,为小队确定活动主题奠定基础。

1. 查找资料,绘制手抄报

根据班级的夏季系列活动计划,进入夏季的第一个节点活动是“小小笋芽，乐享立夏”的主题活动。4月26日，开展探索立夏的活动就拉开了帷幕。学生通过查询网络、书籍和采访他人了解立夏知识。资料搜集完毕便着手筛选资料，并结合资料绘制立夏手抄报。班委将手抄报展示在走廊展板上，供大家阅读学习，使学生在交互学习中更全面地了解立夏。

2. 小队协商，确定主题

对立夏有所了解后，各小队在小队QQ群里协商确定自己小队的活动主题和活动目的(如表1所示)。为避免各小队活动主题的重复，已经确定好活动主题的小队应尽快将主题公布在班群里。班主任则扮演好指导者角色，对小队提出针对性的建议。例如，天马小队的宾宇翔家有个果园，很适合开展有关农事的实践体验活动。在班主任的建议和家长的支持下，天马小队的主题活动确定为“进田间，知农事”。

表1 各小队活动主题及活动目的

小　队	小队长	活动主题	活动目的
天马小队	钟文婷	进田间，知农事	了解农作物的生长情况与立夏的关系；体验简单的农事活动
大雁小队	冯文君	做立夏五色饭	了解并传承立夏的饮食文化；学会合作解决困难
蚂蚁小队	张芸逸	品尝树三鲜	
熊猫小队	戴彧茜	品尝地三鲜	
白鲸小队	吴应玲	编辑“立夏知识大全”	了解立夏习俗、立夏养生、立夏农事、立夏诗词知识，团队合作制作PPT
雄鹰小队	邹馨棋	吃蛋、绘蛋、斗蛋	了解立夏的习俗文化；在节气里玩出快乐，玩出智慧

(二) 活动策划阶段

学生在此阶段将综合应用所学知识，探索未知领域，开展展望成长的愿景活动，制订小队活动计划，提升自主规划能力。

1. 队员根据小队的活动主题及活动目的，进一步了解相关的立夏知识。学生查找资料的能力有限，班主任有必要为学生提供一些相关网址，或把搜集到的资料共享到班群里,便于学生查阅。

2. 各小队在小队长的组织下策划活动方案。初定的方案尚不成熟,能否实施还得考虑父母有无空闲时间。学生把初定的方案上传至小队QQ群里,班主任和家长们协商后再确定方案。

(三) 活动实施阶段

各小队利用周末时间执行活动方案。天马小队走进田间了解农事,观察农作物的生长态势。大雁小队、熊猫小队和蚂蚁小队各自采购立夏最新食材,下厨制作美食、品尝美食。白鲸小队先按立夏习俗篇、立夏养生篇、立夏农事篇、立夏诗词篇分组制作,再把作品合编成“立夏知识大全”。雄鹰小队体验了煮蛋、绘蛋和斗蛋的游戏。在实践体验中,学生亲近自然,用心探索,理解并感受了节气生活,学习了节气文化。具体过程为:

1. 各小队根据小队方案参与活动;

2. 家长做好安全保障和技术指导工作;

3. 各小队队员集中交流、分享收获,做好活动记录表,评选出两名优秀队员;

4. 小队长组织队员写好总结汇报稿,选定汇报人员。

(四) 总结分享阶段

在准备、策划和实施三个阶段中,队员基本上是在自己的小队中开展活动,探索立夏的范围就具有一定的局限性。再有,学生开展活动的形式、遇到的困难、解决问题的思维方式各不相同。重建班级生活,正好弥补了这种不足。把小队活动上升至中队活动,分享彼此的收获体会,能拓宽学生的认知领域,从而提升探索知识的能力。

1. 热身活动

(1) 收看《小喇叭》频道,感受春天里的成长历程。

(主持人边解说边播放活动照片)

瑞瑶:春天里,柳树吐绿,黄鹂鸣唱,三(4)班的“小笋芽”走过春天,拥抱春天,与万物一起共同成长。开学了,我们从四面八方赶来,一起分享家乡的春节习俗。

……

安博：我们走进春天，倾听春的声音。一枚枚“物语书签”记录着我们对春天的发现。清明时节，我们探寻清明文化，度过了一个难忘的清明节。

(2) 回顾“乐享立夏”的活动瞬间。

瑞瑶：在美丽的春天里，我们收获了知识，收获了成长！现在，我们告别春天，迎来夏天。走进立夏，我们又做了什么呢？大家一起来回顾吧。（播放活动照片）

【设计理念：一个季节的结束意味着下一个季节的开始，结合季节的变更激发学生对新生活的期盼。本活动与班级的中队内涵建设相结合，通过展示活动照片回顾“小笋芽”在春天里的成长历程，勾起学生对前期活动的回忆。】

2. 谈话导入，揭示主题

(1) 主持人揭示主题：小小笋芽，乐享立夏

(2) 主持人宣布优秀小队评价标准及活动流程

【设计理念：活动的开展与小队的建设紧密结合，通过评优促进小队的成长。】

3. 核心推进，点拨指引

(1) 白鲸小队汇报，天马小队点评。

A. 白鲸小队汇报

齐呼口号：白鲸小队，心怀梦想，加油！加油！我们是最棒的！

瑞瑶：大家好！我们小队的主题活动是“立夏知识我编辑”。立夏，是夏季的第一个节气，表示盛夏时节的正式开始。

应玲：通过查找资料，我们发现立夏这个节气蕴含着非常丰富的知识。我们先按立夏习俗篇、立夏养生篇、立夏农事篇、立夏诗词篇分组制作 PPT，最后将四个组的 PPT 合在一起制成“立夏知识大全”，并把 PPT 放在班群里供大家阅读。我们小队开展活动的时候遇到了很多困难，现在请我们小队的队员说一说。

子仪：有些队员迟到了，找不到我家，我们就安排家人去接他们，保证他

们能顺利找到我们活动的地点。

亚斌：一开始我们不会做PPT，我们想放弃不做了，后来在刘之谦妈妈的指导下把PPT做好了。

之谦：我们在网上收集资料，一开始只找到一点点立夏的资料。后来张老师给我们提供了几个网站，我们在网站上找到了很多资料。我们非常感谢张老师。

隽煜：大雁小队、蚂蚁小队、熊猫小队探索的是立夏的美食。我在编辑“立夏养生”时了解到立夏有“尝新”的节日活动。苏州有“立夏见三新”谚语，三新是指樱桃、青梅、麦子。

应玲：谢谢同学们的补充。编完“立夏知识大全”，我们还朗诵了快板诗《二十四节气歌》呢。现在我们给大家展示一下。

瑞瑶：我们小队最大的亮点是敢于探索、勇于挑战，再大的困难也不怕。

合：我们汇报完毕，谢谢大家。

B. 天马小队点评

安博：看完你们传到班群里的“立夏知识我编辑”，我了解到了更多的立夏知识，比如在古代，人们非常重视立夏的礼俗，在立夏的这一天，古代帝王要率文武百官到京城南郊去迎夏，举行迎夏仪式。在活动记录表上看到，你们不会把字打在PPT上，你们是怎样解决这个问题的？

瑞瑶：在网上找到资料以后，把字复制下来再粘贴在PPT上就行了。

师：大家在汇报分享和提问交流中，了解到了更多的立夏知识。(板书：拓展知识)

欣宇：虽然你们遇到了很多困难，但你们都不放弃，很团结地把事情做好，我要向你们学习！

师：欣宇能欣赏他人的长处，真是好样的。欣赏他人、团结合作是非常可贵的品质。(板书：欣赏他人团结合作)

星材：你们的诗词篇找的资料有些少，你们可以多找一些。

瑞瑶：我不同意你的观点，我们当时就想多放一些诗词嘛，可后来刘之谦的妈妈说放得太多字就太小了，所以我们就只放了两首。

陈乐：我要向白鲸小队提个建议，你们在朗诵的时候不要在房间里，会有回声，耳膜受不了的，你们可以在客厅里练习啊。

师：你在向他人提建议的时候学会了思考，同时也找到了解决问题的好办法。深入思考、解决问题是学习中不可缺少的哦。（板书：解决问题）接下来，大家认真倾听，相信你的点评会更加精彩。

(2) 蚂蚁小队和熊猫小队汇报，白鲸小队和大雁小队点评。

(3) 大雁小队、雄鹰小队和天马小队汇报，雄鹰小队、熊猫小队和蚂蚁小队点评。

(4) 评选颁奖

（自评、互评、班主任评价）

【设计理念：1. 学生在小队的互动交流中进一步了解立夏文化，激发探索节气文化的兴趣；2. 通过总结分享活动，培养学生归纳总结的能力和语言表达的能力，同时在交流中，欣赏他人的长处，提升小队合作意识，培养自主解决问题的能力；3. 树立榜样，发挥优秀小队的引领作用，让班级成员在立体的班级关系网络中形成新的定位。】

4. 后续延续，提升能力

（学生谈收获体会）

师：同学们，在立夏这个节气里，你们勇于探索和实践，不仅了解到了立夏传统文化，还得到了锻炼，懂得了团结合作，学会了欣赏他人，遇到困难能想办法解决，张老师觉得你们长大了。端午节就要到了，老师期待你们的下一次活动，期待你们的再一次成长。这次班会到此结束，谢谢大家！

【设计理念：鼓励学生及时反思，为下一次的活动作准备。】

五、育人价值与探究方向

人文资源的开发在生活中十分常见，如民俗、节庆、历史资源等，但也特别容易被忽视。许多教师认为生活中常见的人文资源无法挖掘出具有新意的育人资源，因而有意无意地淡化了此类型资源的开发与整合。

“新基础教育”认为，学生所在的具体国家、城市、地区有其丰富的历史文化资源，其富含着的人文资源，都可以成为学生工作所关注、研究和开发的内容。我们认为人文资源的独特育人价值在于能够丰富学生的精神内涵。

1. 内容习得价值。通过学生自发自主地展开对文化历史的学习与了解，理解文化的博大精深，拓宽精神视野，提升自身的文化素养，并在学习过程、学习结果上有新的收获、新的发展。

2. 文化传承价值。在文化习得的基础上自觉地接受文化熏染，按一定的文化规则学习和生活，并结合实践对所习得的文化知识进行传播，让文化精髓能够流传下去。学生在活动过程中真正扮演文化使者的角色，并通过分享与传播了解更多的文化类型。

3. 时代创新价值。在不同的时期，尽管文化的内核稳定不变，但文化的表现方式、呈现形式却有所不同。学生结合实践，在活动过程中创造性的探索二十四节气相关的文化知识，可以为传统文化赋予新的精神内涵。

人文资源的开发类型有很多，在地域上看，可以有本地文化资源开发，如当地特有的风俗人物探访；本国文化资源开发，如传统节气活动；全球性文化资源开发，如世界性节日赛事活动。从主题上看，可以有人物类，如名人纪念；有风俗类，如特有的名胜标识探访；有节庆类，如六一儿童节、万圣节、中秋节、春节等庆祝活动，如此等等，可谓纷繁复杂，不一而足。

因此，如何有选择地开发文化资源，充分挖掘人文资源的育人价值，值得探讨。笔者认为要鼓励全体学生进行具体实践与探究。

整体规划。前面提到文化资源众多，如果不加以分辨，照单全收，不仅没有价值，而且会因为内容重复给学生带来负担，因此班主任老师一定要进行统筹规划，结合本班实际有选择地开展相关活动。一方面是保持相关节奏，形成一定的节律，不能太多太满；另一方面要考虑年段特点，围绕同一文化资源，在不同年段构建不同的教育主题，提出不同的教育任务，切勿出现同一个节日，年年都过、年年一样过的情况。同时要对文化资源的开展进行有效规划，避免重复开发。开展“探索立夏”这个主题活动，为避免各小队活动重复，通过QQ群将事先定好主题活动的小队及时公布出来，并通过教师的有效介入，促使学生从不同层面对主题资源进行开发。

实践探究。常见的问题是对文化资源的开发仅仅停留在资料搜集层面，这是不够的。青少年学生更需要的是体验和实践。因此，要广泛深入地动员学生加入到相关活动探究上来。这次探究活动特别可取的一点是为各个小队明确了具体的活动任务，无论是“进田间、知农事”，还是做“立夏五色饭”、品尝“地三鲜树三鲜”，还是在玩吃蛋、绘蛋、斗蛋，都巧妙地将立夏文化融入具体有趣的活动中来，不仅调动了学生的兴趣，而且深化了学生的体验。

合作共享。文化是博大的，文化是多元的，文化的生命力在于交流和传播。在交流中，学生们对文化的不同样态、不同表现形式就会有更多的认识，有利于他们对文化的理解与认同。组织学生围绕立夏不同的侧面进行开发分享，同时强调小队之间的互评，有利于克服盲区，深化认识。

二十四节气作为中华民族独有的文化，历久弥新，将会持续影响中国人的衣食住行和精神生活，将成为中国人民享之不尽的宝贵精神财富。我们将继续积极实现节气活动的重心下移，与班队活动、班级文化整合融通，让学生在群体活动和小队活动中进一步成长。

探寻有生活味的四季

高梦菲*

四季活动散发着浓浓的“新基础”味道。究竟是什么味呢？四季活动是依托春、夏、秋、冬四个季节及其变化所蕴含的独特而丰富的育人资源，组织学生开展的观察、探究、欣赏、创作和展演等系列实践体验和分享活动。我们寻着四季味，力求班级活动打破单一的活动思维定式，让孩子走进自然、亲近自然的同时提升教育综合育人功能，培养学生的综合能力。

一、四季系列活动主题的思考与框架的构建

叶澜教授提出以自然四季及其背后的中华传统文化为主线来策划学生活动的建议，期望通过校园四季活动的整体设计，统整自然与文化资源，引领与促进学校生活的深度再造，以综合活动的方式作用于学生的全面成长，促其从有序节律走向基于生命成长的融通与人文。那么，班级的四季活动基于这个大方向，又该如何设计与实践呢？

在前期的调查问卷中，我们发现小学中年级的孩子们对于四季的认识仅仅停留在表面阶段。我们召开了班级访谈会，通过回顾和梳理原有的班队主题活动，表达对班级活动的参与体会，各小队纷纷畅谈对于四季的想法。孩子们的反馈集中表达了这样的意愿：希望四季是好玩的，有趣的，能够让他们了解更多有关四季的知识；希望能有有个性的展示舞台，并且能够帮助他们了解与生活相关的常识。经过充分听取“民意”以及年级班主任的集中“会

---

* 作者简介：高梦菲，厦门市前埔南区小学教师。

诊”，基于年级学习内容、年段成长目标、学生认知规律等，在年级组长的带领下，我们设计出“年级四季方案”。从四季的“外显形象标志、内在季节资源、学期生活节律”等要素上进行较为全面的顶层设计，最终确定了春夏秋冬与衣食行住相结合的实施策略，确定了“特色春服我来秀”“舌尖上的夏日”“品秋行动”“冬的温暖”四个各具季节特色的主题，使每季的活动有主题、有目标、有特征、有内容、有生活味。

二、基于“新基础教育”理念的四季活动策划

（一）年段四季活动实施策略的原则

1. 聚焦孩童的世界，以孩童的视角去探寻四季

我们认为四季活动的策划应取之于学生们的想法，因为活动的影响力要通过学生自己去实现。我们要把话语权、选择权、创造权还给学生。看哪些活动是孩子们喜欢的？为什么喜欢？可以怎样推广？如何在此基础上对四季活动蕴含的独特育人价值进行定位与开发？在实施过程中，我们改变了以往由教师一手操办，学生被动参与的局面，将活动的设计权、参与权等还给了学生，使活动的策划与设计、实施与体验等环节发挥综合的育人价值。

2. 贴近孩童的特点，让四季活动充满生活味

孩子们喜欢有趣、好玩、有创意、富有挑战性的活动，这样的活动能够激发学生主动参与其中的热情，迎合学生好奇、好玩、好表现的心理需求。活动内容丰富，形式灵活多样，能够提供给学生足够的时空去选择和创造。更重要的是活动充满了浓浓的生活味，贴近学生正在进行的生活，带着孩子们走进大自然真切地感受四季的特点与变化，走进生活，了解当下生活的智慧和情趣。

3. 充分挖掘四季活动独特的育人价值

首先，四季活动有着独特的自然特点，我们通过组织学生听、闻、看、触、尝，丰富对季节的感知，并在对比中发现、聚焦季节特征，体验大自然的丰富和美丽，感受生命成长的神奇；其次，收集利用大自然提供的资源，在动手实践中提升学生的创造能力和表达能力，提高审美能力，激发学生对生活的热

爱,丰富生活的情趣;再次,多角度引导学生收集资料、寻访探究,如从人与自然、人与社会、人与自我等角度去了解四季相关的自然特点、节气交替、民俗风情、节日节庆、生活习惯、人文作品(音乐、书画、文学等),传承中华传统文化;最后,围绕季节的特点开展生活指导,引导学生思考在不同季节中会遇到的问题,想办法解决季节变化带来的烦恼,丰富学生的生活经验。

(二)年级四季活动活动案例

目前,三年级已经进行了探春和嬉夏两个系列的活动,整体设计如下:

【“特色春服我来秀”】

阶段一:走进春天

1. 春天在哪里?(春天在眼睛里、春天在歌声中、春天在诗词间、春天在笔尖下……)

2. 看,我们找到的春天!

阶段二:乐在春天

1. 春服设计进行时

2. 春服 DIY 进行时

3. 特色春服我来秀

4. 班级布置展春意

【“舌尖上的夏日”】

1. 夏日食材我了解

2. 夏日食材共分享

3. 夏日美食 DIY 策划会

4. 夏日美食 DIY 进行时

5. 舌尖上的夏日

6. 夏日食谱我制作

一个系列的活动内容并不是一成不变的,我们在活动的过程中不断地动态生成,根据学生的实际情况进行调整,在活动中层层深入,逐步丰富学生的感知，加深学生的体会，培养学生的综合能力。以下是三(8)班嬉夏系列活动之“舌尖上的夏日”的具体活动设计：

“舌尖上的夏日”具体活动设计

一、活动目标

1. 让学生在活动和交流中，进一步感受夏季食材的丰富，了解夏天的健康饮食知识。

2. 通过美食活动，提高学生的选食能力、小队合作能力，丰富生活经验。

3. 借助推荐美食的活动，促进同伴间的相互欣赏，肯定学生的进步，让学生富有成长感和自豪感。

二、制定依据

（一）学生分析

三(8)班是一个充满活力的班集体，孩子们活泼可爱，充满表现欲，但是班级学生两极分化的现象比较严重，一部分学生组织策划能力比较突出，有的担任班级部门的工作，有的还尝试担任班级的“小老师”，在他们的参与下，班级各方面常规工作能井然有序进行。而有一小部分学生的自我管理能力较弱，自主意识又强，经常制造出一些问题。进入三年级，班委们逐渐学会捕捉班级需要解决的问题。在开学初制定本学期的主题活动时，我深入了解他们的想法。一部分学生只想要好玩的、有趣的主题活动，而一部分学生已经能从他们的不足去思考他们想要的主题。比如，他们发现在课间同学们一流汗就急着把衣服脱掉，又忘记在适当的时候及时穿上衣服，这样非常容易感冒。一些生活经验或常识的缺失问题已经引起了关注。于是，我试着引导孩子们从衣食住行去思考我们班的主题活动。在经历一次次活动后，虽然学生在活动中积极主动地表现自己，但是缺乏同伴之间的相互学习。我们发现学生能对自我进行肯定，但是缺乏对同伴的肯定。希望能够借助更多的活动，引导他们彼此欣赏，同时提高他们的动手能力、小队的合作能力。

(二) 背景分析

在前期的探春活动中,我们通过“特色春服我来秀”活动,引导孩子设计春服,品味春天的内涵并丰富学生的生活经验。在活动中,春服的设计得到了同学们和家长的认可,他们认为通过这样好玩有趣的活动能够丰富他们的生活经验,提高他们的生活技能。同时小队的合作能力和凝聚力也在逐渐增强。随着时间的推移,孩子想从春天的活动中迁移到夏天来,开放性的思维再次体现出来,有的说要做夏天的帽子,有的说要做夏天的美食等。我再次把这个问题交给班委“智囊团”,他们经过调查发现:我班同学在去年夏季经常出现的问题有流鼻血、扁桃体发炎、中暑、拉肚子、食欲差等。南方的夏季特别长,孩子们现在正是长身体的重要阶段,如果生病了不但自己难受,而且影响到自己的身体发育,还影响到学习。如何在这个炎热的夏季健康快乐成长呢?他们知道引起这些问题的原因很多,很重要的一点是饮食问题。于是“舌尖上的夏日”系列活动应运而生。

此项活动既丰富了同学们的课余生活,又让孩子了解了夏天的健康饮食知识,培养了学生的动手能力和小队的组织策划能力。这里有创意无限的手工美食,有别出心裁的水果拼盘,每道美食都散发着夏天的气息。

三、活动过程

(一) 开放式导入

1. 播放收集小队制作美食视频。

2. 引入本次活动主题。

(二) 核心过程推进

活动一:秀美食

1. 组织各小队上台推介美食。

2. 激发学生参与活动的热情。

茉莉花队:甜蜜西红柿(广告词)

铃兰花队：苦瓜总动员（连环画）

向日葵队：水果西米露（PPT）

迎春花队：四果汤（视频）

幸运草、玫瑰花队：美味寿司（PPT）

荷花队、喇叭花队：凉拌藕片（现场秀）

小结：各小队为我们呈现了如此诱人的美味佳肴，我们知道夏日饮食应以清淡为主，瓜类含水多要多吃，还要增加一些苦味食物，注意补钾补充维生素，冷饮要节制，等等，不知道哪些美食能够得到大家的青睐？

【设计意图】　回顾小队制作美食的温馨画面，唤起学生参与活动的回忆，激发学生参与的热情。

活动二：赞美食

1. 组织小队讨论：你最喜欢哪些美食，为什么？并填写点赞卡。

要求：

A. 小队讨论最喜欢哪些美食，为什么？用关键词把理由写在点赞卡上。可以对自己的小队点赞。

B. 队员轮流发言，提出自己的想法。

C. 记录员做好记录。

D. 填写完请小队长把它们贴到展示板的相应位置。

美食名称＿＿＿＿＿＿＿＿

理由：＿＿＿＿＿＿＿＿＿＿＿＿＿＿＿＿

＿＿＿＿＿＿＿＿＿＿＿＿＿＿＿＿＿＿

2. 组织学生展示点赞卡并汇报。

3. 丰富生活经验，进行现场对话。我们已经获得了不少的美食经验，你还有什么建议想对同学、家人说吗？

4. 教师适时介入点拨。

小结：我们的食材这么多，为什么你们选这些食材呢？怎么合理地进行饮食呢？

【设计意图】 提供个性的舞台，让孩子们的作品和创意得到展示。

活动三：夸小队

1. 组织个别小队上台分享制作美食的收获和成长。

A. 你想夸夸自己什么？

B. 你想夸夸队员什么？

C. 你想夸夸小队什么？

2. 组织学生肯定和欣赏他们的成长。

【设计意图】 肯定学生的进步，激发他们的成长感和自豪感。

(三) 开放式总结延伸

说一说准备为谁制作美食？做什么？为什么？分享夏日饮食健康的相关知识。

【设计意图】 让学生把学到的本领用到日常生活中，与家人分享，表达对家人的爱意，增加感情交流。

三、四季活动的经验与思考

(一) 四季活动对生命成长的激发

春夏秋冬，每一个季节都蕴含着大量独特而丰富的育人资源。我们通过探春和嬉夏系列活动，真切感受到孩子们的兴趣高涨，同时通过这些活动，我们惊喜于孩子们的成长。我们发现，每次季节转换都会给孩子们带来不同的生活体验和期待。我们的活动，基于学生已有的经历，帮助学生进一步去发现每个季节的独特，去体悟每个季节的美好。四季的更替是自然规律，在四季活动中，我们指导学生从多角度去探索相关知识，想办法解决生活遇到的问题，获取快乐、健康的成长体验和生活经验。培育学生热爱生命和生活，肯定自我，从而滋养学生的生命成长。在后续的活动中，我们将和孩子们一起对所面对的生活世界不断进行理解，扩展经验，形成智慧，从思想走向行动，从理解走向实践，让生活与成长更美好。

（二）四季活动对家校生活的更新

学生、家长、教师是四季生活的创造者和经历者，丰富的校园生活会在家庭中持续延展与发扬。“特色春服我来秀”的探春活动，激发了孩子们的创作灵感，他们学会如何选择衣服的材质，学会如何搭配衣物，悄悄地改变了“家长说的算”的现状。“舌尖上的夏日”的嬉夏活动，培养了孩子的烹饪兴趣，不再当一个饭来张口的小皇帝，在暑假期间体验了一回“当家”的感觉，体会家长的辛苦付出。家庭生活于不知不觉中慢慢更新，家长和孩子的互动更加积极有效，家长对学生的奇思妙想充满了欣赏，对学生的自我成长充满欣慰。在家庭生活中孩子们有了更多亲近自然、动手实践的机会，充满了浓浓的生活味，留下了成长的足迹。

创生“第四教育世界”*

——学生暑假生活研究的价值追求与教育实践

李家成**

学生寒暑假研究可以创生一个不同于学生家庭教育、社区教育和学校教育的新教育世界。以“你好，暑假！”项目为例，它关注学生在假期里的休息、调整，注重其自理自立的生活，强调学生在家庭、社区、社会、自然世界中的角色，继续发展其学校所学，并最终促使学生学会成为自己的主人。“你好，暑假！”项目组以教育性实践的方式运作，体现自愿参与、基于班级或学校的研究过程与个性形成、学术性与实践性的高度融通与互生，进而促成所有参与者的发展与“第四教育世界”的逐步清晰。

在“生命·实践”教育学派建设和“新基础教育”学生发展研究的背景下，2015 年 6—9 月，本文作者与常州市新北区龙虎塘实验小学的“幸福八班”学生、家长和教师一起，第一次探索了暑假生活与学期初生活变革，并在 9 月开学初参与了该班级的现场研讨。① 2016 年本文作者邀请常州、上海、青岛、厦门、深圳等地的“新基础教育”实验学校合作开展研究，并于 9 月在龙虎塘实验小学召开了首届“学生暑假生活与学期初生活重建研究”全国现场研讨

* 本文系中央高校基本科研业务费项目华东师范大学重大研究项目“建国以来中小学班级建设的中国个性与世界贡献研究”成果。

** 作者简介：李家成，华东师范大学教育学部教授，博士生导师，主要研究方向为班级建设与学生发展，学校、家庭、社区合作，教育学原理。

① 龙虎塘实验小学.展“中国个性”，对话“世界贡献”——记“中国班集体建设考察万里行”活动[EB/OL].[2018-03-31].http://www.xbedu.net/schoolNews/detail/53408.html.

会。[①] 2017 年 5 月起，本文作者与全国各地的校长、教师一起，继续以“你好，暑假！”为题开展研究。这样的投入值得吗？这样的努力有意义吗？这样的工作到底创生了什么？

在刚刚结束的“你好，寒假！”研究中，我们认为自己发现了教育变革的新空间，[②]能够在教育的缝隙处开展研究，并有限重建了教育的内涵与表达形态，[③]也在学生存在感研究、班主任领导力研究、家长教育自觉研究、校长思维品质研究等领域有了一定的突破。[④⑤⑥⑦] 在此基础上，“你好，暑假！”研究作为 3.0 版的学生暑假生活与学期初生活研究，致力于将“第四教育世界”清晰化，从而丰富教育的体系、内容、形态，从质变意义上拓展教育的边界，发展基于新对象的教育研究体系。

一、“第四教育世界”：从家庭、社区、学校到寒暑假

针对寒暑假的研究，本人曾从学校教育内部“缝隙”的视角认识其研究价值，这突出了学校教育自身的长程性；也曾从学校教育和家庭教育、社区教育间的“缝隙”角度探讨寒暑假研究的生态性意义。也有台湾学者在“中断还是延续”的意义上讨论寒暑假与学生学期学习的关系。[⑧] 但本文要强调的，是从人的生命全程视角认识寒暑假的独特价值。

---

① 吕珂漪，顾惠芬.重建学生的暑假生活和学期初生活——“学校日常生活中的学生发展”第二次全国现场研讨会议综述[J].班主任之友(中学)，2016(12).

② 李家成.以寒假生活与学期初生活研究开拓教育改革新空间[J].教育视界(管理)，2017(1).

③ 李家成.在教育的空隙处开展教育研究——以“你好，寒假！”之寒假生活与学期初生活研究为例[J].教育学术月刊，2017(6).

④ 陈才英，李家成.“我很重要！班级每个人都重要！”——论寒假生活与学期初生活重建中学生存在感的获得[J].现代教学·思想理论教育，2017(5).

⑤ 王怀玉.论寒假生活变革中的班主任领导力——以班级寒假生活项目规划与实施为例[J].现代教学·思想理论教育，2017(5).

⑥ 陈海敏.唤醒家长的教育自觉——以“你好，寒假！”学生寒假生活研究为例[J].现代教学·思想理论教育，2017(5).

⑦ 顾惠芬，钱丽美.寒假生活研究中校长的思维品质提升[J].现代教学·思想理论教育，2017(5).

⑧ 林进材.台湾地区学生暑假生活调查——兼谈对生长型教师培养的建议[J].教育学术月刊，2017(6).

这一思路的转换,要回归到具体的人的存在,探讨教育与人的生命的关系;但又不同于在人类发展意义上所做的教育史研究,而是具体化为个体的生命史。在此意义上,寒暑假期间的教育,就是“第四教育世界”。

“第一教育世界”是孩子降生以后就身处其中的家庭教育。来自父母的直接养育,在家庭中所接受到的全面的影响,是个体所进入的“第一教育世界”。在这个教育世界中,核心的教育关系发生在父母与孩子之间,以孩子的健康发育与基础素养发展为主要内容。这一教育将成为之后所有教育世界的底色和直接基础。

“第二教育世界”是孩子随家人或有一定行动能力之后自己进入的社区教育。在邻里的交往中,在社区里愿意陪孩子玩、愿意教孩子某些语言与技能的人的行为中,在社区所开展的各类活动中,都蕴藏着教育价值。核心教育关系,发生在孩子与社区人士之间;家长也依然在其中,并形成孩子、家长、社区人士的复杂交往关系。这是建立在“第一教育世界”之上、直接受其影响的,但也影响着“第一教育世界”;孩子从此要在两个教育世界的交融、合作或冲突中生存与发展了。

“第三教育世界”则是以学校教育为代表。这里有专业的教师专职于教育学生的工作,有专业的课程体系和教学活动,有专业的班级建设与校园活动,有独特的时空安排和人际交往,还有独特的评价甚至控制手段。核心性的教育关系,发生在学生与教师之间,并伴有同学之间、学生与自己和同学的家长之间、学生与自己或同学所在的社区人士之间的更为多元的关系形态,还会随着学科、学校活动等而与历史、文化、时代进行对话。进入这个世界之后,学生在“第一教育世界”“第二教育世界”中的所得又会在“第三教育世界”中被筛选、加工、整合、改造,从而开始保持与“第一教育世界”“第二教育世界”的批判、发展等关系。同时,孩子的“第一教育世界”和“第二教育世界”也由此而改变,因为孩子带着在学校所学的全部新信息、新思想、新方法、新行为、新关系而回家,回社区,学生与家庭、社区成员的关系和生活内容由此而大大改变。

从第一个寒假、暑假开始,“第四教育世界”就可能到来了。这个“世界”是前三个“世界”继续“纠缠”的地方:学校教育一定有影响力,无论是教师还是教育行政部门都会布置作业；但这个作业很可能不会被批改和评价，过程中也难有指导与帮助。家长会安排日常起居、衣食住行、外出游览等，但总会担心孩子的寒暑假作业，总想着孩子的补课、“学习”问题，而不可能如原初的“第一教育世界”那样自然而纯粹。社区也有寒暑假的教育责任，包括社区少先队的探索、各类社区活动的组织、社区治理的改进；但社区人士对于学生的影响力远不及教师和家长。于是，这个独特的“第四教育世界”就显出端倪了。在这个世界中，学生主要的交往对象涵盖前三个世界中的所有人，但又有亲密程度、交往方式的巨大差别，更有生活内容上的典型差异；学生个体也已发展到一定水平，其自我的介入度、发展的主动性、自我教育的自觉性，都大不同于之前了。

“第四教育世界”在当前远未得到充分研究，发育并不成熟。如何将寒暑假的教育价值与生命意蕴更好地实现，有赖于新的研究与实践范式的建立。

二、基于特殊性的教育价值取向：生发于学生的暑假生活

寒暑假是“学生”的“假期”。学生的身份必然影响我们对其中教育资源的理解和教育价值取向的确定。基于对暑假生活特殊性的理解，并借鉴联合国教科文组织 1972 年发布的《学会生存》报告中提出的“人类发展的目的在于使人日臻完善；使他的人格丰富多彩，表达方式复杂多样；使他作为一个人，作为一个家庭和社会的成员，作为一个公民和生产者、技术发明者和有创造性的理想家，来承担各种不同的责任”，[①]我们提出如下暑假教育的价值取向。

首先，孩子需要在假期里休息、调整。他不需要像平时那样早早上学、晚晚放学，不需要上一节一节的课，不需要每天紧张地完成作业；而可以有更充分的睡眠、更充裕的娱乐或游戏时间、更大弹性的时间安排。这对于个体生

① 联合国教科文组织国际教育发展委员会.学会生存——教育世界的今天和明天[M].华东师范大学比较教育研究所，译.北京：教育科学出版社，1996：2.

命的节律是必要的。家长和教师都不能再用“上课”的思路来认识和影响孩子的暑假生活。即便有不少家长将孩子送到各类兴趣班、辅导班,也都非常需要适量,需要充分考虑孩子的发展需要。在假期里,孩子的充分睡眠、自由玩耍的时间,需要有充分的保证。

其次,孩子需要学会自理自立地生活。暑假不同于寒假,因为很多父母依旧要上班而没有假期。会有学生被送回老家,会有学生更多跟随祖父母辈生活。因此,孩子的独立生活能力,就是在这阶段可以加强的。这包括形成自己的生活规律而不是混乱无序;学会安全、健康地生活,因此在家的风险排查与卫生习惯非常重要,而不能暴饮暴食、吃不健康的食品、不关注身边的各类安全隐患;自己衣食住行的整体安排与自理能力的全面提升等。在这方面,祖父母同样可以成为很好的导师,返回家乡的“候鸟儿童”同样可以继续发展。

再次,孩子需要学会成为家庭一员。学生要有自理意识,更要在家庭中学会交往、学会实践、学会发展。鉴于暑假的时间很长,学生主要回归到的是家庭教育世界,因此,非常需要分析孩子在暑假中的时空结构、交往关系、实践活动。以与祖父母一起生活为例,孩子可以通过与祖父母一起买菜做饭、操持家务,发展自己的生活素养和财经素养;可以通过对老人的访问、研究,感受家中老人身上蕴含着的历史文化气息;可以通过与祖父母合作开展相关阅读、表演、影视观赏、科学小实验等亲子作业,提升老人的继续学习意识;可以通过互联网的介入,将自己的小家与家族、亲戚朋友沟通在一起。

其四,孩子需要学会成为社区、社会、自然世界中的一员。暑假里,孩子不仅生活在小区、村庄里,而且生活在乡镇、村落、城市里,甚至生活在随着“行万里路”而延伸到的外省市、外国和生生不息的自然世界中。这里蕴藏着无限的教育资源,可以在孩子的行路中,在孩子的看、听、体验、思考中,在孩子与社会、自然的交互作用中,转化为儿童的发展资源。本文作者较早前曾与某学校、社区合作,推动形成基于社区的学生玩伴团、兴趣社、义工营、项目组,就指向于儿童在社区中的真发展、大发展。在刚结束的“你好,寒假!”项目中,各类历史文化资源,各类艺术科学资源,各类自然山川资源,在教师、学生、家长的合作中,源源不断地转化为个体与群体学生的发展资源。

其五，孩子需要学会成为学校的一员。学生在学校所学的本领需要在“第四教育世界”中延续、转化、拓展、提升，并直接为新学期的学习做好准备。针对之前将寒暑假简单理解为巩固、复习学期所学的知识的定位，我们的研究力图重新认识暑假学生学习的特殊性，高度关注知识的延续、转化、拓展与提升。在暑假里，学生的学习更需要追求综合性，将各学科综合在相关“项目学习”中，促成学科知识的综合融通与实践表达。不仅是学科知识，还有极多的能力、素养，需要在暑假里继续发展。教师绝不能仅仅关注学科知识，而需要继续关注儿童作为一名真实世界的生活者所需要的综合素养。在暑假里学生的阅读、写作、锻炼，学生个体生命世界的“经验”，将直接构成为新学期学习的基础，为学校的校本课程开发、各类课程资源的丰富、教学活动的开展，提供直接而活生生的资源。

最后，也是最终归宿，是孩子需要学会成为自己的主人。学生的假期往往被成人左右，陷于成人为孩子编写的习题集、布置的作业、报的辅导班中。没有学生作为主体的投入，这些事往往缺少实效，甚至会成为对孩子的压抑和伤害。在我们的研究中，坚持儿童作为暑假生活的策划、参与、反思与重建的主体，极力倡导儿童在假期生活中的领导力发展，坚持儿童利益的最大化。这些努力都指向于让儿童在自主中，在富有个体生命意义的实践与交往关系中，实现自我发展。儿童对暑假生活的理解、期待与向往，儿童对暑假生活的策划与交流，儿童在暑假中的群体交往与个体努力，儿童在暑假结束后的反思与重建，都具有充分的“成人”价值，需要教师、家长、社会高度尊重儿童的主体地位和真实参与。

三、教育性实践：另一种项目研究的方式

秉持上述认识、理解与信念，“你好，暑假！”以独特的方式运行，致力于发展新的研究共同体，探索新的教育研究范式。

首先，是教师、学校自愿参与而形成全国联盟。

这个项目有明晰的价值追求，但却以非常开放的方式进行。在“生命·实践”教育学研究院的统筹和支持下，发起者通过微信平台发布信息，进而通

过朋友圈传播;有志者都可以参与其中,不设任何门槛。本次“你好,暑假!”的研究是延续“你好,寒假!”的研究平台与风格,沿用之前的微信群和公众号。然而,不同的是,这次对于参与者深度阅读前期研究成果有了新的要求,希望将本次研究建立在前期研究的基础上;相关研究纲要的形成,直接发动之前参与过“你好,寒假!”项目研究的校长、教师、教研员、专职科研人员等,促成更多归属感的形成。发起方尽力促成围绕着主题、地区而形成的各类研究团队,鼓励参与者们建立各自的专题研究小组。这个联盟一直保持着松散性,会有发起人、参与者提供的号召、榜样,但没有强行的要求和规则,参与者有随时退出的权利而无须被谁批准;微信群内的参与也完全是自主、自由的。这个项目运作的直接前提就是自愿,因此,这个项目尽管是“无经费、无证书、无立项”,却有一系列的“有”:有志、有情、有真投入、有真交往、有真产出。

其次,是基于班级、学校的研究过程与个性形成。

“你好,暑假!”项目继续延续“你好,寒假!”的风格,发起方仅提供原理性的支持、过程中的大量反馈和针对每位教师、学校的项目完善建议,鼓励参与者自主形成。这使得项目研究成为有众多分主题、极具多样性、充满创生性的研究。项目发起者极力推动每个参与者开展调查研究,分享一系列调研、策划的研究成果;鼓励参与者形成自己的研究主题,并展开跨地区、跨学段的合作;尽可能深入到项目学校直接开展对话,促成相关方案的形成与过程的开展。在研究过程中,参与者通过微信平台等保持着多元的互动。鉴于“你好,暑假!”研究是建立在“你好,寒假!”研究基础上的,发起方高度关注参与者的成果形成,不仅借助寒假研究的成果做示范,而且更早地策划9月初的现场研讨会,推动参与者准备相关论文和书稿的撰写,致力于参与研究者学术修养的提升与研究能力的发展。

再次,是学术性与实践性的高度融通、互生。

参与该项目的人员非常丰富,有中小学班主任、学科教师、校长、书记,有地方教研员和科研员,有高校教师。从“你好,寒假!”开始,这个群体就具有强烈的学术色彩,其实践根基也非常扎实。高校教师与专职科研人员会不断发现实践变革的独特,并通过诸如“财经素养”“学生领导力”等核心话语而影响实践改革;实践改革中创生的实践,又在合作性的思考与对话中转化为“学生存在感”“班主任领导力”“家长教育觉醒”“生态型班级建设”等新主题、新认识。“你好，暑假！”自 2017 年 5 月启动以来，发起人一直推动深度阅读，推荐深化思维、积淀成果；推动学术性写作，鼓励参与者以规范的学术论文方式呈现研究成果。这个项目相比较于“你好，寒假！”而言，有着更为显著的学术性，也有着更为聚焦的实践性。

最后，是所有参与者的发展与“第四教育世界”的逐步清晰。

这个项目是人人投入其中、并受之影响的项目。尽管直接研究和影响的对象是学生、家长，但事实上，无论是发起者还是参与者，都在自觉追求发展，同时享受着这个过程所带来的发展。全国各地的参与者已经在形成一个有新信念、新理念、新实践能力、新学术研究能力的群体。在这群人的投入下，学生的暑假生活世界将显现出与众不同之处，项目所追求着的“第四教育世界”的性质、内容与形态、过程与方法、评价与更新的内涵，将逐步显现而出。

历经四个月的研究，“生命·实践”教育学研究院和相关合作单位一起，于 2017 年 9 月分别在北京、长沙组织了两次全国性论坛，最大范围地传播了相关理念，促成了相关实践经验的提炼与交流。未来发展之路依然在前方……

采掇四季，润泽生命

杨秀军　张红梅*

身处农村的小学生，本应有着跟大自然亲密接触的绝佳机会，去体验四季的神奇变化，行走在神奇的二十四节气中，感受大自然对生命的滋养。然而，现实中的孩子们完全被各种“电信号”控制，对大自然春生、夏长、秋收、冬藏感知麻木，断电后会变得焦躁不安。面对这个现实问题，可以引入有丰富内涵和趣味性的二十四节气文化，让孩子放下手机、电脑，走进大自然，找寻自己立于天地间的“存在感”，体验时间在行走，生命在长大。

河泱溜小学地处北方农村，生活在这个环境中的孩子们有着与大自然零距离接触的绝佳机会，稚嫩的生命本应受到这种纯自然环境的滋养，生命的音符随着四季的变化跳跃，孩子们应该是快乐、活泼的。可是，现实并非如此。我们发现这里的孩子下课活跃，上课打蔫，而且年级高一点儿的同学课下玩儿的玩具越来越奇特，有卡片、小电玩具、小塑料片刀，有双节棍、九节鞭、大刀片，还有“假钱”，玩儿的不亦乐乎。细一打听，这些东西都是出自学校外边的小卖部。有一个三年级孩子跟我说：“咱们学校咋没有 WIFI 呀？我爸给我一个手机，让我拿着呢，在家我一点就能上网，在咱们这没有。”经过这件事，不禁让人思考：现在农村的孩子们更感兴趣的是手机、电脑、游戏、电视、小卖部。小卖部做的功课比

---

* 作者简介：杨秀军，河北省唐山市丰润区新军屯镇河泱溜小学教师；张红梅，河北省唐山市丰润区新军屯镇河泱溜小学教师。

我们老师都做得好，他们最起码知道孩子们需要啥，而且不断更新。而我们的课堂对孩子没有吸引力，课间那些程序化的活动对他们来说更是枯燥乏味。

身处农村的孩子们，对大自然反应迟钝，感觉麻木，就连天天吃的大馒头，他们只知道是白面做的，而对白面是从哪来的就一知半解了，有的说"是大米做的吧"！这绝不是笑话，有的小孩说白面是玉米做的，而且是白玉米！尽管现在的孩子拥有生命最宝贵的时期，但并不全然知晓该时期对于自身发展的价值，他们还缺乏生活经验和对生命的体验；尽管他们拥有多方面的需求和发展的可能，但并不全然清楚如何选择，如何学习，如何努力。

针对这样令人尴尬的现实，我们提出"采撷四季，润泽生命"为主题的发展方向，以二十四节气为时间节点，以节气文化为载体的系列活动。在此基础上，经过提炼、深挖、积淀，形成校本课程内容。校园文化以二十四节气文化为底色，以"办有灵性的教育，育有个性的人才，四季育人的生命教育"为发展方向，让学生经历四季的神奇，寻找自己在天地间的存在感。

一、观天地——以四季自然笔记为内容的"写节""画节"活动

1. 让孩子们放下手机走进大自然，以兴趣为主题，睁开发现的眼睛，通过"半写半画"的形式记录自己对自然的发现。按照年级段，低年级以画为主，中年级以半写半画为主，高年级形成主题系列，通过小组合作形式的"半写半画"为主，并将作品分享给低年级的小朋友，形成"画四季""讲四季""分享四季"系列活动。

2. 深挖二十四节气中蕴含的传统文化，形成学校特色活动，如根据传统夏至的"夏九九"、冬至的"冬九九"引导学生画"九九消暑图""九九消寒图"，并开发自己的"九九图"，用丰富多彩的形式记录时间的行走、阴晴雨雪，体验生命的长大。

3. 经过两年师生共同观察总结形成具有北方特色的二十四节气歌：

美味萝卜立春先，　　立秋添衣因天凉，
鞭炮灯笼雨水连。　　处暑细心听晚蝉。
惊蛰河小豆腐鲜，　　草木叶间看白露，
春分竖蛋立中间。　　秋分家燕飞南天。
清明插柳正当时，　　寒露收姜青储藏，
谷雨无桑也养蚕。　　菊花开在霜降间。
立夏称重看涨落，　　立冬收获大白菜，
布鞋穿在小满间。　　供暖就在小雪前。
田间识芒在芒种，　　大雪漫天白茫茫，
夏至过了短一线。　　冬至进了数九天。
小暑听蝉备辛夷，　　小寒走进腊月间，
蝉蜕毛猴大暑间。　　过了大寒又一年。

根据河北唐山评剧艺术特色，把评剧编写进二十四节气歌，并形成二十四节气欣赏评剧经典选段的校本课程：

八姐游在立春间(评剧《杨八姐游春》)
雨水惊蛰雷雨天(评剧《雷雨》)
清明时节忆祥林(评剧《祥林嫂》)
花名报在谷雨天(评剧《报花名》)
熬过春天迎夏天(评剧《生死场》)
会计姑娘劝小满(评剧《会计姑娘劝小满》)
巧儿唱在芒种间(评剧《刘巧儿》)
小暑飞雪窦娥冤(评剧《窦娥冤》)
茶瓶摔在大暑天(评剧《茶瓶记》)
兆才一生立春秋(评剧《从春唱到秋》)
三姐胜状处暑间(评剧《杨三姐告状》)
乾坤带上添白露(评剧《乾坤带》)
包公断案立秋天(评剧《秦香莲》)

寒露飘降金沙江（评剧《金沙江畔》）
白玉霜降海棠红（评剧《海棠红》）
小雪飞洒玉冰霜（评剧《雪玉冰霜》）
大雪封门十几天（评剧《白毛女》）
数九隆冬在冬至（评剧《数九隆冬雪花飘》）
北风冽在小寒间（评剧《虎妞与祥子》）
凤儿还巢又一年（评剧《凤还巢》）

二、知你我、会合作：开展二十四节气系列兴趣活动，合作探究体验成长

（一）春生：生命的萌动，体验生命的新生

1. 惊蛰万物萌动，人们起身准备劳作，根据当地农村的习俗开始磨第一磨豆腐，酿第一缸大酱。让冬藏一年的生命焕发新的生机。学生亲自经历磨豆腐、做大酱的过程，体验小豆子“华丽转身”的神奇，品尝“调鼎乃帅众味”的民间大酱。

2. 春分昼夜平分，生命生长达到最好的平衡状态，让学生体验自然的和谐。他们为春分“回家”的燕子搭建起飞平台和小厕所，为小麻雀做小鸟窝。春分竖蛋活动，学生体验了奇妙的平衡游戏，低年级小朋友体验“护蛋”的不容易，感知母爱的艰辛。

3. 清明时节踏青，追寻“河浃溜激战”抗战先驱的足迹。体验天明地清时节生命力的强大，参加“无心插柳柳成荫”的“插柳”活动。

4. 谷雨让学生采桑叶养蚕宝宝，观察蚕宝宝破茧成蝶的生命奇迹。

（二）夏长：体验生命接受大自然的馈赠，努力成长的过程

1. 二十四节气文化中有“立夏称重”的风俗习惯，旨在体验夏天这个阳气旺盛的季节生命的快速生长。

2. 小满生命丰盈，让学生走出家门到田地里观察小麦的长势，体验“小满刚刚好”的深刻道理。

3. 夏至日照最强,生命力最旺盛,对于人来说进入了避暑的季节,根据夏至的文化风俗,引导学生阅读、传唱“夏九九歌”,创意“九九消暑图”,让学生跟家长一起制作“夏至面”,体验“吃了夏至面,一天短一线”的昼夜变化。

4. 小暑、大暑正处暑假,师生共同计划“你好,暑假!”活动,学生与家人在大树下乘凉的时候,采集“蝉蜕”作为制作毛猴的材料,与家人共同完成创意毛猴作品,利用微信、博客等网络工具与大家分享。

(三) 秋收:采收生命果实,分享丰收的喜悦

1. 立秋、处暑,称重看涨落,验证传统风俗的神奇。

2. 白露观察昼夜温差带来的自然现象——露水,让学生们想方设法收集露水。

3. 秋分对应春分节气活动,观察燕子回南方的准确时间,并为小燕子清理平台、厕所。在春分游戏“竖蛋”“护蛋”的平衡体验基础上,仿做“羽毛平衡术”的游戏,为课间生活填色增彩。

4. 寒露是农村秋收的冲刺阶段,给父母田间送热水的小活动很暖人心;收集玉米皮,让玉米皮华丽转身,变成一幅幅粘贴画;编织小蒲墩,传承老手艺;采摘小葫芦,制作小葫芦娃。

5. 霜降是农村秋天收获的最后阶段,学生采摘红彤彤的大柿子,讲述朱元璋“凌霜侯”的故事等。

(四) 冬藏:保藏生命,积蓄能量

1. “立冬不出菜,就怕大雪盖”,让学生向父母了解冬储大白菜的方法,制作微型小菜窖;为父母写一封家书,介绍立冬节气文化,并提醒父母防寒保暖。

2. 小雪、大雪体现了北方独特的美。学生们打雪仗、堆雪人,分享着大自然的馈赠;用放大镜观察六瓣的神奇雪花,并在雪地里研究马路上“撒盐融雪”的实验。

3. 冬至包饺子,庆祝“一天长一线”的阳光馈赠。根据二十四节气“数九”风俗,绘制“九九消寒图”,记录九九八十一天的阴晴风雪,和家人一起温暖过寒冬。

4. 小寒、大寒让学生准备“你好,寒假!”的活动策划,喜迎春节过大年。

三、建立体验区，激发学生各种感官，寻找在天地间的存在感

1. 温度体验区。小学生对于冷暖有一个大概的了解，冷了多穿，热了少穿。但是对于天气预报中所预报的“今天白天最高温度22℃，最低温度18℃”没有一个准确地感知。为了让学生把身体感知和温度数字结合起来，学校建立了各种温度体验区，如在室外放几个装满水的塑料桶，里边放上温度计，每天让学生过往的时候把手伸进水桶感知温度，同时读出温度计上的数字，慢慢地形成感知与数字的统一；了解最适宜的进食温度(43℃以下)，然后让学生在体验区品尝、触摸安全、危险的温度物体，养成安全温度进食的习惯。

2. 空间体验区。初识“计量单位”的小学生，对于“一立方米”“一亩地”等没有直观的认识，为了让学生对于长度、空间等有更直观地了解，学校根据实际，在教室(平房)的墙壁上画上“通天”大尺，孩子每天经过的时候能够直观感知一所房屋的大概高度为4米；用铁管焊接成“立方体”让学生钻进去体验一立方米的空间大小。在操场画出“一亩地”的大小，然后估测一个操场大约占地多少亩。通过这类能看到、摸到的体验，让学生逐渐建立对长度、高度、面积、体积的准确概念。

3. 质量体验区。学校专门设立一个装沙称重体验区，让学生用塑料瓶灌上不同质量的沙子，先估测，然后拿着农村常用的传统杆秤来称量沙子的重量，多了倒出，少了补充，灌满后贴上标签“1公斤”“2公斤”“5公斤”，供每天过往的学生体验，这逐渐成为一项学生们非常喜欢的“质量估测小能手”游戏项目。

经历了三年的二十四节气系列活动，成长的不仅仅是学生，我们的教师也获得成长。河浃溜小学将继续以“采掇四季，润泽生命”为主线，以二十四节气文化为主色调，引领学生观天地、知你我、会合作、懂感恩、知分享，在生命的四季中体验时间的行走、生命的长大。城市的孩子有高科技的“机器人制作”，我们农村的孩子有充满灵性的“毛猴制作”，更有“采掇四季，润泽生命”的生命滋养。我们会在田间地头玩儿出自己生命的精彩，我们也会担起唤醒孩子们每个灵性细胞的责任。

二、基本理论研究

教育的研究方式与中国创新*

伍红林**

关于教育学的独立性与科学性一直争论不断，一个非常重要的原因在于，教育学没有形成自己研究教育的独特方式。考察西方的教育研究可以发现，以德国和美国为代表的两种教育研究传统在学术根源上可以归结为一种旁观式的研究方式。这种方式由于西方理论优先传统的影响一直未能突破。近年来，随着中国教育学的崛起，逐步形成了不同于西方的深度介入式教育研究。理论研究者通过深度介入，“在教育之中研究教育”，着力探究教育实践的内在结构、过程与机制，将教育研究过程与教育实践变革过程融为一体，寻求理论与实践的相互转化，形成教育学自己对教育的逻辑判断，从而使教育学得以自立，并发挥其他学科不能替代的作用。

教育学成为一门独立学科已有 200 多年，传入中国也有 100 多年。发展至今，人们对其科学性与独立性的争论一直不断。这样就形成一种尴尬的局面：一方无法以让人信服的理由和根据确定教育学的独立性与科学性，另一方则因教育实践的现实存在又不能无视教育学的存在。我们相信这种情形还会持续。本文拟从研究方式的视角入手，对当代教育学的自立展开讨论。

---

* 本文系作者主持的国家社科基金后期资助项目“‘深度介入’式教育研究中的共同体建设”（项目编号：13FJX003）阶段成果。

** 作者简介：伍红林（1976—　），湖南永州人，教育学博士，教授，淮阴师范学院教师教育学院常务副院长，华东师范大学“生命·实践”教育学研究院研究员，主要从事教育基本理论和当代学校变革研究。

一、西方的教育研究方式

长期以来,人们常常关注教育的研究方法和方法论,而对教育的研究方式所提甚少。其实,早在1806年赫尔巴特发表《普通教育学》时就特别强调:“任何科学只有当其尝试用自己的方式,并与其邻近科学一样有力地说明自己方向的时候,它们之间才能产生取长补短的交流。”①他是希望教育学能像其他独立的科学一样形成自己的研究方式,与其他学科进行“取长补短的交流”,然而,赫尔巴特及他之后的教育学者都未能实现这一夙愿。那么,长期以来西方的教育研究如何展开?从德国与美国的两种教育研究传统中,可以得到解答。

(一)德国与美国的教育研究传统

众所周知,康德(I. Kant)等人将教育学作为一门学问引进了大学,使教育学在大学学术阵营中占得一席之地;赫尔巴特在此基础上明确提出将教育学建设成一门独立的科学。他们的教育研究至少有两个共同特点:一是将教育学建立在其他学科的基础之上;二是以理性思辨和演绎归纳的方式开展思考。这使教育学与其他学科的关系问题及教育学研究方法与方法论问题在学科发展初期就呈现在人们面前。事实上,此后教育学的发展常常与这两个问题纠缠在一起。拉伊(W.A. Lay)与梅伊曼(E. Meumann)基于对研究方法的批判发展出了实验教育学,狄尔泰(W. Dilthey)等人基于方法论的批判发展出了精神科学教育学。沿着这样的道路,后来还发展出了批判教育学和教育现象学教育学等。这些发源于德国的教育学虽有种种差异,但有共同特征,如坚持教育学(pedagogy)的学科立场,寻求建立教育学的基本体系;坚持对教育基本原理的追求,强调教育学的普遍性和一般性;重视对教育的整体分析;教育学的“科学性”体现德国“Wissenschaft”②传统,等等。可以说,德国人开创了世界教育

---

① [德]赫尔巴特.赫尔巴特文集(3)[M].李其龙,郭官义,等,译.杭州:浙江教育出版社,2002:11.

② 费希特曾对“Wissenschaft”下过一个定义:“一门科学的有一个体系的形式;它的全部命题连贯成一个基本命题,并由之统一成一个整体。”参阅:[英]梅尔茨.十九世纪欧洲思想史(第一卷)[M].周昌忠,译.北京:商务印书馆,1999:146.

学研究的第一种传统。

20世纪30年代以后，教育研究的重心由德国转向美国。起初，美国教育研究受德国教育学尤其是赫尔巴特教育学派的强势影响，但很快因为美国本土教育的现实需求和实用主义文化基因的驱使，转而开始自己的教育探索，其中的代表是杜威(John Dewey)。他初到芝加哥大学时对“各种教育理论到处乱转”的现象大为不满，并为“抽象地讨论教育而不联系具体的实践所苦恼”。① 为此，他创办了实验学校。这所学校“与教育研究的关系就像是科学实验与生物学、物理学或化学的关系一样”，其重心是“建立各种教育因素的实际组合的科学理论”。② 杜威的教育研究及教育理论生产主要基于其八年实验学校的经历，1904年他从芝加哥大学辞职后，“脱离了教育实践的杜威从‘教育的重新组建’转为‘哲学的重新组建’，教育研究……不再是其日常生活的一个重要组成部分”。③ 可以说，杜威开创了扎根教育实践且基于实践创生理论的研究新路径。在他看来，“教育的实践提供构成所探究问题的资料和题材，它们是待研究的基本问题的唯一资源；教育实践也是一切研究的结论的价值的最终检查”。④ 不仅如此，与赫尔巴特坚持“教育学”(pedagogy)不同，杜威认为“教育科学不是独立的，……我们没有一门特别独立的桥梁建筑学，同样也没有一门特别独立的教育科学。但是，从其他科学抽取来的资料，如果集中在教育的问题上，就成为教育科学的内容”。⑤ 所以杜威做的不是“教育学”研究，而是“教育研究”，追求的是“教育科学”(science of education)，是其他学科资源在研究教育时的综合运用。这其实是当下教育“多学科研究”的雏形。

不过，杜威开创的这一研究路径随着他自芝加哥大学辞职而逐渐式微。1909年贾德(Charles Judd)接替了杜威芝加哥大学教育系主任的职务，“基

---

① [美]埃伦·康德利夫·拉格曼.一门捉摸不定的科学：困扰不断的教育研究的历史[M].张斌贤，等，译.北京：教育科学出版社，2006：48.

② 同上：48—49.

③ 同上：56.

④ [美]杜威.教育科学的资料来源[C]//叶澜.立场：“生命·实践”教育学论丛(第二辑).桂林：广西师范大学出版社，2008：282.

⑤ 同上：283.

于性格、社会观点和思维方式的巨大差别,他很快就抛弃了杜威的研究方法”,“原因在于这种方法所需要的教育研究组织方式与当时绝大多数大学已经形成的方式十分不同”。[①] 当时,“为了使教育与大学其他学科(尤其是医学)具有同等的科学性、地位和权威,教育学的创业家们十分强调定量研究,寻求确定不变的东西,如学习的法则、管理效率的公式,等等”。[②] 提倡这方法的标志性人物是桑代克(E.L. Thorndike),其“显赫声望超过了杜威离开芝加哥、改变研究方向后的影响,造成了当时的教育研究不可能沿着杜威所倡导的道路继续发展”。[③] 自此,“杜威在教育史上的地位,与其说是位改革家,不如说他是位被左派和右派既歌颂又批判的文化偶像更为确切。可以肯定地说,他的教育科学观点没有为今后的教育研究建立一套可用的模式”。[④] 这表明,杜威开创的研究路径未能成为美国教育研究的主流,但他强调的“教育科学”发展方向得到了继承。自此,美国教育研究形成了自己的传统,表现出强烈的现实问题取向,讲究问题的解决,具有鲜明的实用主义风格;主张从现象推导理论,不强求全面完整的知识体系;重视从多学科角度和资源来研究教育问题,强调教育的多元分析,等等。

除却德国教育学研究与美国教育研究两种传统,[⑤]其他的教育研究路径均不能与其争锋。多年来,这两种传统一直是世界教育研究主流,在相互竞争中共同发展。

(二)两种传统的归一:旁观式教育研究

德国与美国教育研究传统虽有差异,但又具有共性:它们都以大学为阵营,由于大学的学术体制客观上使教育理论(研究者)与实践(者)分裂,使理

① [美]埃伦·康德利夫·拉格曼.一门捉摸不定的科学:困扰不断的教育研究的历史[M].张斌贤,等,译.北京:教育科学出版社,2006:22.

② 同上:21.

③ 同上:59.

④ 同上:42.

⑤ 关于这两种传统的阐述另可以参阅:黄志成.教育研究中的两大范式比较:“日耳曼式教育学”和“盎格鲁式教育科学”[J].教育学报,2007(2);黄志成.国际教育:新思想新理念[M].上海:上海教育出版社,2009.

论者只能“在教育之外研究(思考)教育”,却力图揭示教育真相,在认识论上都是本质主义。因此,两种传统可以归结为一种以大学为阵营的旁观式教育研究。这源于西方理论优先的学术传统。

希腊人从泰勒斯(Thales)开始就追求流变背后的不变,即“多”背后的“一”。这就是西方的“理论(theroria)”传统。“理论”的原义是作为旁观者的“观看”,“理论”一词就来自希腊语的“旁观者(theatai)”。[①] “如果物体和人的存在不以一个旁观者为先决条件,那么在这个世界上就不存在物体和人。换句话说,在显现的时候,任何东西都不是单独显现的,任何存在的东西都必然是被某人感知。”[②]亚里士多德(Aristotle)进一步区分“理论”“实践”和“创制”三种活动,“理论”因为指向永恒、第一因和本质而取得对实践的优先性。由此,西方发展出摈弃实践生活的旁观式认识方式。“没有任何行动或激动,回避与直接利益有关的事物,而直接利益以一种或另一种方式使我卷入现实世界。这种回避是一切判断的先决条件。在历史上,对行动的这种回避是为精神活动设想的最古老条件。在其最早和最原始的形式中,人们发现,只有旁观者,而不是行动者,能认识和理解本身作为一种演出的东西。这种发现在很大程度上归功于希腊哲学家对沉思和纯粹静观的生活方式的优越性的信念。”[③]对这种认识论,罗蒂(R. Rorty)称为“镜式的表象主义”,杜威称为“旁观者认识论”,汉娜·阿伦特(H. Arendt)称为“沉思式生活方式”。理论优先和旁观式研究成为西方学术的内在气质。

教育研究亦如是。旁观式教育研究中理论者成为立法者和阐释者,实践者成为理论的应用者,形成了理论与实践的线性因果关系,使理论(者)凌驾于实践(者)之上。“他们(理论者)认为教师如同技术生产部经理,认为教师的责任就是提高教学效率,非如此而学业不能完成。根据这一看法,如果教学人员运用研究人员的成果来解决课堂问题的话,教学质量就可以得到提高。教师的职责就是查阅研究人员和决策者讲了哪些应该帮的事情,或者对学生讲了什么并叫学生做些什么。……似乎只要教师听命于研究人员和决

---

① [德]汉娜·阿伦特.精神生活·思维[M].姜志辉,译.南京:江苏教育出版社,2006:18.

② 同上:19.

③ 同上:100.

策者,学生也就大吉了。”[①]

应该说,旁观式教育研究对于教育学发展和提升人们对教育的认识具有重要意义,也十分必要,甚至至今还是世界教育研究的主流。但这种方式也埋下了当代教育学生存危机的种子,需要我们探求新的方式加以克服。

(三)西方学术的实践转向及对教育研究的影响

尽管西方长期盛行理论优先,但并非意味着完全没有实践的传统。“实践”(Praxis)一词在古希腊文献中早已有之,其最初含义是指一切有生命东西的行为方式。在此基础上,亚里士多德在阐发“理论”的同时,明确提出了“实践哲学”,赋予“实践”概念以“反思人类行为”的哲学含义,强调从实践出发研究人的生活和行为。不过在“理论”压制下,人类实践活动和生活交付给科学理性判决,“沦为现代的科学概念压力之下的牺牲品”。[②] 近代社会首先看到这一困境的是康德,他在卢梭(J.J. Rousseau)、休谟(D. Hume)等人的影响下清晰表达出了对近代科技理性无限能力的怀疑,区分了理论理性和实践理性,认为人的实践行为无法用理论理性加以处理。但是,康德的实践哲学并非来自真实的、具体的经验性实践活动,而是一种先验的道德形而上学,并没有真正走进人类现实的实践活动和生活过程。康德之后马克思突出强调了实践在人类存在中的地位,在《关于费尔巴哈的提纲》中,马克思将实践引入认识论,将理论世界与实践生活世界联系起来,提出理论来源于生活实践、理论意义在于生活实践的思想。马克思还特别强调实践的力量,“哲学家们只是用不同的方式解释世界,而问题在于改变世界”。此后,胡塞尔(E. Husserl)提出“生活世界理论”,以“回到事情本身”强调理论世界统一于生活世界。在这一点他与马克思殊途同归。不过胡塞尔的“回到事情本身”和现象学还原方法并没有摆脱传统哲学的窠臼,还是回到了先验意识。

作为胡塞尔的学生,海德格尔(M. Heidegger)对此有清醒的认识,认为

---

① Magdalene Lampert. How to teach: The teachers' viewpoint about the problem in pratice [J]. Harward Education, 1985(Vol 55): 178—194.

② [德] 伽达默尔.科学时代的理性[M].薛华,译.北京:国际文化出版公司,1988:42.

造成这种现象的根本原因是主客体二元论的认识论路径，因而用此在和世界的本体论问题取代传统认识论，使思维路径发生了根本转换。在日常生活中，此在以“在世存在”(In-der-Welt-Sein)方式从事各种活动，事物也在这些活动中得到呈现。“以在世存在的方式生存的此在及其生存的这种基本规定，是能够理解任何事物的前提条件。”①“在世存在”虽然是基本事实，但对近代以来的哲学却具有颠覆意义，因为长期在“理论—旁观”传统影响下，思想家们对存在的理解是以“出世存在”展开的，即将主体从现实世界中抽离出来，与世界对立，展开超越性的思考。海德格尔的这种转换意味着此在对世界(包括对自我)的理解总是在与事物打交道的过程中展开的，“此在必然与事物共在”，此在必然在世界之中。这就从根本上突破了传统认识论的主体与客体、理论与实践的二元对立，并内在地蕴含了主体间性，因为我们总是与他人一同出现并共在于同一世界之中。这其实也意味着只有在实践的具体情境之中，此在才能揭示事物的意义。这其实也给人们确立了一种全新的实践性存在方式，使“理论—旁观”的超越性让位于实践的参与性，从而突破了二元论的认识方式，即不再从在世活动中抽身而出，而是在实践中完成对事物和他人的理解。海德格尔的这些思想直接影响了伽达默尔(Hans-Georg Gadamer)，以至于他将自己的哲学解释学直接称为实践哲学，着力探究人的世界经验和生活实践。

总体来说，20世纪不仅德国哲学发生实践转向，英美等国也同样如此。如维特根斯坦(L.J. Wittgenstein)意识到语言意义与人类实践活动的关系，在《哲学研究》中批判并放弃了《逻辑哲学论》的语义和逻辑的静态结构分析方法，语言不再是僵化的命题和概念集合，而是“生活形式”的构成部分，并且只有在实践活动中才能获得生命力。这改变了分析哲学走向。以皮尔士(C.S. Peirce)和杜威为代表的实用主义哲学也明确放弃理论优先的哲学方案。杜威在批判了“旁观者认识论”之后，重构了理论与实践的关系，提出了新的行动认知理论。除哲学外，人文社会科学也在发生这种转向。美国社会

---

① Martin Heidegger. The Basic of Problems of Phenomenology [M]. trans, Albert Hofstradter. Blooming: Indiana University Press, 1982: 164.

学家塞德曼(Steven Seidman)曾深刻批判旁观式的社会学研究,指出,“在致力于统一社会知识和证明社会知识的过程中,理论家们已经迷失在概念分析和文本分析的灌木丛中;我们创造了一个与社会隔绝的世界,一个只有社会学家才能够、才愿意光顾的世界”。[①] 在他看来,“屈服于对哲学基础和科学一致性的幻觉般的探求”,“追求建立一种研究社会的科学”的研究范式“走进了死胡同”,而走出“死胡同”的关键是重新意识到,“理论是一种社会实践,一种做些事情的努力”。[②] 法国著名社会学家布迪厄(Pierre Bourdieu)也同样如此,强调实践场域中实践者的“实践感”和实践者实践过程中的“实践逻辑”。正是因为这种“实践感”和“实践逻辑”的特殊性,布迪厄旗帜鲜明地反对“唯理论主义”和研究中的“学院习气”及“概念持续不断的分裂繁殖和组织这些概念的无休止的文字游戏”,要“使理论工作与经验研究彼此以最彻底的方式相互渗透”。[③]

由此可见,人们越来越对现实生活、实践活动等予以关注。尽管含义各异,但趋势是共同的,“实践”越来越由抽象走向具体。这一变化也十分明显地反映在教育研究上,最具代表性的是杜威(如前所述)。虽然他在美国“输给”了贾德和桑代克,但他对后世教育研究的影响是深远的,如20世纪七八十年代以后日渐兴盛的大学与中小学合作教育研究,教育叙事研究以及以马克斯·范梅南为代表的生活体验教育学研究等。不过在我看来,西方教育研究的这种实践转向依然不彻底,与教育实践的距离较“旁观”只是更“近”一步,但毕竟还是“近”而非真正“进入”,因而还是未能克服西方文化基因里传承下来的理论与实践、主观与客观、主体与客体、我与你(他)等种种二元对立,依然存在“理论研究—实践应用”的线性痕迹。

以实践转向最为彻底的教育叙事研究为例,它借用人类学田野研究的方法并从现象学得到方法论的启示,还借鉴扎根理论的信息处理方法和文学与

---

① [美]史蒂文·塞德曼.有争议的知识——后现代时代的社会理论[M].刘北成,等,译.北京:中国人民大学出版社,2002:6.

② 同上:7.

③ [法]皮埃尔·布迪厄,[美]华康德.实践与反思:反思社会学导引[M].李猛,李康,译.北京:中央编译出版社,2004:33.

叙事学的文本表达技巧，通过理论者与实践者在实践情境中的互动和合作建立起密切关系，进行深入交往，力求走进参与者的内心世界，开展一些结构性和非结构性的访谈，倾听个人的经历、故事。在这个过程中，理论者坚持的基本原则是“悬置”自己的理论前设或“存而不论”与“中止判断”。因此，在教育叙事研究中理论者要努力从实践者和教育实践本来面貌的立场去理解经验。这要求理论者要具有把自己的“组织化群体的特定价值和特殊利益中分离出来的能力，以使他或她能够获得一种不是建立在事先价值基础上的理解能力”，而且还要“与现行规范和价值保持足够的社会距离和个人距离，从而能够客观地分析它们”。① 为了讲好故事及使这样的故事具有客观性，“一个田园调查者(或说是讲故事者)，通常面临着‘深入性’和‘科学性’的两难：一方面，如果他得不到社区的某种认同，无法消除当地人中的‘外人’感，无法在参与中去观察，那么，田野作业的‘深入性’就成了问题。另一方面，一旦他比较深入地进入社区生活后，他往往又被告诫要与被调查者保持一定的距离，不要让外来因素影响社区的‘原生态’，否则，就是不够‘科学’的。因此，对任何田野调查者来说，要做到田野资料既是深入的又是‘科学’的，都是一件极困难甚至是不可能的事”。② 在教育叙事研究中这种困境同样存在，其结果一般是为了保持“科学”的“客观性”，而牺牲“深入性”，通过呈现一个“客观”的故事以带给读者以意义。正如一位教育叙事研究者在其叙事报告“后记”中所说的那样，“研究刚开始时，李群(案主)对我的观察本能地带有一定的戒备心，有意无意地展示‘好’的一面，避免她认为‘不好’的东西曝光。但我们只要真实，无论什么都没有‘好’与‘不好’，只有‘是’与‘不是’、‘为什么是’与‘为什么不是’”。③ 当然，在研究过程中理论者作为研究主体在参与时也会有自己的独特感受，理论者进入每一个新的研究现场都会经历自己的故事，在与实践者互动过程中还会引起自己过去相关经历、经验的重现与反思。这时，理论者需要把这些感受以自传和反思笔记的形式记录下来。这时，就不

① [美]亚瑟·J·维迪奇，斯坦福·F·莱曼.定性研究在社会学和人类学中的历史[C]//[美]诺曼·K.邓津，伊冯娜·S.林肯.定性研究：方法论基础.风笑天，等，译.重庆：重庆大学出版社，2007：40.

②③ 应星.大河移民上访的故事[M].北京：生活·读书·新知三联书店，2001：343.

仅有实践者的故事,也有理论者的“我的故事”。这两类主体的故事最后会在研究文本撰写时出现交织,理论者在文本表达中要说明自己的感受,这同样是为了避免自己主观的理解对实践者的经验造成“污染”,误导读者。即在故事的表达中要说明自己主观的介入有可能造成的影响或研究对自己造成的影响(体验、矛盾冲突等),以力求保持客观性。因此,在教育叙事研究中,理论者常常要背负伦理负担。有学者把此归因为“民族志研究田野的伦理尷尬,是因为参与观察不可避免地涉入互动的虚伪”。①

总体上看,教育叙事研究中,理论者与实践者之间力求形成一种互为主体性(intersubjectivity)的关系,理论者不再是研究中的主导者,而更关心实践者先前的个人经验与加入研究后的自我觉知经验,交互涉入,彼此了解,强调相互尊重与了解。理论者视实践者为一个可提供丰富资料的主体,而且这个主体同意参与研究并与理论者建立良好的研究关系,他相信理论者对其经验的陈述不具威胁性,因而乐意敞开自己的经验世界并与理论者分享自己的经验。由此可见,就研究中两类主体间的沟通交往而言,他们的关系具有双向性(都需向对方敞开自己),但从研究的最终指向而言,这种双向敞开仍具有单向特征,其重心在于实践者及其经验世界的如实呈现,而理论者却必须屏蔽自己的理论前设(参与而不介入)。说到底,双向敞开是为了让理论者能进入实践者的私人世界与个人生活范畴或生活经验世界。因此,理论者与实践者发展这种互为主体性的交往关系本身只是一种手段,即作为收集资料、形成叙事研究必不可少的手段。只是因教育叙事研究所需要的经验性素材必须要有这种亲密关系才能获得,理论者才会努力去营造这种关系。故而在一定意义上,还是一种旁观者的立场,只是由传统的“远距离旁观”转换成“交谈式旁观”而已,并没有根本改变旁观者的本质。这样来看,教育叙事研究与其他注重宏大叙事的研究相比,确实在研究的对象与内容、关注的焦点方面发生了转向,但在理论者与实践者的关系上还没有实现真正的突破。所以,教育叙事研究在本质上还是为了获取研究资料,它虽然体现出一定的人文关怀,但这种人文关怀注定是不彻底的,甚至是虚假的。就像人类学家一样,“他

---

① 朱元鸿.背叛/泄密/出卖:论民族志的冥界[J].台湾社会研究季刊,1997(26):30.

们即使像他们的被研究者那样，对被研究的当地社会有切身的关怀，这个‘关怀’也是暂时的、虚假的，人类学家的关怀还是他们自己的社会。完成调查任务之后，人类学家要离开他所研究的那个地方，将自己在当地的生活体验提升为‘知识’”。[①] 说到底，人类学家式的叙事研究者始终是一个外部的旁观者，其内心并没打算真正融入研究对象的生活，他们之间是两条不会相交的平行线，研究对象只是资料榨取的对象或工具，彼此之间即使有暂时性的“我—你”关系，但从更根本意义上讲这只是一种“主体—客体”的、资料榨取式的“我—他”关系，一旦故事所需材料收集完毕也正是“合作”结束之时，留给实践者的可能更多是无限的惆怅。

二、从旁观到介入：中国教育研究方式的创新

教育学是从西方“降临”到中国的，在研究方式上一直受西方影响。历经100多年的发展后，中国教育研究有了越来越强的文化自觉和学科自觉，特别是近些年来中国教育学者的实践探索越来越深入，表现出了中国教育(学)研究的独特性，走出了“在教育之中研究教育”的深度介入式教育研究新路径。[②] 在我看来，这一大步的迈出，主要有几个方面的缘由。

(一) 中国独特的学术传统

如果说西方学人乐于“旁观”，以“理论理性”为尊，中国学人则喜欢“介入”，重视“实践(实用)理性”。对此李泽厚曾有很精彩的分析。[③] 因此，中国人发展出了知行合一传统，“中国哲人研究宇宙人生的大问题，常从生活实践出发，以反省自己的身心实践为入手处；最后又归于实践，将理论在实践之上

---

① 王铭铭.经验与心态[M].桂林：广西师范大学出版社，2007：144.

② 关于深度介入式教育研究，具体可参阅：叶澜.大学专业人员在协作开展学校研究中的作用[J].中国教育学刊，2009(9)；孙元涛.教育学者介入实践：探究与论证[M].重庆：重庆大学出版社，2009；李政涛.交互生成：教育理论与实践的转化之力[M].上海：华东师范大学出版社，2015；伍红林.论深度介入式教育研究[J].高等教育研究，2009(3)；伍红林.主动深度介入：转型期教育实践研究的新方式[J].现代大学教育，2010(6)等。

③ 李泽厚.中国古代思想史论[M].北京：生活·读书·新知三联书店，2010：26.

加以验证。……要之,学说乃以生活行动为依归”。[①] “要之,中国哲学乃以生活实践为基础,为归宿。行是知之始,亦是知之终。研究的目的在行,研究的方法亦在行。过去中国之所谓学,本不专指知识的研究,而实亦兼身心的修养。所谓学,是兼赅知行的。”[②]可见知行合一、行知转化是中国学人的生存方式也是学术研究的基本原则。这种生存方式和基本原则深处还蕴含着中国士人所特有的践履精神,并凝聚成为中国知识人的基本性格。这表明,中国知识人发展的学术态度不同于西方的“静观的人生”,而是“行动的人生”,不仅仅是解释世界,而且是改变世界。当然,最迟自20世纪三四十年代以来,中国知识界取得共识,即士已一去不复返,代之而起的是现代的知识人,知识人代士而起宣告了士的传统的结束。“但是士的传统虽然在现代结构中消失了,士的幽灵却仍然以种种方式,或深或浅地缠绕在现代中国知识人的身上。”[③]这种判断是准确的,陶行知、梁漱溟、晏阳初等教育前贤虽逝已久,但他们的教育践履精神依然在今天的教育学者身上延续,越来越多的当代教育学人以这种士的精神开展教育研究。

(二)中国教育学的实践自觉

中外关系问题是中国教育学发展的“世纪问题”,为此人们从20世纪20年代开始的“教育学中国化”走到了20世纪90年代的建设“中国教育学”。“教育学在一个世纪的发展中走过的曲折和付出的‘学费’,换来的最重要的启示就是:要提升教育学科的独立学术品格和力量,教育学界要为此做出持续和艰苦的学术努力。教育学在新世纪发展的方向不应再是以西方为根本前提的‘中国化’,而是要创建‘中国教育学’。这里的‘中国’,其内涵不只是指教育学要从本国的文化传统中找到自己的根,开发其当代价值,也不只是指教育学要以本国的教育实践和教育问题作为发展教育理论之不可或缺之源,而是指中国学者应为教育学发展做出世界性的贡献。”[④]

---

① 张岱年.中国哲学大纲[M].北京:中国社会科学出版社,1982:5.
② 同上:6.
③ 余英时.士与中国文化[M].上海:上海人民出版社,2003:新版序.
④ 叶澜.中国教育学发展世纪问题的审视[J].教育研究,2004(7).

为此,教育学人对深度介入中国本土教育实践,基于中国教育实践智慧创建中国教育学和实现教育学理论创新的路径达成了普遍共识。“中国教育学要着重研究在中国这一特定空间和条件下的教育问题,找出解决这些问题的独特途径,探索中国教育运行的特殊规律,在此基础上形成我们的理论框架、研究方法和知识体系。”①“教育学研究要聚焦教育实践,需要关注实践、参与实践、批判实践、改进实践,需要教育学研究者重新进行角色定位,从单一的知识型的研究者转化为实践型的研究者,从知识的陈述者转变为知识的批判性分析者。”②“理论工作者要想很好地理解实践、解释实践、为实践服务,不深入实践中去,不亲身实践是不行的。”③“教育学研究要揭示实践逻辑,解决实践问题,理想的教育学是一种实践教育学,教育学研究范式需要实现实践转向。……现代教育学研究范式的实践转向是当代教育学研究面临严峻价值质疑和危机时所做出的应对战略,是教育学研究提升自身价值的一条根本途径。”④“‘有意义的’教育思想的产生绝非信手拈来之举,而是必须建立在对实践需求的深刻洞察、历史脉络的准确把握及理论论证的充分展开的基础之上,而且是思想提出者本人也准备身体力行的。随意提出一些不面向实践、完全不考虑实践可能性的所谓‘教育思想’,这不是哗众取宠,便是自作多情,都是对实践的一种不负责任的行为。……对于构建真正有意义的教育思想来说,最宝贵的资源不在别处,而是就在研究者——作为思想者的研究者自身,就在研究者的本土境脉与本土实践——研究者生活于斯而感悟于斯、喜怒于斯而又情系于斯的本土社会境脉与本土教育实践之中。是我们自身、是我们自己的家园从根本上赋予了我们思想的力量,激励我们思想的智慧。”⑤

(三)教育学学科立场的再觉醒

在教育学经历多次“内裂”与“外解”及基于多学科研究的“教育科学”盛

---

① 项贤明.教育:全球化、本土化与本土生长:从比较教育学的角度观照[J].北京师范大学学报(社会科学版),2001(2).

② 郑金洲.中国教育学研究的问题与改进路向[J].教育研究,2004(1).

③ 石中英.论教育实践的逻辑[J].教育研究,2006(1).

④ 余清臣.“比较利益人”:实践教育学的人性假设[J].教育研究,2009(6).

⑤ 吴康宁.“有意义的”教育思想从哪里来[J].教育研究,2004(5).

行的情形下,坚守教育学学科阵营的学人正在展开“逆袭”,推动当代教育学的更新和转型。当代中国以叶澜教授最具代表性。她说,“我认为教育学对自身‘科学性’的认识,应以对象的性质来衡量。即教育学在多大程度上揭示了教育作为一种特殊的社会活动的特殊性,揭示了这一活动为实现目的所规定的‘事理’,从而作出了其他学科不能代替的对教育的认识和知识的贡献,以及这些认识对教育实践发展的导引作用”。① 所以,“教育学理论研究的基本格局是缺乏对教育本身的深入研究”。② 这“意味着教育学研究必须进入对构成教育活动内部的基本因素与结构是什么的确认,对其特殊性的把握,以及由要素、结构的构成与关系、功能的差异所造成的整体形态上的特征的认识。……有关教育过程内在机制与逻辑的把握,是教育学研究中最深入和最丰富也是最为艰难的研究。……不进入这个问题领域,教育学就依然没有达到教育本身作为一种特殊的人类活动之特殊性的学科意义上的认识,它的学科独立性在学科意义上的建构也没有完成,因此还是不能发挥对于教育实践不可由其他学科取代的、具有本学科指导意义的作用。要形成与此相关的学术研究的有意义的成果,不能没有对实际进行着的教育过程的深度透析。可以说,教育内在过程的机制与逻辑的揭示,是教育学的核心构成,也是衡量教育学作为独立学科存在的理论成熟度的标准”。③ 无独有偶,德国著名当代教育学家本纳(D. Benner)也持类似的观点,他在其代表作《普通教育学——教育思想和行动基本结构的系统的和问题史的引论》中曾强调:“本书同样坚持这个观点。它有意识地拒绝把教育学基础理论问题交给其他学科,……拒绝教育学理论发展和研究衰减为其他科学的应用科学。只有涉及教育过程和体制自身逻辑的基础理论探讨才能在教育学研究中研究教育问

---

① 叶澜.当代中国教育学研究“学科立场”的寻问与探究[C]//叶澜.立场:“生命·实践教育学”论丛(第二辑).桂林:广西师范大学出版社,2008:27.

② 叶澜.“生命·实践”教育学引论(下)[C]//叶澜.命脉:“生命·实践教育学”论丛[C].桂林:广西师范大学出版社,2009:2.

③ 叶澜.“生命·实践”教育学引论(上)[C]//叶澜.基因:“生命·实践教育学”论丛[C].桂林:广西师范大学出版社,2009:33—34.

题。没有自己的基础理论问题教育学不可能成为科学。”[①]之所以长篇引用中德两位当代教育学家的观点，是因为他们的认识超越了一直以来人们关于教育学学科独立性的争论，找到了解决这一争论的钥匙，那就是教育学学科独立性及科学性等难题的确证归根结底是对“教育过程和体制自身逻辑”的深入研究，形成教育学对教育研究的逻辑判断。

三、深度介入式的教育研究

在本文中我们重提教育研究方式，是为了将其与教育研究方法与方法论区分开来，力图寻求探究教育过程与体制自身逻辑的新路径，形成教育学对教育研究的逻辑判断。教育研究方式不是方法论，但又需要方法论来指导教育实践研究的策划和具体展开；研究方式也不等同于方法，而是多种方法在研究过程中的综合运用。在一定意义上，深度介入式教育研究在方法运用和方法论上都表现出了自己的独特性。

（一）何为深度介入

如前所述，旁观式教育研究是理论者摒弃自己的价值，在教育之外或之旁对教育开展“如其所是”的思考、观察和描述，力求“反映”教育实践的“真实”。我们所倡导的深度介入与当下流行的“假介入”“浅介入”有根本差异，尤其表现在价值取向上。通过大学与中小学两类组织及教育理论者与实践者两类主体的合作，理论者“来到教育之中研究教育”，不仅描述和说明教育“是什么”“为什么”，还与实践者一道进行“如何做”的研究性变革实践，实现教育研究与教育变革的合一，即研究过程与教育新实践创建的合一，从而使“研究实践、通过实践、为了实践、发展实践，成为教育研究的标志性特征”。[②] 换句话说，理论者尝试以教育学方式主动认识、把握并与实践者一道

① ［德］底特利希·本纳.普通教育学——教育思想和行动基本结构的系统的和问题史的引论[M].彭正梅，译.上海：华东师范大学出版社，2006：序言1(注释2).

② 叶澜.教育研究方法论初探[M].上海：上海教育出版社，2014：340.

变革复杂的教育实践,实现教育实践资源向理论转化。这一过程需要理论者不仅把实践作为外在对象去认识,而且作为理论最丰富的源泉去吸收、体验、发现、感悟、转化,并与实践者合作创造可能的和更好的教育世界。这既是用教育实践来启发、检验、丰富教育理论的过程,也是扎根教育实践创造原创性教育理论的过程。

深度介入式教育研究的“深”主要表现在以下几个方面。

其一,作为理论者的“我”的深度介入。一方面是作为理论者的“我”的价值的介入与转化。在学术史上,价值是否介入在实证主义者与人文主义者间争论不断。但现在人们一般承认学术研究中尤其是在人文社会科学研究中,价值介入是不可避免的。不过这种价值介入的基本立场是以“我(研究者)”的价值来理解研究对象,“我”的价值是确定研究问题、筛选事实、作出判断的前提或基础,具有单向性,且对研究对象并不产生直接作用。在深度介入式教育研究中,“我”的价值介入除具有上述意思以外,更强调作为理论者的“我”的价值通过与实践者的合作,在教育实践中得以转化成为实践者的内在观念并外化为具体的教育实践行为,还要凝结成教育实践的具体形态(如孩子和教师的发展、学校文化、学校组织管理等)。因为有了这层转化的追求,而使过往价值介入从一种心理上的移情转变成理论者与实践者在价值上的相互影响和现实转化。当然,这并不意味着在任何情况下,理论者都不用留意和克制自身价值判断对实践者的影响,更不是说理论者可以任意介入其价值,推行理论者的价值,而是基于实践者对价值的认同、体悟及主动践行,是两类主体的价值在实践中的融通和转化。另一方面,是理论者的“我”对变革实践的置入性介入。旁观式研究中理论者一般不出席现场或参与而不介入现场。如在马克斯·韦伯看来,学者应拒绝过问他的学科力所不逮的问题,即只应停留于对实践者的“提醒”和“警告”。深度介入则强调理论者深深扎根于实践的泥土,熟悉学校教育实践的“泥土”生活,了解学校的特质、人与事,并全力介入到学校日常生活所遭遇的实际问题或困难之中,不满足于提供建议,而是以理论逻辑适度干预实践逻辑,通过合作保证介入的频度、效度,边试验、边发现、边完善,不停留在“解释”和“理解”对象上,而是“创造”对象,由此达成介入深度、理论生成与实践变革的持续推进。当然，介入过程中，理论者需要自识与自持，坚守介入的边界，不能包办代替。事实上，深度介入不是永久介入，真正有生命力的介入是培育实践者研究实践的自主性和自觉性，实现从“有形介入”向“无形介入”转化。

其二，“深”到学校的日常生活中去。生活具有非凡的育人价值，学校教育的伟力就蕴含在每天的日常生活当中。深度介入并不是理论者蜻蜓点水般地到学校走走看看，做做报告，跟教师谈谈话等，而是致力于扎根学校日常生活。扎根日常生活，意味着高频率与学校、班级、教师、学生相伴，成为学校的一份子，意味着努力开发日常生活的育人价值，意味着和教师们一起发现和创造日常生活中的美，赋予日常生活不一样的活力，创造学校不一样的新生活，改变学校日常生活的“质”，使其不普通、不平常。如此，理论在学校生活中扎下根来，转化成为学校的运行方式和师生的生活方式。扎根日常生活，还意味着理论者角色心态的“普通”和理论神圣性的祛魅。通过理论者的深度介入，实践者长期近距离与理论者合作和面对面的接触，双方通过沟通与合作发现彼此的差异与共性，互补与发展，赋予日常生活以研究品味。

其三，“深”到教师思想里去。教师深处教育改革的“深水区”，自身的不足及发展的需求迫切需要理论者的深度介入。通过合作，不断发现和解决实践中的问题，不断锤炼研究能力，理论者可以成为教师研究和专业发展的催化剂和助力器。尤其是理论者的人品、学术态度、专业素养、研究能力、问题意识和思维方式等都可以对实践者产生潜移默化的影响。其实，深度介入的过程也是相互学习、相互影响的过程。“在实践中，一个连贯的经验世界是通过行动的方式，通过对存在状态的实际改变来获得的。这一过程中所涉及的精神方面的东西是意志。实践是意志的运用；实践思维是意志；实践经验是服从于意志的世界。”[①]理论者与实践者在合作中的互动是这种“意志”运用的具体体现，理论者成为有实践智慧的人，实践者则成为有理论素养的人。

---

① [英]迈克尔·奥克肖特.经验及其模式[M].吴玉军，译.北京：文津出版社，2005：248.

(二)如何研究

1. 坚守教育学的学科立场

其一,理论者的学科自觉。在研究过程中始终坚持以教育学的眼光和参照系来观照教育实践,并审视、吸收、转化各种理论与实践的研究资源,生成教育学的研究成果。

其二,坚持对教育整体的教育学观照。当下流行的“教育科学”将教育当作公共研究领域而开展多学科研究,其结果“最多也不过是社会学中的一章,或一个心理过程,或一种经济投入,或一种政治工具,或一种社会心理现象的示例,或一个历史侧面,或一个哲学选题等,仅此而已。这种把社会学、经济学和政治学等的抽象模式加在教育之上并以此来研究教育的头一个后果就在于,它表明自己事先就放弃了任何改善教育的努力,因为除非有根本的变革改变了社会或整个世界,否则什么事情都别想干”。[①] 这种把教育瓜分一空之后再来综合以形成对教育整体认识的做法事实上不可能获得对教育整体的真实认识。为此,奥里韦拉曾指出,“如果教育不被看作一个自然完美的现实本身,而只是被当作一个多侧面的研究对象,每每按照科学模式的需要加以整理,那么被研究就不再是教育,而是我们自己对教育的观念了”。[②]这种认识是深刻的。事实上,教育本身作为一个活生生的现实整体,是一种客观存在,无论从其他学科得到多少关于它的知识,它总有一个其他学科无法穷尽的“内核”。这个“内核”就只能由作为学科的教育学来研究。没有哪一个学科的研究(哪怕是它们的总和或综合)所形成的有关教育的认识可以替代教育学对教育整体的把握。因此,深度介入式教育研究注重推进学校整体转型,在坚持推进学校整体转型性变革,在学校与班级两个层次推进学校管理、学科教学和学生工作三大领域的变革;每个领域的变革也是基于对学校整体转型的整体认识,然后以每个领域的变革再反哺对学校整体的认识。这与从社会学、心理学、经济学、管理学等学科着重研究学校教育中的一个方面

①② [阿根廷]奥里韦拉.比较教育:什么样的知识?[C]//赵中建,顾建民.比较教育的理论与方法:国外比较教育文选.北京:人民教育出版社,1994:312—313.

或领域存在根本差异。

其三，坚持教育的价值追求。教育是一种以人的身心发展为直接目标的特殊实践活动，过程中人的成长是最核心的价值。因此深度介入式研究非常关注育人价值，如学科教学、校园(班级)生活、各种活动、各种制度、学校管理等对师生育人价值的深度开发，强调成人成事的内在统一与相互转化。

2. 关注教育理论与实践的相互转化

其一，两类主体突破体制藩篱，形成基于双方发展内在需要的平等合作关系。理论者并不将自己定位为教育的立法者、阐释者或启蒙者，实践者也不将自己定位为执行者或资源提供者，彼此在合作中成为一路同行的研究者、学习者、创造者。这种关系的形成并非一蹴而就，而是一个复杂的过程，双方不可避免地会有试探、磨合甚至分歧、摩擦、抱怨、对立。然而也正是在这种相互关系的构建中推进了双方的转化，并基于这种变化形成内在相通、互补、互生意义上的复合主体的重要研究力量。

其二，理论适度先行，提供教育实践变革(研究)所必需的参照系和思维方式。“世界总是通过这种那种的概念框架的‘透镜’被感知的；概念框架及其所使用的语言在我们的所见所闻上印下了消除不掉的‘印迹’。”①实践者通过理论这一“透镜”可以对自己习以为常的行为进行反思性“观看”，以其为参照来发现自己的理念与行为中存在的问题；同时通过理论提供的框架，实践者可以形成实践未来发展的基本设想和方案设计，不至于盲目前行。英国著名哲学家奥克肖特(M. Oakeshott)曾说：“实践假定了两个世界，而这两个世界以某种方式被还原为一个世界。它假定了一个当下的世界——迄今为止我将这个世界称为关于‘是什么’或‘存在状态’的世界；除此之外，还有另一个世界，迄今这个世界被描绘为关于‘将是什么’的世界或‘尚不存在的’世界。”②在理论者介入之前，教育实践者开展的教育实践以其每天习以为常的方式开展。当理论者深度介入以后，理论者以理论为参照，在实践“实然”基础之上和实践者共同构建出实践的“应然”世界。概括地说，就是形成“学习

① [美] 拉瑞·劳丹.进步及其问题[M].刘新民，译.北京：华夏出版社，1999：17.

② [英] 迈克尔·奥克肖特.经验及其模式[M].吴玉军，译.北京；文津出版社，2005：250—251.

研究(形成新认识)——策划设计(新认识转化成新方案)——实践反思(新方案转化为新行动,发现新问题)——重建创生(形成新经验,产生新资源,达到新思考)”的持续循环。

其三,理论与实践的相互转化。“实践是对‘实然’的改造,以便使其与‘应然’相符。……因此,实践并不仅仅是对‘当下’的改变;它是将‘当下’改变得与一个观念相符合。实践就是对一个给定的世界的改变,以便使其与另一个给定的世界相一致。”①也正是在这一转变过程中,实践者的实践智慧得以被发现和以合适的方式呈现,既转化成为实践共同体的共享知识,又通过理论者的改造向教育学理论创新转化。这既是理论(“应然”)与实践(“实然”)的转化过程,也是理论者实践化和实践者理论化的转化过程。过程中,两类主体自身的发展变化至为关键:理论者基于实践践履,以实践为基础,善于通过实践检验自己的理论,善于在与实践者的沟通与交流及对变革的亲身参与中吸取实践者的新创造、新经验、新智慧,获得理论发展的新灵感,做到理论构建与实践变革的内在统一;实践者的实践变革不再是自己的粗略构想,而是在研究性变革实践中以理论为参照系逐步实现内在观念、外在行为的新变化,并将理论转化于学校教育实践形态的不同领域与层次中。“在这里,两种不同的活动——研究与实践——在各自保持自身特质的同时,融入了一个特殊的‘研究—实践共同体’。理论从中创生,创生中的理论不断地汇入生成着的实践;实践在理论的渗入下又不断调整。……由此,展现出教育理论与实践之间持续不断地循环互动、相互建构、互动生成的关系图景。”②

3. 方法运用上的具体综合

深度介入式教育研究从根本上说是一种对教育实践的“事理”研究。③ 这种研究在方法上的特征是哲学、科学与艺术方法的具体综合。在深度介入式教育研究中,在对教育本质、教育价值、教育理论的反思批判与重建、教育研究全过程的整体把握等方面注重哲学方法的运用,尤其强调哲学

① [英] 迈克尔·奥克肖特.经验及其模式[M].吴玉军,译.北京:文津出版社,2005: 277.

② 孙元涛.教育理论与实践关系新论[C]//叶澜.立场:“生命·实践教育学”论丛(第二辑).桂林:广西师范大学出版社,2008: 116.

③ 叶澜.教育研究方法论初探[M].上海:上海教育出版社,1996: 317.

对思维方式改进的作用；对教育事实的搜集、教育信息的整理与反馈、教育研究过程的设计与结论检验等注重科学方法的运用，尤其强调科学实事求是精神；对研究中不同层次不同类型主体情感与态度的把握及主体间关系的变化与发展、对学校文化与变革氛围等方面的理解等注重艺术方法的运用，尤其注重体悟、直觉式的判断与理解，用自己的生命体验与成长经验去认识人的培育中呈现的状态、事件与规律。

这里重点说明艺术方法。教育实践内在事理的许多方面难以用科学、哲学方法予以理解和解释，而只能靠研究主体以自己的心去感受。具体来说，又可以分为以下几个方面：

其一，感知。“感知可以看作是人与世界联系的直接通道。作为把握世界的方式，感知的作用离不开与‘身’相关的感官。”[①]而感知的更内在形式，是与理性相联系，即研究者身与心的融通，同时关涉对教育世界和人自身的理解、领悟与认识背景、过程之间的关系。当教育理论研究者置身学校教育实践现场，其身之感性直观与心之理性直观相互交融，对教育实践过程的丰富性、多样性将产生直觉式的感受。

其二，体验。体验与身之感知密不可分，所谓“以身体之”“切身体会”即是此理，不断返求诸己是其特征，隐含着研究者与实践者的自我反思与自我批判，同时不断将自己已积累的体验投入到对教育实践的生成性过程的理解中去，在此过程中使自己的精神世界不断丰富。因为“每一个体验都是由生活的延续性中产生，并且同时与其自身生命的整体相连”。[②] 就像加拿大著名当代教育学家范梅南所言，“教育需要转向体验世界。体验可以开启我们的理解力，恢复一种具体化的认知感”，[③]而由此产生的“教育学的文本应当具备一种启发灵感的品质和某种叙述的结构来激发批判性的反思和产生顿悟的可能性，从而使人在道德直觉上形成个人品质”。[④]这个过程也是理论者与实践者“悟”的过程。

---

① 杨国荣.成己与成物：意义世界的生成[M].北京：人民出版社，2010：88.

② ［德］伽达默尔.真理与方法[M].洪汉鼎，译.上海：上海译文出版社，1992：89.

③④ ［加］马克斯·范梅南.教学机智——教育智慧的底蕴[M].李树英，译.北京：教育科学出版社，2001：13.

其三,想象。想象其实在教育学研究中具有长久的应用传统,如夸美纽斯将宇宙、自然与人的教育相关联,又如卢梭以虚构的爱弥儿阐述自己的教育理想等。只是随着自然科学的理性主义向教育学研究的渗透,教育学研究愈来愈具有科学化的严谨和逻辑性,想象的空间日渐萎缩。由于学校教育实践总是指向未来的生成、成长而不是现有状态的简单呈现,因此需要理论者与实践者不断设想“除了这样,还可以怎样”“更好的状态会如何”,从而不断扩展、延伸、打开思路并产生新的尝试方式和转化方案。在此意义上,想象意味着维特根斯坦所说的“创造的行动”。[①] 此外,想象不仅构成对教育实践的认识方式,而且体现于研究过程中人与人的相互理解过程。在由己而及人的推论中便蕴含着想象,即始终秉持他者立场开展设身处地的思考。利科(P. Ricoeur)曾指出:“说你像我一样思考、感知,意味着想象:如果我处于你的地位,我将如何思考与感知。”[②]

其四,直觉。鲍曼(Z. Bauman)曾指出:“在绝大多数情况下,实际行动都是在行动者不太清楚或实际上不清楚行动的主观意义的状态下做出的,行动者更多地在较含糊的意义上‘意识’到了它,而非‘知道’他正在做什么或者清楚地意识到了它。”[③]在深度介入式研究中经常会是这种状态,往往会是灵光一闪的直觉,其特点在于超越既成思维模式。逻辑思维更多涉及普遍程序、已有知识系统,相对于此,直觉既基于已往的知识背景,又不受这种系统的限定。在直觉中,常规思路往往被转换或悬置,使新视野的呈现成为可能。同时,以直觉为形式,某些思维环节常常被省略或简缩,大量无关或具有干扰性质的因素被撇开或排除,思维过程由此呈现无中介、直接性的特点,形成对相关问题、对象的整体领悟。

其五,洞见。这进一步指向教育实践过程的本质规定和具有决定意义的方面,并获得认识上的内在贯通。它具有顿然、突发的特点,但同时又以长久的经验积累为基础。对于教育实践的认识与把握有时会在人的脑海中若隐

① 杨国荣.成己与成物:意义世界的生成[M].北京:人民出版社,2010:96.

② Paul Ricoeur. Imagination in Discourse and Action [C]// G. Robinson and J. Rundel. In Rethinking Imagination. London: Routledge, 1994: 128.

③ [英] 齐格蒙特·鲍曼.被围困的社会[M].郇建立,译.南京:江苏人民出版社,2005:8.

若现，但就在某个时刻在某种现象、观念或某个人的触发之下，洞见往往会在顿然间形成。这种洞见往往与教育实践研究与变革过程中的关键事件、关键节点相联系，意味着转化及其认识水平的提升。

（三）深度介入式教育研究的可能困境

客观地说，不是每个理论研究者都能或都愿开展深度介入式教育研究。这受研究者脾性、兴趣和介入实践的能力影响。但这些因素还属主体可控范围，对深度介入式教育研究产生更大影响的常常是一些非个体性因素。

1. 体制困境

被固着于体制内的人难以脱离体制的力量，形成了体制化的生存方式。在体制环境中，个人的意愿与选择往往受到约束或不得不受到约束。深度介入式教育研究中的理论者与实践者亦然。

就理论者而言，基于学术体制的"学院化生存方式"使其教育研究面临尴尬处境：远离教育实践，却偏偏要力图表达教育实践，而且还要加速"生产"。因此，不打破学究式的眼光、唯理论主义式的追求和书斋式的生活方式，理论者不可能做到对教育实践的深度介入。事实上，许多理论者正因为此，放弃深度介入，重新返归大学学术体制。因此，深度介入需要理论者具有坚定的定力和决心，还要有一定的责任与使命意识。而且，理论者在介入实践过程中，不仅要透视实践和实践者，亦要经常自我透视和反思，寻找自身在与实践者合作过程中存在的可能问题，时刻自我警醒、自我批判。

就实践者而言，深度介入式教育研究作为一种民间的、学术化的实践研究，常常与官方教育改革产生矛盾。这事实上使得中小学和实践者面临强大的压力。因此，他们就不得不"两张皮"，一面应对来自官方的各种督导、检查、考核，一面悄悄地开展合作研究，直至得到官方认可实现"一张皮"。但合作初期的这种撕裂感、紧张感成为逼迫实践者的强大压力。另外，合作中实践者还要承受大学理论者与本土教研力量的双重压力。因为官方学术权威（教研员）和民间学术权威（大学教育理论者）往往难以达成共识甚至产生敌对。因此，大学理论者的深度介入如何取得地方行政力量和教研力量的支持并实现学术力量与地方行政力量、教研力量整合，是一种极大挑战。

2. 相对主义困境

教育学自诞生之日起就有普遍主义追求的内在动力。而深度介入式教育研究强调理论者对实践情境的置身性参与,在认识论上体现出强烈的地方性和情境性,这与普遍主义形成了矛盾。这主要表现在以下三个方面。其一,研究凸显了民族文化意识,强调我们自己的历史、传统、经验智慧和现实处境。其二,研究凸显了历史意识。与普遍主义教育排斥时间性不同,深度介入式教育研究强调教育实践的动态性和不确定性,强调实践变革兼顾过去、现在和未来(如课堂教学的学情分析,我们要求教师分析学生的前在状态、现有状态和潜在状态,然后在此基础上确定教学目标、教学重难点和教学策略等),避免用一种模式或要求来“框”变动不安的实践情境。这种历史意识要求从实际和从现实问题出发,强调理想与现实和过去、现在与未来的相互融合与转化。其三,研究凸显了多元选择。情境的变动不居、问题的复杂多维、实践者的个人差异和区域与学校历史文化差异等,决定了价值、路径及理论与经验生成可能的多样性。

由于上述方面的原因,深度介入式教育研究有可能陷入相对主义的困局。对此,我们有以下澄清。其一,深度介入并非价值选择的相对主义。教育本身天然内含善的价值取向,在变革中虽面临多种价值选择甚至挑战,但道德目标仍属第一位。这意味着深度介入时,促进人和学校的主动、健康发展仍是主流价值,道德目标评判行动的核心标准,而并非“什么都行”或“什么都合理”。其二,深度介入追求的是不确定情境中的确定性。面临实践情境的流变性和变革的复杂性,已不可能寻求普遍的“教育真理”或“教育规律”,而只能在承认现实中不确定性无法避免的基础上进行实践变革,学会研究和开发这些不确定性中存在的发展可能性和可转化因素,以积极的态度生成新的变革因素和形成变革推进的确定性事实。实践也表明,在不确定性的现实中生成确定性的变革事实上是可能的。这种变革的不确定性中生成的确定性与传统研究追求的确定性相较,具有生成性和弹性化的特点。对于这种新型确定性的追求,需要理论者面对流变复杂实践情境时能审时度势,判断实践发展的趋势与方向,然后在此基础上“推波助澜”,促进积极因素的发展并减少消极因素。这其实是对实践变革的“度”和“势”的把握,使实践变革因

"势"而行，顺"势"而为，因"势"利导甚至是乘"势"而进。这一过程，不仅不排斥变化，而且强调在运动、变化中取得和谐、均衡和稳定，凸显灵活性。其三，深度介入时虽然不能确切预料实践变革的最后结果，但能基本判定其发展方向和大致范围，从而确定相对确定又具弹性的实施方案。这种可能的确定性不给实践者提供处方式的操作方案或模式，但给实践者提供了创造的无限可能与空间。

三、实践研究

学校变革推进中的管理、领导与治理：类型区别与阶段转化*

庞庆举**

广义管理学的基本概念正在发生质的改变，管理、领导和治理是在不同发展阶段被突出研究的相关又不同的三个基本概念。它们在目标、过程和主体及其关系等方面的类型差异，预示着管理领域改革的基本趋势。以此观照，结合学校及其成员的特殊性，可发现阻碍学校变革推进的瓶颈问题：运行重心太高，价值取向模糊，缺乏系统综合思维。当代中国学校变革推进中创造的学校领导与管理新经验：重心下移的运行方式、成人成事的价值取向和整体融通的思维方式等，体现了学校治理的理念与能力，以及教育体制改革的基层突破。

当前教育改革越来越注重以学校为基本单位进行，学校管理的改革问题逐渐浮出水面。自党中央提出“治理体系和治理能力现代化”以来，如何以治理理念反思、推进学校变革和管理改革，成为重要的教育研究主题，这是一个涉及宏观、中观、微观复杂交织的现实问题。就学校层面而言，借鉴新思想、新思维，突破原有的管理理念和行为方式，在改革推进中积累、提炼新思路和

---

* 本文系全国教育科学“十二五”规划国家重点课题“当代中国社会的教育责任研究”(AAA150009)、教育部重点课题“当代中国学校变革推进的路径研究”(DAA150207)、教育部重点研究基地华东师范大学基础教育改革与发展研究所基地重大项目“中国基础教育学校现代化发展道路的本土探索”(16JJD880019)和“生命·实践”教育学研究院“一五”一般课题“‘生命·实践’教育学对近代教育学的回归与突破研究”的系列研究成果之一。

** 作者：庞庆举，教育学博士，华东师范大学教育学系讲师，“生命·实践”教育学研究院研究员。

新路径,是学校变革推进的重要乃至首要任务,也是深化教育综合改革的基础性工作。

一、管理、领导与治理:发展演变中的关联与区别

广义管理学(management,又译“管理”)的基本概念正在发生质的改变,从中发展出与之相关又不断显现新质的领导(leadership)与治理(governance)等。一般而言,狭义的管理(administration)与领导、治理都属于广义上的管理学概念范畴。随着领导学逐渐从管理学中独立出来,“领导”这个概念日益突出强调其不同于“管理”的独特内涵。“治理”这个概念,无论中外都古已有之,但自20世纪90年代以来,在新的时代情境中,它被西方政治学、经济学和管理学研究者赋予了许多新内涵、新用法,甚至提出“没有统治的治理”(governance without government),极力凸显当代“治理”理念与传统“统治”的不同。治理概念的当代重提,所凸显的独特内涵既不同于管理,也不同于领导。厘清基本概念和基本理论的演变,可以从中发现相关领域的未来发展趋势。

(一) 基本概念的辨析

已有学者对三个概念的关系和差异进行过专门研究。[①] 总体而言,三个概念在管理理论的不同发展阶段提出,具有演变中的相关性,同时存在质的类型区别。

1. 管理指在特定环境中,个人或组织利用已有资源去实现既定的组织目标的过程。

---

① 袁慧芳,彭虹斌.从教育管理到教育领导——教育领导学作为一门学科的创立[J].外国教育研究,2010(6);格里·斯托克.作为理论的治理:五个论点[J].国际社会科学杂志(中文版),1999(1);Leithwood,K.,Chapman,J.,Corson,D.,Hallinger,P. and Hart,A. International Handbook of Educational Leadership and Administration (Vol.2)[C]. Boston:Kluwer Academic Publishers,1996.等。

2. 领导指在一定的环境和条件下，领导者对被领导者产生影响，组织和激励其努力、积极实现某种目标的行为过程。

3. 治理与前两个概念已取得相对共识不同，治理的新内涵还在逐渐厘清中，目前获得较多认可的是：治理是各种公共的或私人的个人和机构管理其共同事务的诸多方式的总和。它是使相互冲突或不同的利益得以调和并采取联合行动的持续过程。它有四个特征：治理不是一整套规则，也不是一种活动，而是一个过程；治理过程的基础不是控制，而是协调；治理既涉及公共部门，也包括私人部门；治理不是一种正式的制度，而是持续的互动。①

三者都是在特定环境和条件下朝向未来目标达成的一个过程，体现出组织中管理活动的系统性、目的性和过程性，所不同的是目标的形成、过程的运行，以及活动中的重要主体及其关系等(见表1)。

表1　管理、领导与治理的比较

	重要主体	目标的形成	过程的运行
管理	管理者	管理者或组织既定	运用人财物等资源，成事
领导	领导者与被激发者	既定或生成	激发被领导者努力积极成事，在成事中成人
治理	系统内各类成员	协商生成	多元主体互动生成，以成人促成事

从管理到领导再到治理，在主体层面，重心越来越下移，形成多元参与、互动生成的局面；在目标层面，越来越关注多元、不确定性的协商生成；在过程层面，越来越强调做事对成就人的价值，以及成人成事的转化统一。这些发展趋势与信息化时代普通人主体能动性的真实到来、转型社会的多元不确定性等密切相关，也因之不会只停留于理论主张，而是具有现实基础以及迟早实现的可能。“在转型变革中，人是最重要的、持续发展的决定

① 全球治理委员会.我们的全球之家[R].牛津：牛津大学出版社，1995：2—3.转引自：俞可平.全球治理引论[J].马克思主义与现实，2002(1).

性力量。如果只关注成事,学校也会发生变化,但可能是短暂的,随事之成而消停。”①在学校是个有机体的意义上,广义的管理可视为其神经系统,狭义的管理是其额叶在活动,领导可视为是以额叶为总指挥的整个脑和脊髓等中枢神经系统在活动,且逐层激发、配合,治理则是中枢神经系统和周围神经系统在内的全部神经系统、多种器官都在活动,且协同互动。有持久生命力的有机体的特征是:随着脑的发育、健全,全部神经系统越来越协调。

(二)基本理论的演变

三个概念都属于广义管理学,其基本理论主要来自西方。关于管理的基本理论形成于20世纪初,自以泰勒(W. Taylo)的《科学管理原理》(1911)和法约尔(Henri Fayol)的《工业管理与一般管理》(1916)为代表的古典理论诞生以来,管理理论流派纷呈;关于领导的基本理论于20世纪70年代逐渐从管理理论中独立出来,提出了本领域独特的理论观点;关于治理的理论研究自20世纪90年代开始涌现,目前还在讨论、形成中。此处,仅以相对成型的管理基本理论和领导基本理论的发展演变,探讨其关联与区别。

1. 管理基本理论的演变

管理的基本理论从早期的科学管理理论,到逐渐关注人际关系、系统的复杂与权变等,越来越关注理论背后的人性假设,重视对人作为管理理论前提的研究,无论是“经济人”“社会人”还是“复杂人”,无论是“完全理性人”还是“有限理性人”,随着管理理论的发展,都越来越凸显出人(最初主要是作为被管理者的人,后来研究管理者、领导者,目前包含所有组织成员)在管理活动中的重要性和人在管理理论研究中的前提性。相关理论越来越关注人本管理,重视人的积极能动性。人本管理因复杂而见效慢,却具有长期可持续性和文化根本性。

从发展趋势看,好的管理重视激发成员的积极性,具有当代领导的内涵,且随着成员积极性、主动性、创造性的提升,好的管理还会不断重心下移,直

① 叶澜.“新基础教育”论——当代中国学校变革的探究与认识[M].北京:教育科学出版社,2006:337.

至赋权给基层成员，达于治理。

2. 领导基本理论的演变

领导理论中的领导特质理论、行为理论和权变理论，基本上是从管理学视角研究领导者(管理者)这个独特的人的因素，随着领导不同于管理的特质越来越凸显，领导理论也开始独立于管理理论，相继提出了领导学视野中的转化式领导、道德领导、分布式领导和知识社会领导等，越来越重视价值规范的重要、成员潜能的激发，实践过程的重心亦不断下移。

一般意义上的领导从属于管理，好的领导则走向治理。有学者认为，"教育要取得进步和成功，必须在学校组织中建立起分布式领导，而不是依赖少数领导精英。在传统的科层组织结构中，领导者与下属之间界限分明，领导力的执行者是少数人，他们处于金字塔的顶端和上层。然而这种单一取向的领导模式不适用于学校之类的知识型组织，因为在这类组织中，组织成员有较强的专业知识和技能，有积极的自我管理意识。因此，领导必须学会分权、授权于他人，这样才能应对复杂多变的动态环境"。[①] 领导理论中的分布式领导已内含和体现着治理理念。这也是发展趋势。

管理、领导和治理既存在类型差异，又相互转化，并非截然分割，而是有交叉，又会动态转化，其间关系如图1所示。

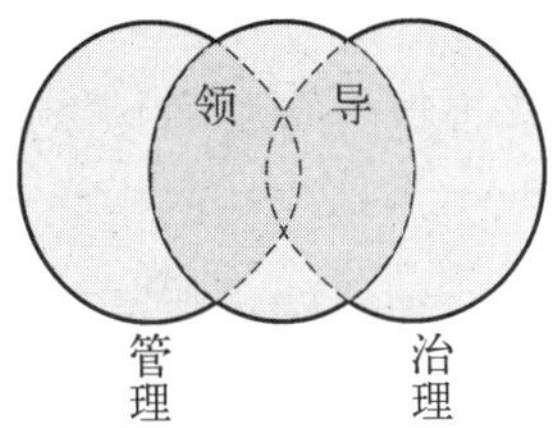

图1 管理、领导与治理的关系

说明：外围虚线表明三者在具体情况下，权重比例会发生动态变化。

相比而言，管理首重立序、维稳、实现既定目标，为此，需要管理者(额叶)主持规划、统筹、协调。基于此的管理，能够面向未知进行开拓创造，在不确定性中进行创新、生成，这就需要更具领导力的领导团队(大脑)，谋划愿景，共同努力实现。在成就事业的过程中，一批有愿景、善努力的各类主体成长起来，他们能够而且需要赋权、互动协商，完成更综合复杂、更有挑战且指向更美好未来的"大业"，这是实现治理的体现。多元参与、共治善治的前提是多元主体具有相应的素质，主体相应的素质只能在变革推进的参与互

① 陈永明，等.教育领导学[M].北京：北京大学出版社，103—104.

动中,才能逐渐养成。做事中成就人,成就的人能更好地做事,这是管理、领导与治理之间动态复杂的转化关系。

同时可以看出,随着时代的发展,相关理念越来越关注过程中人的重要,努力在成事的过程中成人,某种意义上,这是终身教育时代到来的体现之一,任何组织的活动都会产生直接或间接的教育影响,影响其成员及相关者的身心发展。因此,有关理念的演进也越来越趋近学校管理,对学校变革中的管理改革具有更多启发价值。

二、当代中国学校变革推进中的常见管理问题

以治理理念重审我国学校变革及其推进,不难发现在价值取向和思维方式等方面存在的痼疾。结合学校组织及其成员的特殊性,更可以明确学校变革推进中的常见管理问题。

有关学校管理的理论与实践,原来比较多地从公共管理、企业管理或政府管理研究引进。就学校作为一种社会组织而言,这些理论有一定启发价值。但学校是具体、独特的专门教育机构,不是抽象、通用的社会组织,更不是企业单位或行政机构的翻版,不能也不应照搬其他类型社会组织研究的理论与做法。学校在产生之初,就有迥异于企业、不同于政府机关的独特功能和实践。独特的功能需要独特的结构形态,以及与之相应的制度、机制和行为文化;独特的实践需要独特的理论,不能直接从企业管理或行政管理进行推演。因为它们往往并不关注学校组织及其成员的特殊性,更不可能以之作为研究思考的大前提,这是教育、学校教育研究者必须自己研究思考的基本问题,不可能也不应该寄望其他研究者承担。

对学校管理问题的研究思考,首先要有对学校及其成员之独特性的基本理解,并结合有关发展趋势和中国当代学校实践进行综合分析。

学校是一种独特的文化教育机构,它通过人类群体创造的文化培养人,又通过新一代社会成员的养成,实现社会和人类文化的更新性再生产。这不同于政治、经济机构。作为学校组织基本成员的师生,一方面拥有必需的文化资格,另一方面又具有强烈的文化发展、自我实现、变得更美好的

"似本能需要"。他们通过与人类社会文化进行交往,实现传承、发展与更新。文化的核心是价值观,交往的前提是群体规范,因此,学校组织具有鲜明的文化性、规范性、道德性以及交往转化性。在越来越强调以人为本的社会里,学校的这些基本特征将越来越弥漫、显现,得到更普遍重视。"学校是一种不同于企业组织的学习共同体,教师的工作不可能由'科学'来界定,具有专业精神和教育信仰的教师自会坚守'做正确的事情'的底线,并能发挥其聪明才智和创造力。因此,校长的第一要务不是监督考核,不是和教师去做交易,不是为教学工作开具'科学处方',而是建树目的和文化建设。"①

学校处于特定时代,为实现特定教育目标而专门设立,在传承自身发展历史的同时,与所处时代、社会多重因素交互作用。中国近代学校形态,是在清末民初为救亡图存而从国外引进的,与传统形态迥异,诞生之初便责任重大,发展过程中亦问题重重。发展至今,在信息化时代、社会转型时期,当代中国学校面临多重交织的复杂问题,需要重审千年传统、百年嬗变,结合当今时代精神与社会需求,确立新愿景,采取新内容,经历新过程,创建新形态。这是一场从近代形态走向现代形态的整体转型性变革,"它不仅要对原有的形态作深入的分析与批判,发现具有全面性和根本性的问题,而且要按新的价值取向和观念系统,做出新的系统策划和在实践中进行重建"。② 学校整体转型性变革是一个复杂的多层面转化的漫长过程,需要长远目标的指引、阶段推进的策划和日常创新的积累,需要学校变革主体,尤其是决策主体发挥能动性。这首先是对以校长为第一责任人的领导团队提出的学校管理改革任务,包括学校发展规划的策划与协同修订过程,各领域分工负责又整体融通的组织、制度变革,以及各类行为主体的价值提升、实践智慧和文化形成等。

在明晰治理理念与学校特殊性的基础上,可以进一步弄清制约学校变革推进的瓶颈式管理问题。

---

① 冯大鸣.美、英、澳教育领导理论十年(1993—2002)进展述要[J].教育研究,2004(3).

② 叶澜."新基础教育"论——当代中国学校变革的探究与认识[M].北京:教育科学出版社,2006:123.

1. 运行重心太高,科层制明显

学校变革在学校发展规划和文化建设方面,常见问题是停留于对上级规划和文化口号的演绎,运行重心太高,自上而下的惯习变化不大。规划"墙上挂"、文化"文字化",主要功能异化为"应景",给"上面"看,给"别人"看,缺失了应有的"发展""内在"价值。外在于学校具体情况和广大成员,并非其自身发展需要和内在追求的所谓"发展规划"和"文化建设",难以得到学校广大成员的认同,没有广大成员的认同、参与,就培育不出治理能力,也就难以以治理理念推进学校变革。

在学校组织和制度改革方面,党—政—工、高—中—基层,结构上仍呈现明显的科层制特征,缺乏网络化的民主协商和灵活沟通机制,即不能满足微观教学与课程改革的经验提炼、推广,也难以创造性落实宏观体制机制改革的目标。制度繁杂,重事轻人,重"管"轻"理"、重"罚"轻"奖"、重物质轻精神,缺乏对教师内动力的激发和队伍建设的凝聚与促进。在从管理(狭义)走向治理的路上,还有很长距离。

2. 价值取向模糊,同一化明显

在三四十年的教育改革中,学校所做的改革之事不可谓不多,但是在越来越多、越来越忙的变革举措中,校长、中层、基层教师作为重要的变革主体,自觉地在做事过程中判断、抉择,提升自身的研究力、策划力和变革领导力,包括对学校教育观念系统和教师发展等方面的深度理解与自我认同,仍较多停留于经验的无意识层面,缺乏理性提升与深化。

就学校作为一个整体系统而言,学校教育培养人、育人功能的实现主要通过课堂教学、课外活动及其改革进行,其实,学校管理及其改革也有丰富、综合、直接和间接的育人价值,但是成事成人的教育管理观尚未得到普遍体现。"启动组织发展项目完全是一个价值观问题,……组织发展的价值观,随之而来的是对变革过程的基本理解,蕴含在组织发展中的有关学校的思维方式,所有这些都比组织发展的技术和工作方法重要得多。"①

---

① 波·达林.理论与战略:国际视野中的学校发展[M].范国睿,主译.北京:教育科学出版社,2002:208.

现实存在的学校事实上千差万别，但是学校管理的理念与行为方式，却存在同一化现象。一方面，学校管理方式趋同于政治组织，缺乏必要的辨析和独特的创造，“教育产业化”“人力资源化”“班级老干部”等现象一度或至今仍普遍存在，有关改革的力度与效果尚不明显；另一方面，学校与学校的管理理念和实践也大同小异，即使是力图体现学校个性的特色建设，也往往停留于个别项目或校训表达，而非整体特质。在具体发展历程和当代时空背景中，纵横交织、综合生成的，内外整体融通的学校特质研究尚未引起普遍重视。①

3. 系统赋权不足，综合融通缺乏

这和前面两个问题都相关，同时受到学校系统外部多种复杂因素的影响。

在整个社会系统中，对教育系统赋权不足；在教育系统中，对学校赋权不足；在学校系统里，对广大教师赋权不足。科层制带来的逐层挤压、赋权不足、普遍被动，导致学校缺乏办学自主权、内动力和创造性，缺乏专业的内在尊严，这反过来又进一步加剧了赋权不足问题。深化教育综合改革所需要的综合思维，创造性落实治理理念所需要的生态式融通思维，尚待培育。

上述这些都妨碍了学校变革推进中的校本创造与具体深化，也有悖于治理理念所强调的多元化、个性化和互动共生。重心下移、成事成人、多元参与、协商互动，这些在广义管理（含领导）领域的发展趋势，恰恰可以解决目前学校管理中存在的主要问题。如在分布式领导和治理理念下，学校领导与管理变革需要确立成人成事的价值观，建立责任人与合作者的人际关系，在变革过程中重心下移，开放互动，最终实现动力内化，达到新常态下的螺旋递进式自组织运行。反过来，在切实进行学校管理改革的过程中，可以进一步清晰相关的基本理念和大势所趋。在明晰基本理论发展趋势的基础上，针对目前存在的主要问题，重建学校管理的理念与实践，牵一发动全身，推进学校整体变革，进而创造性地落实教育综合改革深化研究。

① 施洪亮.普通高中学校特质的内生路径研究——以华东师范大学第二附属中学为解读对象[D].上海：华东师范大学，2017.

三、学校变革推进中的管理、领导与治理及其阶段转化

正是在对学校的本质、学校领导权威的特质和校长角色的独特性等一系列批判性反思基础上,萨乔万尼创造性地建构了标志着学校管理研究进入独创阶段的道德领导理论,他不仅提出了“学校是一个学习共同体”、学校领导权威是以道德领导为首位的复合构成、校长是“领导者的领导者”、校长的第一要务是形成学习共同体的共享价值观和理想信念等一系列命题,而且涉及狭义上的管理与领导、治理的类型区别和阶段适用问题。①

在现实层面,自改革开放以来,当代中国学校在多层面、不同程度上取得了一系列变革新经验。其中,经得起时间与实践检验、越来越产生辐射效应的学校变革经验,尤其值得关注。如自1994年正式启动、持续推进至今且越来越在国内外产生多层面影响力的“新基础教育”研究,它以学校为整体转型变革的基本单位,23年合作研究积淀形成的变革成果和经验,得到了政府、学界和基层学校的多方面肯定,以及国际同行越来越多的关注。② 在学校领导与管理改革领域,它创造了包括价值取向、行为方式和思维方式在内的一系列新经验。

1. 变革之初:校级管理重心下移,在成事中成人

在变革的初期阶段,校长作为学校发展的第一责任人,在管理稳定有序的前提下,发挥第一责任人的变革领导力,带头变革,以学校中长期发展规划的制订和修订为例,改变以往重心高、墙上挂的做法,明确发展规划制订过程的成事成人价值,重心下移,开放互动,发动全体成员学习、研讨。具体而言,领导者先统筹形成规划框架,将具体内容下放给各有关部门,这是第一次重心下移;再自下而上进行具体内容的汇总整合,形成第一个轮次的上下互动。具体整合后的规划初稿再次下放给全体成员,相互学习、讨论,进行具体修

---

① Sergiovanni, T.J. Moral Leadership. Getting to the heart of school improvement [M]. San Francisco, CA. Jossey-Bass, 1992.

② 庞庆举.论“新基础教育”理论的实践影响力[J].中国教育学刊,2017(6).

订，这是第二轮重心下移；具体修订后的规划稿还要自下而上，再次进行整合调整，这是第二轮次的上下互动——根据实际需要，这样的重心下移、上下互动，需要进行若干轮次，才能形成因普遍参与而可能获得普遍认同的阶段性规划定稿。“为什么反反复复做规划？就是要在学校里面形成大家一起思考的局面，更重要的是要转变思维方式，摸清家底，要有清晰的目标，对具体措施也有清晰的认识。”①

管理者先行，更新管理理念，以学校发展规划的制订、修订为抓手，发挥领导意义上的激发和引领作用，重心下移，不仅完成规划定稿，而且在此过程中培养领导团队和核心力量。

2. 随程推进：中层领导重心下移，以成人促成事

在变革推进过程中，通过学校组织、制度的相应变革，权力下放，激发各领域、各部门中层领导的主动性，创造性落实发展规划的目标，实现校级层面的因事成人。与之相应，学校各领域、各部门都要重心下移，形成各领域、各部门的具体发展规划，从培养骨干（他们是进行治理的先行者）开始，经数年研究性变革实践，积淀形成新的教育教学行为和文化。

以教研组建设为例，教研组要从传统的上传下达式基层管理组织切实转变为当代教学改革研究与教师发展组织，在事的意义上，教研组长首先要带头主动分析自己的家底（包括基础、问题与发展空间和目标与措施等），长远策划专题系列教研活动，以之聚通各类日常教学活动，形成聚合力，防止散点应对。“在专题研究不断推进的过程中，如何发挥每位教师的智慧和力量，使常态化的专题研究能够持久、深入、高效地开展，并形成与日常研究相融互促的研究机制显得格外重要。这需要教研组将研究重心下移，即将原先一直由教研组调控的研究权下移到每个年级备课组中，下移到每位教师，实现专题研究由一统到开放的转变，调动教师的积极性和创造性。”②

在持续推进的改革研究中培养骨干教师，逐渐形成骨干稳定、梯队合理的教师队伍，同时积淀生成各领域、各部门、各教研组和年级组的新研讨制

① 张向众，叶澜.“新基础教育”研究手册[M].福州：福建教育出版社，2014：74.

② 伍红林.当代学校转型变革中的教研组建设[J].教育发展研究，2014(24).

度、行为文化和组(室)文化,并创生、形成正式与非正式的研究型组织与制度,如教师专业委员会、某某工作室、“磨课俱乐部”“三人行”“接力棒研讨”等,①发现、提炼和推广各种创造性教研经验,激励核心成员、广大成员的主动创造,逐渐实现教研组和年级组层面的因事成人。

3. 整体变革效应:形成整体融通的管理变革系列,师生治理,内生共生

教学改革、综合活动改革、教师发展,最终体现在对学生发展的影响上。同时,班级层面也要重心下移,进行班级管理改革,让越来越多的学生主动积极参与班级建设,包括班级环境建设、班级岗位建设、主题活动开展和以班级为基本单位的各类学校、社会活动等。

以班级岗位建设为例,改变主要由教师指定、分配、评价岗位等重心较高的做法,以及学生担任岗位长期不变等以完成任务为主的价值取向,改由教师引导学生发现岗位、自己选择岗位、自评互评等重心下移的做法,激发学生们(从核心骨干逐渐发展到广大成员)的主动积极性,一面为班级集体做贡献,一面锻炼能力(包括自我管理)、提升自我意识,并通过岗位的承担、评价、轮换和升级等,发挥岗位活动的多方面综合育人价值。“班级岗位建设与学生发展的关系,……具体到实践改革中,依照时间序列,分别涉及岗位启蒙、岗位指导、岗位设置、岗位评价、岗位轮换、岗位升级等,涉及不同年段岗位建设独特性的研究,还有岗位建设与小干部培养的关系研究、岗位建设与班级文化建设的沟通研究、岗位建设与主题教育活动之间的沟通与对话研究等。”②

重心下移才能激励各类主体主动参与,实现愿景,同时提升育人价值。能积极主动创造班级新生活的广大学生,是班级建设的最好保障,这是班级层面的因事成人。

综上所述,在学校领导与管理领域改革中,就各阶段的突出特征而言:首先是管理者先行启动变革之事;然后发挥领导者的激励、引领作用,重心下移、互动创生,在推进变革之事的过程中培养核心骨干与团队力量;在成事中

① 叶澜.“生命·实践”教育学论著系列三——合作校变革史丛书[M].福州:福建教育出版社,2014.

② 李家成.“新基础教育”学生发展与教育指导纲要[M].桂林:广西师范大学出版社,2009:90.

成长、成熟起来的教师和学生，从个别骨干到多数直至全体成员，形成分布式领导，这是班级、学校乃至社会发展的最可靠保障。

学校变革推进中的管理改革不只是学校层面的事，而且是管理理念与做法在学校系统内外多层面、多领域复杂传递的整体存在。在管理、领导与治理类型区别和阶段转化的参照下，以成人成事为价值取向，以重心下移为行为方式，以整体融通为思维方式，逐渐形成渗透到校级、年级、班级多层整体有机的管理改革系列。影响到学校中最大量存在的学生日常生存方式，才能最终体现出现代新型学校培养时代新人、创造未来新社会的教育力量。

"当代中国学校的转型变革要把握好方向，'价值提升、重心下移、结构开放、过程互动、动力内化和整体融通'，这是转型后学校形象之内在气质的整体表达。唯此，才能提升学校的生命质感，体现当代社会对人的教育需求。"①学校整体转型性变革，需要学校领导与管理首先发生变革，明确愿景，引领变革。这不仅是学校变革的重要构成，而且是变革启动的前提和持续推进的关键。学校管理价值观念发生变化，学校人际关系和行为方式才会逐渐从量变发展到质变。在做事的过程中成就人，提升活动价值，形成行为主体的发展内动力，这是实现变革的根本保障。

以人类生命积淀所创造的文化为中介，通过生命间交往，实现文化转化的特殊文化生命场，学校组织具有鲜明的生命性，因此需要提升生命意识，开展任何教育教学活动都要考虑如何充分发挥育人价值，焕发活动中的人之生命活力。由此，治理理念契合学校特质，成事成人、重心下移、多元参与、整体融通，焕发和成就每位成员（包括教师与学生）的主动性、能动性，实现学校教育培养人的直接目的。与之相关的、间接的社会目的才能水到渠成。这样的学校教育不仅内部呈现生命活力，而且才能呈现学校特质，赢得专业尊严，并逐渐改善外部生态。

① 叶澜."生命·实践"教育学派的教育信条[N].光明日报，2017-2-21(13).

关于“新基础教育”小学音乐教学改革的几点认识*

徐冬青**

本文从“新基础教育”的综合学科教学改革原则出发，结合小学音乐教学改革实践过程中所出现的问题，有针对性地提出了五个教学认识，即感受要充分，表现要丰富，认知要渗透，制作有创意，文化需拓展，以求从音乐学科的自身特点出发，提供小学音乐课堂教学的基本改革思路和实践原则。

为什么学生喜爱音乐却不喜欢上音乐课？除了作品本身外，还可能是没有适应学生的真实状态，而仅仅关注纯粹的音乐知识技能的传授，没有从提高学生音乐素养及喜爱度，提高学生音乐学习能力，为学生“种”上音乐的“种子”的角度去思考音乐教学问题有关。如何让学生因为音乐课而喜欢上音乐？值得我们实践者去追求。自从承担“新基础教育”的综合学科教学改革的课题研究以来，我参与了“新基础教育”的多所多地区的综合学科教学改革实践研究，特别是持续地参与了小学音乐学科教学的课堂听课评课活动，与多所学校的音乐教师进行了研讨和尝试，在经过数年的听课评课实践研讨基础上，我提出几条关于“新基础教育”小学音乐学科教学需要关注的课堂实践原则，供有兴趣致力于小学音乐教学改革的实践者参考，也欢迎批评指正。

* 本文为华东师范大学“生命·实践”教育学研究院的重点课题“‘新基础教育’小学音乐教学改革研究”的阶段性成果。

** 作者简介：徐冬青，复旦大学高等教育研究所副研究员。

一、感受要充分

音乐是聆听的艺术。在音乐课堂上，培养孩子对音乐的感受力可能是音乐学科教学的一个基本目标。但感受力只能在感受中才能得到培养，投入作品，充分感受则是学生获取音乐实践能力的基本方式。音乐课的基本文本是音乐教材，以作品范例的形式，按照课的结构串联起来，音乐素养的养成是以渗透于每一个作品中的包括乐理、符号、技能、评价等多方面的音乐要素组成，以课的形式逐步实现。这也就构成了以作品为单位的教材组织形式和基本教学实施方式。基于教材的要求和教学指导读物是教师教学的基本依据，在这方面一般来说教学参考书比较概括，给予教师的拓展空间比较大。但是，音乐课上我们往往看到的是每节课的知识点、技能等都落实了，但学生如何完整的唱一首歌却不知道如何下手，老师不教，就不会唱歌，甚至不敢尝试是不少学校音乐教学中存在的一种现象。好好地唱一首歌还是泛泛地学会一百首歌是值得老师们考虑的问题。

另一方面，由于地区、阶层、文化、家庭等多种因素的影响使得具体音乐课上的学生状态呈现出多种差异。由于小学音乐教学作为一种启蒙阶段的教学，一般以关注整体、多种要素组成的结构、作品特点、来自学生个体的音乐理解为通常状态。因此，面对上述问题，在基于音乐素养的课堂教学中，对于感受的充分性就需要予以重点关注。在我看来，感受力是音乐素养养成的重要内容，但在我们的音乐课堂上却往往被忽视，有的匆匆而过，有的则不了了之，没有受到老师们的重视。感受是欣赏的基础，是评价的前提，是培养艺术判断力和直觉能力的开端，没有这个充分感受的养成阶段，没有将感受—欣赏—评价有机渗透、铺垫转换的细致设计和训练阶段，孩子的音乐素养的养成是非常困难的。之所以提出感受要充分，是基于听课过程中所呈现出的不同状态的问题的思考。在很多课上，学生听是听了，却是匆匆而过的听，点到为止的听，抽取答案的听，还有各种似听非听，光听不说，光听不评，光听不动等，都导致音乐学习中的沉醉似的、浸入式的聆听状态难以出现，学生、教师都是在作品之外兜圈子，或者只是教师的自娱自乐，学生难以进入作品。

音乐教学的聆听与倾听的第一要素被严重忽视,充分成为音乐课堂感受尤其值得关注的方面。何谓充分?何种充分?有反复体会、有层次要求、关注每个人的卷入、多种音乐元素渗透以及聆听者的心的参与等,都是我们理解充分的角度和要求。之所以提出充分的要求,更多的是有感于音乐教学中的“不充分”的问题。我所观察到的“不充分”,主要表现为以下一些状态,比如在让学生听完《凤阳花鼓》后,教师问学生这是什么歌曲,学生回答《凤阳花鼓》后,教师说“你课外阅读真广”后即转向了教学预设的目标,且不说学生是否是从课外阅读中了解了《凤阳花鼓》,即使知道了,似乎也不足以对这一民歌的形式、风格有充分的了解,匆匆而过的导入使其听了一遍,自由表达出的多样真实地感受被忽略,无法交流,也无法在课堂教学中找到真实的教学起点,这种长期被忽略而缺乏真实自由表达的状态,必然导致学生不喜欢也不能让自己的真实艺术感自由表达出来,难道每个学生就仅仅听出了一个知识性的“知道”吗?

第二种是呈现学生真实感受的不充分的状态,比如教师在导入时说,“接下来让我们欣赏一首欢快的××”,学生听完后,教师问:“同学们,请谈谈这首乐曲的情绪是怎样的?”接下来可想而知的一边倒的答案。这种带有极强的暗示性的问题,使得学生不能真实地表达自己的感受,某种意义上是教师的感受替代了学生的感受,甚至是教材教参中的答案代替了学生的真实感受,艺术教育所需要的每个孩子的真实起点,甚至是创意性的多重感受的起点,如果这种多样性的感受状态不能呈现出来,这样的课堂,聆听音乐变成了一种与学生生命体验毫无关系的过程,长期下去,学生必然游离于音乐课堂,因为,这样的课堂,不是“我们的课堂”,而是“老师的课堂”或“完成任务的课堂”。

第三种状态则是缺少适当的反复。在导入环节,很多老师只是匆匆放过一遍,然后选择一两个同学的正确答案就转到下一个环节,对于乐曲或歌曲的乐段、情绪、节奏以及与以往听觉经验和音乐经验的区别和不同的比较、发现等都没有展开,这样的导入就使得聆听、倾听、带着问题的听等都没有可能充分展开,学生对于作品缺少用心体会的时间和机会,也缺少充分交流比较发现评价的机会。这样的课给人的感觉似乎学生们从来没有听过音乐似的,每节课都似乎是从头学起。其实,即使没有音乐经验,来自自然的声响世界的感觉总不会没有吧。在这样的课堂上,学生没有自主接触作品,"摸爬滚打"或"连滚带爬"的音乐学习经验的缺乏,使得学生的经验不能充分生成和展开,课堂缺乏学习的张力,学生没有成就感,只有按照老师要求做到后的被表扬。

第四种状态表现为,作品呈现不够,教材的重组意识不够。由于我们的教材有很多是节选,这样,除非学生的课外的音乐经验积累比较充分,否则,整个小学六年下来,到底一首完整的乐曲是啥样的,学生都没有经历过,那就是一种严重的缺失和遗憾。因此,教师要肯花时间让学生去听,去揣摩,去切磋,去评价,否则学生的音乐分析能力不能得到充分提高。

第五种状态则表现为在导入环节中设计的激发兴趣的策略过多,减弱了聆听欣赏音乐的环节,要么学生的注意力或兴奋中心从作品身上发生了转移,使得过于渲染的情境或视频降低了作品本身的魅力和欣赏的重心。有的教师在设计问题上,往往缺少从音乐角度设计问题,使得课堂的音乐性被削弱。

第六种情况则是有一些教师在导入环节的自身示范的度的把握问题。教师范唱、范听是音乐教学中的一个必要环节,也是音乐教师学科教学素养的基本体现,但笔者认为,如果不是为了吸引孩子的兴趣,带领孩子进入音乐的殿堂,或向孩子展现另外一种理解或趣味的话,简单地表演型的示范不可取。据我观察,很多课堂中的教师示范,呈现的多数为尴尬牵强的状态,比如,学生很难真的表达感受,多数为捧场、喝彩;教师从"表演状态"转化为"教学状态"的过渡非常牵强,也不自然。当然,这是就非常优秀的教师而言的,如果教师素养本身有不足,或者作品本身就是可以有多种理解和多种表现的话,示范就更加变得低效和多余,教师的示范反而影响学生的理解,容易抑制学生自由、充分、真实地感受作品,所以,表演型的示范不可取。这里,何谓表演?何谓教学?值得教师们去细细体会。

那么,何谓感受的充分呢?笔者提供几个关键词供讨论。一是整体。音乐课的教学既然是一种范例式的教学,对于作品的感知、欣赏、评价就非常重要。按照一般的欣赏习惯还是以总—分—总的方式整体感受作品为基本原则。二是结构。任何作品都是由若干要素组成的,包括旋律、节奏、风格、情绪等,因此,不管听什么样的作品,无非就是这些感受维度,是可以以结构的方式形成欣赏框架的。三是特点。每个人对作品的感受都是不同的,而且学生在绝大多数情况下都不会是第一次听歌曲或乐曲,这样就应该有一个将学生的已有听觉经验和音乐经验进行比较的关联性分析,这一点很重要,是培养学生对音乐的敏感性和音乐记忆不可忽视的一环。四是独特性。好的作品总是有一个非常明显的旋律或特别美的地方,而这需要引导孩子大胆运用直觉判断,在真实的表达和评价自己的感受中不断提高自己的审美判断力,因此,独特性是感受充分的一个标志。这里需要讨论的则是音乐课堂上出现的“边缘感觉”问题,也就是某些孩子听到的作品,感受往往和我们的教科书预设以及老师甚至和其他学生在听作品的过程中所出现的一些带有歧义性的感知,这时候,教师不宜打压,要有容错容异甚至为每个孩子找到多重起点的耐心和智慧,本质上,需要尊重学生的真实感受,更不能以自己的好恶来忽视或漠视学生的听的真实状态,在音乐课堂上,自由表达应该是学生的基本权利,为此,耐心和宽容是音乐课堂上需要的基本教学品质,有兴趣的“聆听”学生的“聆听”,是走心的,也是感人的,更是豁达的,“求同存异”而非“求同灭异”是安全课堂的保证。

当然,从感受与评价的关系来看,也需要避免课堂上的虚假感受,也就是学生都知道老师需要的感受。比如明明课堂上播放的音乐效果很差,学生依然回答好听。我在听课时就纳闷了,怎么都是好听,就算歌曲、歌词好听,但明明播放的版本和音质很差,怎么学生都没有感觉呢?真实地表现或表达自己的感受是最重要的,只有真实才能自然,只有真诚才能使课堂变得感人,只有真实与真诚,才能使我们的音乐课堂呈现出“真的意味”,这方面教师应该有所引导。

此外,还可以通过对比、主题式整合、季节节日等日常自然节点的活动等方式,借助多种感官和其他经验,也可以提高音乐感受的丰富性。

这里需要提醒读者注意,音乐教学的课堂需要在长程结构中进行设计,而不能因为课的进度的要求而“斩断”学生音乐素养的养成链条,范例的典型性功能得不到充分发挥,而呈现出的实际,往往是每首歌曲或作品的学习只是教会了学生知识技能，而对于音乐素养的养成却处于低水平重复上，致使课堂呈现出焦虑与无聊的状态，缺乏合理的挑战和自由自觉的主动成长。

二、表现要丰富

将充分与丰富联系起来，实现充分的感受与丰富的表现有机统一是第二个值得关注的问题。

艺术的表现力是艺术教育的灵魂。艺术素养的综合性表现也体现在艺术的表现力的提高上。在音乐课堂上，表现力的培养应该渗透在课堂的始终。每个环节，包括模仿、范唱甚至重复训练，都是呈现学生的表现力，培养学生表现力的可能空间，也是提升学生表现力的机会。但在实践中，很多老师都无形中把课堂最后的输出环节作为表现的要求，这样导致课堂变成了学习—练习—讨论—表现的机械割裂式的拼装组合，而在不少课堂教学的最后环节，一般名为综合输出环节，往往学生并不能如老师所愿，可能的原因之一就是对表现力的培养策略的理解有误。比如导入时的聆听音乐环节，我看到很多课堂上，孩子面无表情，如果这是对音乐不好听的反应，那倒也好说，而问题是学生的回答却是好听、活泼、高兴、快乐或优美、抒情，这就使得我异常苦闷：为什么在课堂上学生听音乐没有任何反应？音乐是情感艺术，音乐教育本身就是对人的情感教育，音乐教学过程更是情感的发展与变化的过程，听音乐就是一个开放心灵的过程，聆听音乐本身应该是一种听动结合，以动促听，以听带动的状态。更可怕的是，有的课堂上学生听音乐时，有着本能性的自然律动，而老师对于这样的聆听状态却无动于衷，不能予以回应或评价，连诸如有感觉或大拇指竖一下等的激励和反馈都没有。在这里，还要避免一种“课堂尴尬”，就是教师拼命动，而学生却一动不动，这里教师的动也应该是一种互动性的情绪传递，从学生的动生成教师的动，进而带动学生的动，才是一种真正的音乐课堂上所独有的课堂互动。律动或动本身与听是一种互补的关系，同时，作为音乐情绪的反映，本身是一种检验和呈现学生音乐感觉和理解水平的一种直观外显形式。没有这样的听动结合，就使得老师无法判断，学生在听音乐或歌唱时所有的情绪是否能出来，感受与表现、聆听与律动等就没有发生关联,进而导致缺少音乐元素的资源生成,造成音乐课堂上出现可怕的尴尬局面,没有了这个重要的充分感受与表现的环节,在课堂推进过程中就变得凝滞、滞重、机械和不自然,靠老师简单的“接下来”,使得音乐课堂的音乐性缺乏,过渡资源匮乏的音乐课堂就让人难受和恐怖,而教师依靠自己的情绪不断带动,一方面特别吃力,一方面会造成教师越陷越深,进而成了独白和自说自话,更多的就是自问自答。

音乐作为人类交流的一种形式,传达人们的思想感情,激励人们的精神生活。音乐是发展人的美感的重要途径。音乐能激发人的想象力和表现力,并为人的不同思维方式与行为方式的发展提供良好途径。因此,在音乐课堂上需要的是互动,但是,不是四个人对面呆坐的“坐而论道”,我最怕看到音乐课堂上的小组合作交流时,出现类似语数外课堂上的那种只是“干讲”,既然音乐学科的价值本质上就是一种促使学生获得一种不同于语言的一种交流方式,那么在音乐课堂上的创作,特别是在功能教室中的小组合作,如果缺少表现、示范、尝试、评价、纠正等的表现性的合作,就使得课堂上的合作学习变成“走形式”,而这些都与感受的充分性和表现的丰富性,特别是音乐交流中的表现力的呈现所需要的大胆、祛除杂念等心理和人格品质的养成相关。既然表现,就需要忘我,否则,忸怩作态,令人浑身不舒服。而作为音乐经验的情绪表达本身就是一种需要互动才能够呈现的音乐表现状态,我们看到“插秧式”的课堂座位形式,使得教师的音乐情绪可以传达给学生,而学生之间的音乐情绪却难以传达,使得情绪传递的通道不畅通,没有情绪传递和互动感染的音乐经验本身就是一种残缺的音乐表现经验,同时,我们音乐情绪的互动本身也需要有一种教学意味,过于强大的教师专业性的情绪感染也容易导致抑制了学生的情绪表达,教师的音乐表现情绪有效性的标准是能够基于学生的已有情绪状态基础上引发或激发学生的情绪表达能力的不断提升,这方面有着对音乐课堂教学的情绪感染的分寸的把握和拿捏,过犹不及,度的把握和合理的交互性的情绪传递以及引导学生之间听唱音乐作品时的一种情绪交流,互相感染和支持,是值得关注的音乐课堂的互动品质提升问题。

当然,表现的丰富性,离不开音乐素养养成综合性的侧度,需要在多样性、多组合、多层面上有所设计。如演唱形式的多样性体验,表演、动作和歌唱的有机结合，小组合作表演或多角色扮演的表现等都是提高学生音乐表现力的有效方式。这里需要考虑循序渐进的问题，有的老师为了提高学生的表现力的形式多样性，脱离了学生的能力基础上的多样性则既容易浪费时间，也容易顾此失彼，多种问题出现后，教师成了“救火大队长”，反而对学生呈现的状态难以从容驾驭。因此，本人还是主张老师在表现的多样性和丰富性的培养上采用“1＋1”的形式，也就是说，在学生的艺术表现形式的教授、选择和培养上，应该是在扎实地掌握一种形式后增加一种形式为原则。

三、认知要渗透

音乐学科有着自己的一套符号体系，也有着一套课堂教学的工具、策略和话语系统。提高学生的乐理和对音乐符号的准确掌握、简明灵活地运用是音乐学科育人的基本内容。但是，对于一种枯燥的符号系统，如果简单地讲述容易让学生厌烦，缺少兴趣，特别是有的音乐课堂干脆用一种考试的方式，就更让学生感到恐怖和不适应。因此，在小学音乐课堂上，音乐符号如休止符、附点、轻重、快慢、调性以及音乐的特有的一套评价话语系统，最好的方式是以巧妙地不知不觉地渗透方式让学生习得。最常见的是通过视频、字母等形式直接在欣赏作品时予以呈现和强化，而更主要的是要老师在课堂的问答、互动、评价、示范等多种环节中予以渗透式地运用，因此，音乐课堂上的教师评价语言要惜字如金，不是简单的“好好好，你真好！”“棒棒棒，你真棒！”的毫无音乐性的回应。当然，有的老师把这样的评价都变成了儿歌，则是一种教学智慧。因此，音乐课堂上的老师的回应必须自然地将音乐符号和乐理知识渗透式地融入课堂反馈评价环节之中。同时，需要根据作品本身挖掘音乐符号的表现和创作意图，给予学生充分的想象和创造、表演的空间。比如在导入环节中，可以通过聆听大自然中不同的声音，进而进入“火车查查查”的由远到近，由近到远的感受；也可以通过仿生模仿等方式听出是什么动物来了，进而促使学生感受狮王来了的音乐表现方式；也可以通过对歌曲歌词本身的挖掘，进而在每个乐句结束时，利用休止符号的暗示作用，激发学生去想象用什么动作或表情表达歌词的意义，从而体会作品本身将休止符放在句末的用意等,都是可以"做文章"的地方;有的歌曲由于离学生的生活经验较远,就可以让学生通过对一个句段的充分体会模仿表演,体验劳动人民生活的乐趣;对于属于地方文化的歌曲、民歌等中的某个句子或歌词,可以通过放大环节,加大表演、体验、多角色扮演或反复体会乐曲特点等方式,充分展开对音乐特点或形式风格的研讨。总之,音乐教学不能在课堂上平均用力,而更多地需要考虑"文章"做在哪里?是通过一个乐句的充分聆听、表演、补充,还是抓住乐曲本身最有趣味的地方,最能给学生以多种想象空间、多种表现可能的地方,将这些环节打开,予以重点教学,都是更加集中且有范例性的综合渗透多种音乐元素的一个重要思路。

四、制作有创意

创作是每节音乐课堂上的一个不可缺少的环节。有思想、有意义的创作是音乐课堂上所需要的重要原则。因此,大胆而有创意的制作,包括歌曲制作、音乐制作就非常重要,也是打开学生艺术想象空间,提升音乐思维的重要内容和任务。但我们需要明确,其实,在音乐教学中,孩子的模仿本身就是一种创作,模仿中有自己的理解和解释,有自己的移情力的提升。从感受音乐的体态律动中就有着乐感的培养,也有着自己的理解介入,音乐经验的课外和课内的关联本身就是一种转换性的创作,是一种优势迁移、兴趣迁移和能力迁移的可能和表现。也可以从欣赏的角度,从作曲者、演唱者的创作角度切入,以创作为线索的学唱和欣赏,都可以在一定程度上培养孩子的有创意地听和听出创意来,有创意地唱和唱出创意来,有创意地唱演组合和唱演出创意来。包括和学生一起来编创课堂管理音乐,将所有的说、评都以唱演的形式呈现出来,这方面有的老师可以说做到了极致。在音乐课堂上唱比说更有意义,使得音乐课堂上的管理从"说的管理"到"唱的管理"则更有创意。当学生进行讨论时,教师通过钢琴的旋律表示提醒和结束,这本身就可以看学生对音乐的理解和反映。当同学们都安静下来时,老师说"你们听懂了老师的意思"时,可能比简单的如"接下来"或"大家安静下来"甚至"给我安静下来",效果要好得多,如何让音乐课堂充满音乐值得音乐老师去探索。同斯霞老师的“饱满”案例一样，音乐课堂上也同样可以用学科知识进行管理和组织学习活动，这本身就是一种将音乐创作与音乐课堂教学生活的双重组合，音乐作品本身存在着“复调”的可能，而在音乐教学中的“复调结构”则使得音乐学科教学价值的结果与过程统一，达于显隐相生的美学境界。有创作或有创意的制作是课堂灵动和生气的一种比较高的要求，这不仅需要创新教学设计，也需要勇气，敢于尝试和反思。这里提醒老师千万不要忽视某些孩子在课堂上呈现的随机创作意识和冲动，这可是音乐天才的萌芽啊！

五、文化需拓展

在民歌中，通过旋律、节奏和歌词等形式呈现的是一种民族生活方式，沉浸并投入于这样的艺术形式中，无论是欣赏还是模仿，本质上就是一种渗透式的民族文化理解。有这方面意识的老师往往会借助视频、图片等多种形式去呈现民族文化生活方式，引导学生感受不同音乐形式背后实质上是一种文化形式。借助音乐作品的多种表现形式，也可以让学生欣赏经典、民族、传统、大众等多种形式的音乐文化。特别在同一主题中，通过多种作品的组合式呈现更能够比较集中地融入中西文化、古典和流行等多种音乐样式，让学生体验更多的文化内涵，在音乐教学中不断渗透和生成学生的文化意识和文化自觉，提高学生的音乐文化感受力，增长见识。所以，除了在课前、课中和结束环节中有意识地进行适度拓展之外，教师借助作品传达文化感觉也非常重要。就作品教作品，并且仅仅限于作品中的知识技能，缺乏对作品的文化意义的挖掘，会导致音乐课堂上只是技巧技能的熟练化训练，而缺少文化的意味。因此，适度进行合理的文化渗透和拓展包括音乐史知识的拓展值得关注和尝试。

音乐是个开放的概念。① 音乐本身要求听者、表现者的心态开放，在开放中感受，在感受中接受，在接受中创造，在创造中提升审美素养。音乐教学

① ［美］戴维·埃里奥特.关注音乐实践：新音乐教育哲学［M］.上海：上海音乐出版社，2009：121.

负载着让学生经历一种文化生活体验,经历一种民族情感体验,形成一种国家意识和民族自豪感的价值使命。

“音乐的声音在不同的文化中可以为各种目的和功能而制作。例如,作为庆祝和舞蹈的伴随品,作为交流信仰和价值的工具或是作为求神的祷文。然而,这种哲学要提出的是,隐藏和蕴含在这些目的和功能之内的是作为独特沉浸的来源的音乐制作和聆听的基本价值,参与者是否正规地理解它以及自我成长和建设性知识。”①

音乐素养的养成是一种漫长的绵延过程,是长期的点滴渗透,有效拓展,感受表现有机转换,认知评价能力自然提升的一个养成过程。音乐本身是美的,音乐课堂也应该是美的。这种美感课堂,需要在开放、生成、互动、有机、融入的统一中才得以出现,以此为基础,也只有在充分、丰富、渗透、创意和拓展中,美感才得以呈现,学生的审美能力才能得到提升,有意义有意味的课堂美感才得以生成。

聆听促使我们每个人成为参与者。“听是向心的,它将你推入世界。”②

---

① [美]戴维·埃里奥特.关注音乐实践:新音乐教育哲学[M].上海:上海音乐出版社,2009:122.

② 同上:119.

“新基础教育”视域下班主任工作育人价值探究*

赵晓乐　王　枬**

“新基础教育”是由华东师范大学叶澜教授首倡并主持的，它以创建21世纪新型学校为目标，又以改变师生在学校的生存方式为直接目标。班主任工作领域的改革是“新基础教育”改革“一体两翼”中学生工作层面的改革。“新基础教育”认为，班主任对班级建设教育价值的关注即是对教育中具体个人的关注和对促进学生及班主任自身生命生长的追求。要实现班主任工作育人价值这一目标，对班主任自身有着内在的要求。

一、“新基础教育”对班主任工作价值的认识

“班主任”是一个颇具中国特色的概念，对这一概念的解释，相应的政策法规和教育辞典中都有明确的定义。1988年原国家教育委员会颁布的《中学班主任工作暂行规定》指出，班主任是班集体的组织者、教育者和指导者，是学校领导者实施教育、教学工作的得力助手。1990年出版的《教育大辞典》指出，班主任是“学校中全面负责学生班级工作的教师。……学校挑选工作好、思想好、作风好，具有一定教学水平、管理学生经验和组织能力的教师担任”。①

*　本文是国家社科基金2015年度教育学一般项目“学校教育时间和空间的价值研究”(课题批准号：BBA150019)的成果之一。

**　作者简介：赵晓乐，洛阳职业技术学院教师，研究方向为教师教育；王枬，广西师范大学教育学部教授，研究方向为教育学原理。

①　顾明远.教育大辞典(第1卷)[M].上海：上海教育出版社，1990：237.

对班主任的认识有不同层面。按照传统的理解,班主任在设置之初是学校为了便于教育管理而任命或委派的负责班级管理事务的教师,即身为班主任这一岗位中的教师。但在“新基础教育”视域下,班主任并不局限于班级事务的管理者。首先,从学生发展的立场出发,班主任不再是高于学生的上级管理者,而是学生发展可能的引导者与成就者。其次,班主任不再是班级中全部学生的“大家长”和学生问题的解决者、矛盾的处理者,而是班级生活中学生的价值导向者、策略选择的参考者。另外,班主任不再是班级工作中的唯一主体。在“新基础教育”的班级实践中,班主任与学生构成了班级建设的复合主体,班主任通过对班级中所蕴含的教育资源进行开发,借助班级组织建设、班级文化建设、主题活动策划等实践促进学生的社会性与个性的发展。

“新基础教育”强调班主任工作要回归人的生命。这里所说的“人”,是正在成长中的学生。而对学生的认识,则要从“抽象个人”转变到“具体个人”,要“承认人的生命是在具体个人中存活、生长、发展的;每一个具体个人都是不可分割的有机整体;具体个人的生命价值只有在各种生命经历中,通过主观的努力、奋斗、反思、学习和不断超越自我,才能创建和实现”。[①] 把学生看作“具体个人”是班主任工作理论重建的起点。只有班主任把自己的教育对象看作是富有灵动性的生命个体时,学生的内在生命力量才有可能被班主任挖掘出来。回归生命就是班主任工作回归对教育中的“具体个人”的关注,从过去的成人立场转向学生立场。从学生发展的意义上,关注学生的成长需要,成为学生成长的引导者、促成者。“实现生命自觉成长”是“新基础教育”改革的最高目标,也是班主任工作的价值追求。此处的“生命”不仅仅是指学生的生命,同时也包括作为班主任这一角色的教师自身的生命。

教育是以育人为核心的,学校教育的目的在于培育完整的生命。班主任工作作为学校教育实践的重要组成部分,它的价值自然也离不开育人。“新基础教育”所提倡的班主任工作育人价值至少包含两方面的内涵。第一,培育个体自主发展的生活方式。“自觉”和“主动”是个体形成自主发展能力的标志。“自觉”的内涵有很多,其中核心是指学生与教师具有自我发展的觉

① 刘良华,叶澜.教育学中“具体个人”意识的缺失与呼唤[J].中国社会科学,2003(1).

悟，包括对自己“生命状态的觉知、成长目标的清晰、理想人格的确立，对未来生活矢志不移的追求”。[①] 这种对自觉成长的追求是与时代精神对人主体性的呼唤一致的。“主动”对学生而言是指在班级日常生活中寻求自我发展的机会与空间，能够以主人翁的形式参与班级生活，积极地建立与人、事、物的联系，保持自我发展的动力。对班主任而言是指能够反思自身的工作状态，利用各种资源在自己的工作中进行创新，自己把握自身的发展方向。第二，培育个体积极向上的生命情态。所谓积极的生命情态是指“个体以积极、开放、乐观、身在现实之中、胸怀美好希望，并且能通过个体的创造性行为，改变不完善的现实状态，进一步促使现实生活优化的精神状态”。[②] 具有积极生命情态的个体能在困难面前表现出顽强、坚韧不拔的精神品质，散发出独特的生命活力和魅力。

“新基础教育”视域下班主任工作的改革以改变学生和教师的生存状态为直接目标，在重建的班级生活中激发学生内在的主动精神，为学生和教师打开更广阔的精神世界和发展空间，从而实现人的主动、健康的发展。“新基础教育”认为，班主任工作的育人目标体现在两个方面。

第一，对学生成长的价值。班级是学生的班级，学生是班级生活的主体，也是教育的直接对象，针对以往忽视班级教育价值的现象，“新基础教育”主张要把班级中的“人”找回来，还班级以生命活力。在具体的班级建设中，通过开发班级中的多种教育资源，如班级组织建设、班级文化建设、班级系列活动来唤醒学生的主体意识，激发学生参与班级建设的热情，利用小岗位建设丰富学生的角色体验，培养学生的领导力；通过环境布置，班级个性文化的设计既为学生的身心发展创造良好的氛围，又为学生创造力的生成提供机会；借助贴近学生经验的系列主题活动使学生生活多样化、多彩化，在实践中促进学生主动健康的发展。

第二，对班主任成长的价值。班级工作是班主任职业生活的重要组成部分。班主任在开发班级教育资源的过程中，发挥自身的才能，获得职业的认

---

① 叶澜.回归突破——“生命·实践”教育学论纲[M].上海：华东师范大学出版社，2004：287.
② 李家成.关怀生命：当代学校教育价值取向探[M].北京：教育科学出版社，2006：244.

同感与满足感,并在良性、健康的教育生态中领悟到主体的生命力量,通过自身有意识的教育实践与教育反思提升自身的专业能力。班主任在与学生交往中,通过生命与生命的真诚交流,教师可以获得对生命力量的重新领悟,在合作中,获得研究学生、研究实践、研究自我的机会并提升研究的能力,激发自身向上发展的力量;在交流中获得师生情谊,体验与学生之间非血缘性但又真实而浓厚的感情,在与学生亲密关系的滋养中重获对自身工作的热爱与幸福。

二、“新基础教育”对班级建设的思考

班级这一概念并不是自然形成的,而是特定历史时期的产物。近代教育学家夸美纽斯(Jan Amos Komenský)在《大教学论》中对“班级”首次进行了全面而系统的论述,标志着班级授课制作为一种教学形式正式成立。然而,班级授课制在世界范围的学校教育中被认可与采用,迅速代替在其之前占主导地位的个别教学形式,主要得益于它的存在扩大了教学规模,提高了教学效率。因而,人们对班级全部的价值期待很长一段时间都只停留在提升教学效率的层面,认为班级的存在就是为学生提供了一个固定的学习场所,为教师提供了一批固定的学习者、一个固定的教学场地。这种单一的价值期待就意味着把班级实体化,并等同于课堂教学的物理空间,把班级看作课堂教学的组织形式。这一认识虽然无可厚非,但如果仅仅局限于这一层面,把班级置于课堂教学的附属地位,以教学生活去压制或侵占班级生活,就是对班级价值认识的窄化与浅层化。

伴随着社会生产力的迅速发展,社会对最初较松散的班级组织形式又提出了新的要求,赫尔巴特主张在班级教育中加强管理,要“建立严明的规章制度,对儿童进行严格的管理,可采用作业、监督、威胁和惩罚四种手段进行学生管理”。[①] 到了20世纪,苏联教育家马卡连柯(Makarenko)主张“在集体中,通过集体,为了集体而进行教育”,而且非常重视纪律在集体教育中的重

① 陈振华.我国班级管理的变革方向[J].教育科学研究,2009(11).

要性。这些举措虽然满足了社会的需要,解决了教育实践中出现的一些难题,但在这些思想的影响下,一部分教育学者和教育工作者形成了以管理学作为学科背景的班级概念,认为“班级是管理学生的工具”。而“管理的潜在假设是,组织存在着混乱的局面,需要管理力量的介入,这本身也是管理存在的必要性。一般的管理对象在未经管理前是无序的,杂乱无章的。管理的任务就在于通过一系列组织、分配、协调等整合活动,把原来各种分散的、各不相关的因素,转化为有序的,具有一定目标和整体功能的管理资源”。① 把班级的功能定位在班级管理,从对象上看,人成为管理组织的手段和工具,而不是直接的教育对象;从方式上看,管理中存在着一定的制约性与压制性;从结果上看,班级管理是为了实现组织的有序,而不是人的成长与发展。故把班级看作管理集体的单位,就与教育学对班级的价值期待大相径庭了。

随着学校教育的发展与实践研究的深入,人们对班级的认识从最初关注班级的物理属性到关注班级的社会属性,从最初把班级作为服务于课堂教学顺利进行的附属组织到把班级作为一种具有教育力量的组织群体。但不难发现,在这些转变中,班级的外在功能不断被关注,而生活在班级中的人却被淡忘了。在传统的班级建设中,人们过于关注教育的社会功能,以社会的发展要求教育,泯灭了教育自身的特性。而作为教育学立场下的班级建设,则意味着研究立场和研究路线的重建。其中,最核心的任务就是把班级中缺失的“人”给找回来。“教育学是一门事理学,其内含的丰富的育人价值是其根本性的限定。”②

正是基于这样的认识,“新基础教育”对于班级的探索,坚持以“介入式地、促进班级形成或者发展的立场、视角与方法来开展班级研究”。③ “新基础教育”经历了一个由“班级”到“班级建设”的转换,从“学校组织”到“学校实践”的转换。“‘新基础教育’把‘班级’定义为因学校行政划分而处于同一个

---

① 陈孝彬.外国教育管理史[M].北京:人民教育出版社,1996:1.

② 叶澜.回归突破——“生命·实践”教育学论纲[M].上海:华东师范大学出版社,2004:160.

③ 叶澜.“新基础教育论”——关于当代中国学校变革的探究与认识[M].北京:教育科学出版社,2006:291.

班的学生组成的同伴群体”。[①] 虽然,“新基础教育”同样认可班级是作为教学的组织形式,但不止于此。

首先,班级是学生的一种生活时空。相对于国外如英、美国家“流动式”的课堂生活,我国这种在固定的空间内按照学生的年龄特点和学习水平分班的方式所构成的班级蕴含着独特的价值内涵。就时间关系上,我国的学生与本班学生及教师可以有长达3—6年的相处时间,而且同一个班级的学生按照具体的时间设计进行着如上课、课外活动、吃饭、休息等生命活动,学生与学生之间及学生与教师保持着密切的联系。从空间维度来看,教室作为班级的物质载体和教学平台,为学生的学习提供了一个安全有保障的物理空间,如学生有着专属的桌椅;为学生之间的经验交流、小组活动和案例分析提供社会合作的空间;为学生提供汲取教育资源,展示才华特长,各取所需,各尽其才的个性空间;为学生提供实现全面而自由的发展,培养逻辑思维能力,增长知识和见识的发展空间。在这复杂、交融的空间里,学生与人的交往、与事的关系、与活动的关系,全息地影响着生命个体的成长。

其次,班级中内含着丰富的育人资源。当我们在教育意识之光下,我们看到的班级不再是管理学生的工具,不再是一种特殊的社会体系或组织,而是一种充满着成长气息的生命场。在这里可以感受到组织建设对学生服务与责任意识的培养,环境建设对学生创造能力的激发,活动开展对学生自主能力的提升,学生之间因长期的共同活动形成的各种正式和非正式的关系,形成了具有班级特征的文化、心理氛围。这些都构成班级丰富的育人资源,并以整体综合的方式对人的生命质量产生着全方位的影响。

再次,班级为学生的发展提供无限可能。以动态、可能的眼光认识人的成长与发展,班级生活也是不断生成的。维果茨基的最近发展区理论可以给我们以启发,班级生活的重建要走在学生发展的前面,即随着学生不同年龄阶段的成长需要去不断创建新的生活形态。“而这一重建性的实践活动本身,可以重新积淀到我们对班级的认识之中。这样,教育学立场下的‘班级’,

① 叶澜.“新基础教育论”——关于当代中国学校变革的探究与认识[M].北京:教育科学出版社,2006:293.

是动态的改革过程中的‘班级’，是保持着向前发展的势能、运动变化着的‘班级’，……教育学的立场强调‘班级’之内涵不可缺少‘人为性’‘教育性’，并在坚实的实践改革中，不断实现我们的价值追求。”①这使班级为学生的发展提供了无限可能。

在理解了班级建设中“班级”一词的丰富内涵后，就会发现“班级建设”一词中，“‘班级’即使作为学校组织，它内含着生长变化的需要与空间，内含着变化发展的可能。‘建设’是不断创造着班级的内涵与个性的过程。‘班级’与‘建设’所构成的一词，不是两个词的简单组合，而是作为内在关联、相互限定的复合概念来理解”。② 班级建设作为学校教育中相对独立的实践领域，不同于德育、班级管理、班集体建设、课堂教学，有着自身的特性。班级建设包含德育，但又不是以德育为单一目的；班级建设需要规范，但不集中在管理的手段与目标；班级建设关注群体个性的形成，但不主张集体利益高于个体的发展；班级建设同课堂教学一样同属于学校教育的实践领域，但与课堂教学的组成要素、教育载体、目标又有所不同。总之，在“新基础教育”中，班级建设被看成是并列于课堂教学的相对独立的实践领域，主要任务是指向学生的社会性发展和个性发展。它以班主任和学生为复合主体，以班级的日常生活和主题教育活动为载体，促进学生的社会性和个性主动健康发展的学校教育实践。它与课堂教学协同在学校教育中发挥着各自不可取代的育人价值，构成了丰富而统一的学校实践。

三、实现班主任工作育人价值的内在要求

“新基础教育”关注班主任工作，强调班主任要通过班级建设更好地实现育人的目标。为此，除了需要社会各界给予支持外，更需要提升班主任的专业性。这不仅是促进学生生命成长的需要，也是教师专业发展的必然结果，同时也是改变班主任工作现状的迫切要求。

---

① 李家成.论教育学立场下的班级[J].思想理论教育，2003(10).

② 叶澜.“新基础教育论”——关于当代中国学校变革的探究与认识[M].北京：教育科学出版社，2006：294.

提升班主任的专业性,既需要班主任对自身工作有理性认识,形成对班主任工作内涵的专业认知,避免在感性体验的基础上,随意管理学生。又需要班主任具备专业的知识和能力,提升自己的专业水平,在实践中,从规范学生走向成就学生的道路。最后,还需要班主任在班级实践中孕育生命自觉,在自主发展与创造中,获得职业的尊严与欢乐。

(一)认识厘清:从感性走向理性

班主任专业化有其自身的特殊性。从教育目标来看,任课教师主要培养学生的学科素养,班主任则更侧重于促进学生社会性与个性的形成。从教育实践的性质来看,任课教师所对应的课堂教学,是“学生在校课程性学习的重要组成”,而班主任对应的班级建设,是“学生与教师在学校合作进行的社会性学习生活的重要组成”。[①] 从教育的工具来看,任课教师有较为系统的、固定的教材作为教学工具,而班主任工作并没有固定的教材可以参考,需要在研究学生,研究班级生活中创生班级实践。从教育研究来看,班主任不仅要研究教学领域,还要研究学生的日常生活对学生的教育价值。

班主任工作是一项复杂的实践活动,班主任工作有着学科教学无法取代的育人价值。班主任属于专业工作人员,不管是其任命的条件还是其工作的过程都需要专业的理论与实践作为支撑。但在现实生活中却并非如此。一般来说,人们对班主任工作性质的认识有两种:一种是认为只要有爱心、责任心,对学生好,就算是优秀班主任了;一种是认为班主任工作并没有什么“含金量”,随时任命随时上岗。对于班主任工作目标的认识只是带好班级,管好学生,只要学生不违纪、不捣乱就万事大吉。对班主任工作的教育方式主张用强权约束学生,用纪律克制学生。

“新基础教育”主张在教育学立场下,重新审视班主任工作的性质。其一,班主任工作性质的特殊性决定着班主任工作价值追求的生命性。班主任工作的对象是具体的生命个体。从追求学生生命质量提升的角度出发,班主

① 叶澜.“新基础教育论”——关于当代中国学校变革的探究与认识[M].北京:教育科学出版社,2006:297.

任工作的开展并不只是教学组织的有力保障，班主任还是学生生命成长过程中的重要他人。这就需要班主任对学生的个体生长给予格外的关注与重视。其二，班主任工作对象的复杂性决定了班主任需要形成对学生的理性认识。就基础阶段而言，班主任的工作对象大都是未成熟的儿童，儿童期又是人各方面的发展比较迅速的时期，每一个学生都是一个特殊的个体。班主任不仅要研究学生整体的规律，还要关注学生个体的特点。根据生态系统理论，学生个体的成长既会受到其直接接触的环境中各种因素的影响，也会受到一些间接因素的影响。因此，这就需要班主任具有高度的理性去研究确定性因素，分析不确定因素，做出正确的判断、选择、策划、组织、重建。其三，班主任工作实践的复杂性意味着班主任对班级建设的综合重建。对班主任工作的内涵以及价值的重新认识，会使班主任对班级中内含的各种资源进行重新审视。学生是以整体的生命参与班级生活，班级中的各种资源对学生都产生着整体而综合的影响。因此，在开发资源的过程中，班主任需要对班级中所有的人力、物力进行整体把握，明晰学生与之的关系，以形成长程视野与长程教育系列，不断地追求新的发展，提升教育的质量。

（二）实践依据：从经验走向专业

班主任应该具备三个方面的专业能力。

第一，研究学生的能力。班主任要研究学生的成长需求，这里的需求包括两个层面：学生的主观需求和客观需求。只满足学生的主观需求并不能提升学生的需求层次，因此两者都需要得到班主任的关注。班主任还要研究学生的发展潜能，培养学生的自主能力。学生的发展状态千差万别，每一个体都有着自身的特殊性，有着待开发或已显现出来却未被发现的能力或潜能。所以，班主任既要关注群体又要关注个体；既要关注具体的教育情境中学生成长的多样性，还要在时代的背景下从整体上综合地把握该时代的学生在各个年龄阶段的身心特点，在实践中为学生创造展现自我能力、激发自主能力的机会。学生只有在自我实践的过程中，才能感受到自我的力量，获得成长的快乐。而教师只有关注学生、研究学生才能真正走进学生的内心世界。也只有这样，学生的主体地位才能得到落实。

第二,创生实践的能力。与学科教师相比,班主任并没有可以参照的教材。研究实践、设计出新的实践去促进生命成长可以说是一本“无字之书”,需要班主任自觉地去研究、去书写。班主任工作并不是一项单纯的技术活,班主任工作价值的开发与提升,需要班主任通过理论学习,形成“理论思维能力,强化理性意识,培养实践透析力与想象力”。① 因此,班主任要培养自身的理论品性,在理论学习中打开思维,明晰班级生活与学生成长的关系、班级实践与学生发展的关系,在系统建构中创生实践。在具体的活动设计中,既需要分析学生的成长需求,又要分析班级中的全部资源,还要考虑到活动的具体目标、内容、途径等要素,也要顾及学校的物质条件与当地的家庭、社区资源等外部因素。

第三,处理好各种关系的能力。班主任应该以学生立场代替成人立场,站在学生的角度,去体验、感受学生的心理,了解学生最真实的状态与想法,通过有效的交流与学生展开平等的对话,在爱的基础上建立师生关系。班主任还要善于借助家长的支持力量来为学生创造丰富多彩的学校生活,家长与教师的合作,会使学生在统一性的生活中,充分发现自我的力量,自由地对自己的生活进行创造与超越。班主任还应该与各任课教师和睦相处,这不仅可以为自身提供一个良好的生存生态,而且同事之间的良性合作还可以促进彼此之间的差异互补,使得教师的整体素养获得提升,并为学生提供正确处理与他人关系的良好典范,在沟通交流中形成一致的教育目标,共同促进学生的全面发展。

(三)内生力量:从自在走向自为

处于自在状态下的班主任,在工作中处于一种全程无意识状态,在开展班级工作时,大多是按照学校的要求和任务做事,从卫生检查到纪律监督,从班会主题的选定到校级大型活动的策划,完全跟着学校的步调走,凭借自身的经验去处理班级事务,从未对自身的工作进行过有意识的反思。这种状态下的班主任只知道自己在做什么,却不知道自己为什么要这样做。而处在自

① 李家成.班级日常生活重建中的学生发展[M].福州:福建教育出版社,2015:262.

为状态下的班主任，则对自身的状态有着清晰的了解，能够对自己的工作以及生活进行合理规划，主动在教育实践中进行反思和重建，理性地建构着自己的成长路径与发展目标。在遇到困难时，能够积极应对，不为困难所困。在班级工作方面的体现是：主动研究学生，努力促进学生的全面发展；积极研究实践，对班级生活进行整体重建；在与学生的平等交流与对话中，在与同事间团结合作中，一点点改变着自身生存与发展的环境，在实践中体验着来自职业的幸福与欢乐。

从自觉走向自为不仅是新时代背景下社会对班主任的外在要求，也是作为一种具有主体力量的人掌握自身命运，使自己不为环境所迫的一种内在精神的体现。

四、学派发展比较研究

中国-加拿大姊妹校“跨文化互惠学习”的叙事探究*

卜玉华　齐　姗　钟　程　朱园园**

本文将以一对中加跨文化互惠学习的姊妹校为研究对象，探索如下问题：在日益全球化的今天，普通学校如何为普通老百姓的孩子搭建一条经济成本低而又能够深入互动的国际交流之路？如何为教师搭建一条通向国际同行间的对话之路？如何将跨文化互惠学习的新理念和新经验融入办学理念、教学管理、课程设置、学生活动、教师发展和学生评价等领域，以促成富有中国特质和国际色彩的现代学校？这项研究起始于2013年温莎大学的许世静教授和康纳利(Micheal Connelly)教授联合申请的“中加教师教育与学校教育的互惠学习研究”项目，叶澜教授和卜玉华教授作为项目组子课题负责人承担了中加跨文化互惠学习中的姊妹校建设研究，华坪小学和森瑞学校因此以姊妹校的身份加入此研究项目。本研究所运用的方法主要是叙事研究，并辅以行动研究的方法。研究发现，这对姊妹校5年的互惠学习过程大体上经历了三个阶段：互惠路径探索期、非对称互惠期和对称互惠期。同时，华坪小学在互惠学习中取得如下成效：建构了“两校自主互惠、多方支持”的交流模式；勾勒了有机整体的办学蓝图；发挥综合型课程的长处，融通了三类课程；探索了以学生自主探究为核心的“双主体交互型”教学模式；开展了一系

* 本文是加拿大人文社会科学基金会(SSHRC)资助项目“中国-加拿大教师教育与学校教育的互惠学习研究”(No.895-2012-1011)成果之一，并得到华东师范大学的支持。经华坪小学校长的授权，本文中的华坪小学校名为实名，人名为假名；加方学校的校名为假名。

** 作者简介：卜玉华，华东师范大学教育学系教授，“生命·实践”教育学研究院副院长，主要从事教育基本理论、基础教育改革以及教育伦理学等方面的研究；齐姗，华东师范大学教育学系2015级博士研究生；钟程、朱园园，华东师范大学教育学系硕士研究生。

列"跨文化互惠型"的学生活动;建立了"人员—技术—资源—评价"四大支持系统。

一、背　景

(一) 教育跨文化交流的中国背景

改革开放以来,随着我国经济、技术、文化等社会诸领域与世界各国交流的不断扩大、深入,跨文化交流需求日益增强;而交通工具和交流方式的便捷也为增进跨文化交流提供了必要条件。此外,国外移民和留学生数量的不断增加,以及国内教育经验创新的需求,也促使我国教育的跨文化交流成为必需。我国政府对此给予了积极支持,教育理论界和实践界也积极参与其中。在此背景下,我国教育的跨文化交流呈现出日益拓展和深化的发展势头。

总体上看,三十多年来,我国教育的跨文化交流主要可分为三个阶段。第一阶段是走出国门,到他国取经,以借鉴为主。但学者们在交流过程中发现,因每个国家的教育体制、发展状况不同,国际化不能采取简单的拿来主义,还需要进行本土化创生;同时,其他国家通常并不了解中国教育的状况,尤其是中国现当代教育的发展情况,因而易误解我国的教育,甚至产生一些负面印象。于是,我国的国际化策略逐步调整为"走出去,请进来"的双向交流方式,我国教育跨文化交流进入到了第二阶段。"走出去"是指除了向国外学习、借鉴经验之外,我们还主动参与一些国际学术会议,开展学术交流,传播中国经验;"请进来"是指我国也积极举办国际会议,邀请国外学者、教师等前来交流考察。这两方面的措施旨在增进教育文化之间的相互了解与学习。最近几年,教育界的跨文化交流又逐渐呈现出新的发展趋势,由以相互"了解与借鉴"为主转向了以"合作与创生"为主,预示着教育的跨文化交流进入第三阶段。比如,高校之间共同申请研究课题开展合作研究,联合培养研究生,联合培养教师,等等。以合作创生为主的跨文化交流相较前两阶段的突破性意义在于,交流双方不只是站在对方外围观察、欣赏或批判对方的经验,然后汲取一部分经验融入自身之中,而是共同创生新经验,这种新经验是基于异质文化的碰撞而生成的,更容易增进相互理解,实现共同提高教育质量的愿望。

但是，就我国目前已有的跨文化交流主体来看，多是高校之间的合作研究，尚缺乏以中小学学校为主体的合作交流与研究，更缺乏理论界、实践界作为共同主体的跨文化交流研究。事实上，中小学校是世界各国基本的教育机构，如果中小学校之间能够直接实现跨文化合作研究，将有助于提升中小学校作为交流主体的自觉性和教育教学质量，产生直接的教育实践效果。在此，我们以上海一所小学在最近10年间的跨文化交流为研究对象，阐述以小学为跨文化交流的主体是如何在跨时空中实现"在地化"跨文化交流的。

（二）项目概况

2013年，在许世静教授和康纳利教授的牵头下，华东师范大学、西南大学、东北师范大学和北京外国语大学等作为合作方，成功申请了加拿大人文与社会科学基金会的跨文化研究项目"中国-加拿大学校教育与教师教育的互惠学习研究（2013—2020）"。此项目的成功申请是有一个契机的。2009年上海第一次参加PISA（Program for International Student Assessment），阅读、数学和科学均获得第一；2012年上海第二次参加该项目，又获得第一。"这一信息迅速得到了全世界的关注和热议，讨论的结果之一便是激起了比较教育研究的兴趣"，[①]但许世静和康纳利教授认为仅仅开展比较教育研究是不充分的，还需要探索"不同文化背景下的人们走到彼此的生活之中进行相互学习"，[②]跨文化的研究要超越比较教育研究的视野，探索需着眼于合作与交往层面。该项目便意在着眼于这个层面的探究，目标为：(1) 从跨文化的视角建构知识与理解；(2) 提供一种新的研究路径，以支持对全球化背景下基础教育（一至十二年级）改进中的社会挑战，以及不同文化背景中的教育需求等重要而复杂议题的研究；(3) 动员学术界、政府部门共同关注全球化进程中的社会和经济利益。总目标则是促进中加两国在教师教育和学校教育方面的互惠学习。

①② Xu & Connelly. Reciprocal Learning between Cananda and China in Teacher Education and School Education: Partnership studies of Practice in Culture Context [J]. Frontiers of Education in China, 2017,12(2).

这个7年的伙伴项目由6个子项目构成：普通教育与文化、教师教育、语言教育、数学教育、科学教育、信息与技术教育。其中华东师范大学负责两个子项目：普通教育与文化、语言教育。项目负责人由中加双方共同承担。

(三)“华坪-森瑞姊妹校”结缘及两校起点概况

2007年，多伦多大学的康纳利教授、温莎大学的许世静教授到上海拜访华东师范大学的“新基础教育”(New Basic Education，以下简称NBE)创始人叶澜教授，并到叶澜教授领衔改革的一所实验学校——上海闵行区华坪小学——参观，受到华坪小学校长、师生的热烈欢迎。康纳利教授对华坪小学的校园生活和富有中国特色的教育教学活动充满了好奇和欣赏之意，认为“这所学校令人激动、开放而富有创新性，我们意识到我们要向中国学校学习的地方很多”。[①] 2008年，康纳利教授邀请叶澜教授和从事“新基础教育”研究的6所上海实验学校校长到多伦多进行教育考察。此次教育考察，进一步加深了双方的情谊，也增进了对彼此教育文化的兴趣，于是，双方便基于友谊而非以项目、官方推动或合同的方式建立了三对姊妹校，其中一对就是上海闵行区的华坪小学与多伦多的森瑞学校。两国姊妹校的交往方式多是选择对交流有兴趣的老师，在节假日互送祝福和小礼品，偶尔通过视频进行互动。虽然没有更为深入的专业化合作与交流，但姊妹校之间的友谊始终保持。2013年，随着中加项目的申请成功，“华坪-森瑞姊妹校”自然也成为该项目的重要成员之一。

华坪小学位于上海闵行区，成立于20世纪50年代末。20世纪90年代末时，它还是规模较小的一所普通社区小学。1999年，该校加入叶澜教授主持的“新基础教育”学校变革研究项目，经过十多年持之以恒的改革，学校发展取得了很大的进展，学校面貌日新，各方面取得了显著的成绩，到了2012年前后，已成为一所在区、市享有盛名的特色学校。“新基础教育”是叶澜教授于20世纪90年代应中国社会和时代发展的需求而领衔创立的、以建

---

① Xu & Connelly. Reciprocal Learning between Cananda and China In Teacher Education and School Education：Partnership studies of Practice in Culture Context [J]. Frontiers of Education in China，2017，12(2).

设现代学校为基本目标的研究项目。

森瑞学校成立于1877年，迄今已有240多年的历史。该校位于加拿大多伦多市中心的唐人街，南邻肯辛顿市场(Kensington Market)，处于犹太、加勒比、西班牙、葡萄牙及亚洲移民较为集中居住的区域。由此可知，学校以移民学生居多，具有文化多样性的特点，居民多为普通家庭。森瑞学校是一所集幼儿园、小学和初中于一身的综合性社区学校。该校尊崇“部落式学校(Tribes School)”的办学理念，主张“学校像家一样，让每个孩子都有归属感”。在森瑞学校的课堂里，社会合作技能被引入学科教育。课堂教学遵循4项原则，即“认真听讲(attentive listening)、相互尊重(mutual respect)、赏识/不欺压(appreciation/no put downs)、可以弃权/参与(right to pass/participation)。和华坪小学一样，森瑞也是一所关注环境保护的绿色学校，同时致力于促进社会公正、人权和反种族主义教育，在基于社区的规划活动方面表现卓越，曾因此多次获奖。森瑞学校还注重品格教育，表现良好的学生不仅在集会上得到认可和表扬，还会获得证书以表彰他们的成熟和善良。该校每天早晨以“每日一句名言”的形式进行朗诵活动，每月根据不同主题教育学生构建优良品质。这些主题包括：尊重(respect)(9月)、责任(responsibility)(10月)、善解人意(empathy)(11月)、善良和爱心(kindness and caring)(12月)、团队精神(teamwork)(1月)、公平(fairness)(2月)、诚实(honesty)(3月)、合作(co-operation)(4月)、正直(integrity)(5月)、不屈不挠(perseverance)(6月)。

虽然华坪小学和森瑞学校具有迥异的文化背景，但是它们的共同点也有很多。例如，两校都是绿色教育的模范，都注重学生精神文明建设和良好品格养成。这些共同点为两校的交流合作提供了很多可能。后来，我们发现，对于华坪小学而言，其国际化交流具有一定的代表意义。因为它是一所面向普通民众的公立学校，学生家庭经济水平较低，若按现有的国际化交流模式，基本上无法开展跨文化交流。因此，在与森瑞学校开展互惠学习的过程中，华坪小学始终把如下四个问题作为探索的主题，以期寻找一条低成本、不离土、持续深入并能够生成新文化的国际化交流之路。

1. 如何为普通老百姓的孩子搭建一条经济成本低而又能够深入互动的国际交流之路?

2. 如何为教师搭建一条“文化局外人”的对话平台,以突破现有校本化、区本化等“文化局内人”的对话框架的局限?

3. 如何向世界发出中国教育的声音,树立中国教育文化的自信,以突破传统国际交流以“向外看,拿回来”的不对等交流模式?

4. 如何将跨文化互惠学习的新理念和新经验融入办学理念、教学管理、课程设置、学生活动、教师发展和学生评价等领域,以促成富有中国特质和国际色彩的现代学校?

二、理论基础与研究方法

(一) 理论基础

1. 互惠学习理论为跨文化伙伴关系提供了新认识

对于基础教育学校层面的国际交流而言,跨文化学习模式一般有三种:(1) 离开本国前往他国进行交流;(2) 同时性地相互分享经验;(3) 邀请他国相关人员至本国交流分享。诚如上文分析所指出的,现有的国际交流模式多关注中国向他国学习,这是非平等的学习交流关系,无法彰显中国教育文化的形象和树立中国教育的文化自信,更谈不上因交流而生成的新文化问题。因此,华坪小学希望能够突破这一交流模式的局限。于是,互惠学习理论被纳入其视野。互惠学习理论认为,在国际交流中,交流双方应通过平等、尊重、真诚的姿态,与对方交流,并以开放的心态理解和尊重他人的经验,尝试从中汲取优良文化以提升自己,只有这样,双方的交流才可能生成新的教育经验。[①] 也就是说,互惠学习是一种互惠共生的合作伙伴关系,强调交流双方有深度、有广度、有辐射力的双向理解与双向学习。

2. 共生理论深化了对跨文化交流模式的理解

共生理论最初源于生物科学研究,后因其“关注整体、关注关系、关注发展”的核心理念逐渐渗透到社会科学领域。共生理论发现,两个以上事物之

---

① Yang, Q. Intercultural communication in the context of a Canada - China sister school partnership: the experience of one New Basic Education school [J]. Frontiers of Education in China, 2017,12(2).

间的“共生”模式通常有寄生模式、偏利共生模式、非对称共生模式和对称互惠共生模式四种。其中对称互惠共生模式是最优模式。① 这是因为对称互惠共生模式把双方都作为独立的主体，承认对方有独特的资源，且能关注互动过程中的新的发展可能性，从而创生出新的发展可能性。华坪学校与森瑞学校在交流中清晰并坚守了这一发展立场。

（二）研究者的身份与研究方法

本文第一作者卜玉华是华东师范大学教育学系教授，也是叶澜教授的学生，主要从事教育基本理论、基础教育改革等领域的研究，从博士生起便参与到 NBE 项目变革之中；工作之后，更是成为 NBE 项目的核心成员，负责中小学校英语教学的改革研究，非常熟悉 NBE 研究以及华坪小学等实验学校。因此，从中加项目友谊初建到项目式合作，卜玉华教授都全过程参与，并承担项目的直接推进工作。虽然康纳利教授和许世静教授对姊妹校的合作内容及其合作方式没有提出要求，但对中国大学的合作研究者提出了研究方法论上要求，即不能采取 NBE 的深度介入式研究，而要采取叙事探究（Narrative Inquiry）。叙事探究是康纳利教授倡导并在北美以及中国最近十几年流传面较广的一种研究方法。这种方法的前提性假设是：人类无论在个体意义上，还是社会意义上，都过着具有故事性的生活；作为人类，我们感觉到生活的意义性并努力塑造我们自身和世界的意义，是基于我们就生活在故事中，讲述着故事，重复着我们的故事。② 也就是说，叙事探究不仅是一种把人类经验作为故事来看待的思维方式，也是把人类经验作为故事性现象的一种研究方法论。③ 叙事探究也是一种关系性研究方法，它关注故事中的人是如何形成分享型和关系性的认知社群的，或许因为这一点，项目负责人在开始便提醒我们在此项目的推进中，要采取叙事研究的方法，不需要对姊妹校的交往提

---

① 卜玉华.共生理论视角下我国区域教育均衡化发展研究——以上海市闵行区“学校生态群”模式为例[J].教育发展研究，2015，35(24).

② Connelly, F. M., & Clandinin, D. J. Stories of Experience and Narrative Inquiry [J]. Educational Researcher，1990，19(5).

③ D.瑾・克兰迪宁.进行叙事探究[M].重庆：重庆大学出版社，2015：2—12.

出任何要求,所要做的就是参与式旁观,为姊妹校的跨文化交流提供必要的支持,如语言翻译、信息传递与沟通等。

最初,我们对叙事探究法的理解是停于字面的,以为就是讲讲姊妹校交流中的故事,但我们最为困惑的是:万一姊妹校不交流呢?我们难道就随其自然?如果情况真是这样,那么这个项目岂不是无法进行下去了吗?项目负责人的回复是:没有关系,如果姊妹校没有真正实现跨文化交流,那么这种结果本身也是有价值的。但是事实证明,作为大学工作者,如果我们不参与双方的互动,姊妹校之间的交流并不能深入而正常化。但温莎大学每季度要求我们向他们汇报项目进展情况,这本身对我们就是一种压力,促使我们要主动地问询双方学校是否有沟通的意愿、沟通什么、在什么意义上沟通。虽然我们没有在这些问题上替代姊妹校作出决定,但在这种互惠关系的形成中,我们的角色在一开始就是不可替代的。此外,加拿大项目负责人要求我们在每季度汇报项目进展时提供一些姊妹校生活中的事件记录、田野笔记、学校活动类资料等。这促使我们要求研究生到姊妹校去收集学校生活的相关材料,记录每次跨文化交流的事件。同时,加方的研究生也不断向我们提供一些田野笔记。这时,我们才逐渐明白叙事探究其实是一种研究方法论,是研究者以第一人称的角色叙述和观察自身与研究对象之间发生的故事以及故事中的所思所想,但为了表达故事的展开情况,它仍然需要观察法、访谈法、录像法以及田野笔记等方法。所以,我们的角色也是一个客观的既在故事中、与故事中研究对象一起建构故事,同时也是故事情节的推动者、记录者和言说者。后来,其他项目研究者的体会和认识证明了我们这一认识是正确的。康纳利教授说,研究方法和研究方法论是有区别的。在这个伙伴项目中,叙事探究是一种方法论框架。有些人把叙事探究法当作了讲故事的方法,其实不是这样的。叙事探究作为方法论是一种思维方式。在这种思维方式引导下,研究者可以运用多种研究方法,甚至问卷法也可以在叙事探究中运用。许世静教授也说,我也想强调的是,对于这个项目的研究者而言,最为重要的是做反思性记录和田野笔记。我们可以想象我们自身(研究者)是中加两国学校和教育者之间的"红娘"与"架桥人"。

三、互惠学习的发展阶段

诚如上文所说，在加方项目负责人所要求的叙事探究中，我们要坚持不干预只服务的角色。对于多年从事 NBE 研究，在与中小学教师合作时给予建议和意见的我们，内心深处是非常担心的。现在，五年过去了，这种担心日益减少，不是因为我们的角色变了，而是因为双方更了解对方，知道什么是可以交流的，什么是不可以交流的，相互学习的内容与方式也都比较清晰了。下面，我们简要勾勒 2013 年 9 月至 2017 年 5 月间两校跨文化交流的过程。

(一) 互惠路径探索期(2013 年 9 月—2014 年 9 月)

最初，我们认为两校交流的障碍是语言不同(英汉)、时间不同(时差 12 个小时左右)、文化不同等。因此，中加双方大学都派出了研究生以志愿者的身份进驻学校，帮助两校教师解决语言障碍，并借助现代信息技术，每月开展一次视频会议。但随着交流的进展，我们逐渐发现，真正阻碍两校顺畅交流的是文化差异，以及平等而相互尊重的交流心态。第一学期的视频会议，中方出席人员有校长、副校长、教导主任、2 位教师以及几位学生，当然，还有大学教授和研究生参与翻译与信息沟通；对方参与的也有校长、副校长、2 位教师和若干学生。每次视频一小时。双方交流的主题多而散，每次都有新主题，但每次交流的主题之间并没有连续性，说明这一阶段的交流更多停留在信息层面，并未真正在实践层面相互借鉴或共同研究，没有一个真正的话题可持续地进入到双方教师的日常实践之中(如表 1 所示)。

下面列举第一次视频会议的情况。

第一次视频时，大家非常友好，好像两家许久不见面的亲戚。华坪小学的 W 校长是一位友善、热情、开放的校长，待人诚恳，工作思路清晰，曾在 2007 年、2008 年与森瑞学校的 A 校长相互访问过，两人结下了深厚的友谊。在视频会议之前，与学校其他相关教师制订了详细的交流计划，准备在视频

表1 第一年5次视频会议的交流主题表

时间	2013年10月11日	2013年11月8日	2013年12月6日	2014年2月14日	2014年5月30日
内容	1. 以探究为基础的教学模式 2. 儿童之间的欺凌现象 3. 环境教育:学生探索能力 4. 班级、年级、学校层次合作 5. 数学教学探讨 6. 集体备课、各自备课、共同说课、评课 7. 录制相同主题的教学实录,视频交流(目前实现了课堂笔记实录交流) 8. 重大节日节目合作 9. 建立资源共享网站	1. 对教委会议的介绍 2. 家长会议 3. 科技探究课 4. 副校长的职责 5. 学生行为规范问题 6. 教职工交流机会	1. 两校的年级以及学生年龄范围 2. R的特色声乐学校 3. 两校的志愿者参与校园生活的情况 4. 作为教学工具的Ipad使用情况 5. 学生评价方式 6. 校内教师之间的合作和分享	1. 闵竹小学介绍新加入的老师 2. 闵竹小学学生寒假期间的活动 3. L老师班级元宵节活动 4. 下一步的交流活动 5. 闵竹小学的表现性评价 6. 如何进行英语课交流 7. 校长的一天与一周	1. 校长工作和责任 2. 学生考核 3. 教师工作和学习

会议上进行沟通。森瑞学校的A校长到另一所任职了,接任的校长是一位学音乐出身的C校长,年龄在45岁左右,头上扎着一根不太长的小辫子,颇有艺术气质。他性格开朗、不拘小节。在第一次视频会上,C校长甚至唱一些小曲子,整个视频过程气氛非常欢乐,大家就交流的领域作了初步沟通。

C校长认为华坪小学可以向森瑞学校学习以探究为基础的教学模式。C校长提到,与中国重视基础知识的传授不同,加方强调以探究为目的的学习,注重培养学生的思考能力、数理能力,以及将这些能力推广到生活中、与生活情境发生联系的能力。同时,他还提到森瑞学校正在开展以play-base为基础的音乐融入教学的教学方法,通过发展学生的音乐能力,以促进智力发展和其他学科的学习。为此,森瑞学校小学还设立了专门的音乐学校(school in school),招生不设门槛,任何人任何地方都可以自愿报名,现有四年级到七年级共 90 名学生。

森瑞学校可以向华坪小学学习如何解决儿童之间的欺凌现象。C 校长提到了几个在他们小学中存在的欺凌现象的案例。有一个中国移民的学生，在班级中用剪刀扔老师，老师予以教育指导，而学生家长却状告老师歧视。针对此类现象，C 校长寻问 W 校长华坪小学是否有此类事情发生，学校又是如何解决此类问题的。C 校长认为中国的孩子，由于是独生子女，集万千宠爱于一身，自律性比较差。在班级中不守纪律，不排队，使用图书馆也没有遵照相关的规章制度。而年轻的家长，往往以孩子为中心，家里面老一辈也对孩子十分宠溺，常常出现“追着孩子喂饭吃”的现象。

W 校长回应说在探究性教学方面，华坪小学也很注重，学校中已经有如风力发电项目一样的学生自主探究项目，设有专门的科普探索走廊，有相关的科学知识普及(如立体的中国地图)；学校还开发了校本课程，使校园环境也成为有效的教育资源。在学生行为规范方面，华坪小学的通常做法是：

1. 8 月正式开学之前，华坪小学就有针对性地开设小幼学前衔接班，主要内容是教育学生如何守纪律以及在与他人相处时应该有的行为规范，还将这些行为规范编成儿歌，方便学生记忆；

2. 在开展儿童教育的同时，学校也对家长进行相关指导，为期十次，目的在于加强家校间的交流合作，使学生在学校和家庭环境中能够处于一贯的教育指导中；

3. 高年级与低年级学生之间结成友谊班(如四年级与一年级)，正式开学的第一天，由高年级学生牵着低年级学生一起进入校园，让低年级孩子感受关爱；

4. 一年级新生在刚入学时有为期四周的入学准备期，主要目的不是知识的传授而是兴趣的培养，并使学生形成集体感，能够对学校班级产生归属感；

5. 对于班级中个别自律性差的学生，教师会耐心分析原因，做到“课前家访，课上关注，课后教育”。

此处 C 校长提出特殊教育问题，主要询问了特殊孩子班级分配问题。华坪小学共有两名特殊学生，采取的是随班教学。

C 校长十分赞赏华坪小学的做法，也提出了疑问：学校如此重视这方面的教育,是否是因为家庭教育薄弱,只能将学校教育作为主阵地? W校长认为在优秀文化传统影响下,教育的大氛围是好的,当然也必须承认有少数父母教育缺失,所以学校必须担当起这部分责任。

接着,双方其他教师就进一步合作的计划谈了自己的意见。

华坪小学的计划方案是:

学校系统方面:1. 班级层次,先开展试点班的活动,考量其合理性可行性之后在进一步推广到其他班级乃至整个年级;2. 年级层次,以学生年龄段为划分标准,根据学生的心理特征,有不同的主题活动,制定“系列活动表”;3. 学校层次,开展两校科研探索项目的合作交流,在学校重大节日、主题活动或者艺术节中,可以实现活动视频共享。

教师方面:1. 以数学教学为例,探讨两校数学教师针对同一问题的不同教法以及学生的不同解法;2. 两校教师实现两个方面的合作,一是集体备课,二是各自备课再共同评课、说课,以探讨中加教师教学的差异性。

森瑞学校的建议方案是:

在一至二年级设特殊班级,主要由中国孩子组成,为班级配备中文教师,学生同时学习中英文。结对班级就某个相同主题,可录制一些教学视频进行相互交流。在学校有音乐晚会等重大节目的时候,可事先组织森瑞学校学生录制节目参与,两校以视频的方式合作共办晚会。

在此阶段,我们秉持叙事探究法的角色要求,并没有对姊妹校的互惠学习提供建议,但我们的焦虑是不断加深的,总是感觉到项目所希望达成的互惠学习情况并没有真正产生,研究生也时常抱怨自己不知如何推进项目研究。因为在我们看来,互惠学习并不等于只是双方进行信息交换,如果信息交换之后,一方没有从另一方获得启发,那么,这算不上是学习。当然,我们也发现了阻碍两校实现互惠学习的障碍。

1. 双方的信息交流不对等,呈现出较高频度的单向交流。当森瑞学校介绍了以探究为基础的教学模式时,华坪小学却没有产生积极兴趣,甚至把探究式教学模式当成科学课活动。

2. 两校在合作计划这一议题上的期望值也有差异。华坪小学在学校和老师两个层面上的交流均给出了详细计划,对双方的合作交流有很多期待;

森瑞学校只是提出进行教学视频交流或合作开晚会的计划。前者相对系统，后者相对零散。

3. 交流主题不断转换，持续发展性不足。比如在交换教学视频的议题上，华坪小学非常积极地拿出毕业晚会和两堂科学探究课的完整视频，而森瑞学校提供的两则视频还不尽如人意，只有教学片段，难以看出该校课堂教学的全貌。即便对于已经交换的视频，双方都没有能够及时给予评价和反馈。

4. 资料交换不对等。比如华坪小学可以轻易地分享教学视频，而森瑞学校有可能出于对隐私的保护难以及时提供课堂教学的完整视频。

(二) 非对称互惠期(2014 年 9 月—2015 年 12 月)

或许受我们多年从事 NBE 研究的影响，我们最初对学校参与项目的理解是：制定规划—落实计划—生成新的目标—再落实……如此有方向、有计划地推进，才算是改革或学习发生了。最初华坪小学似乎也是这样的，每次视频之前，总是先订好计划，然后在视频中与森瑞学校的校长和教师进行沟通。但由于发现每次视频计划似乎都不能落实，我们就认为项目的成功实施估计不太可能。然而，现在回过头来看，其实，我们当时的理解和归因都是基于中国文化场域的臆断，忽略了从多伦多教育文化立场的角度理解，即在中国学校，校长和教师之间是领导与执行的关系，校长通常是某项决策的权力人，其他教师只要遵照执行。但在多伦多学校中，校长只是教师的服务者，教师才是真正拥有教学自主权的人，所以，虽然森瑞学校的校长有许多新思路，但他无法保证教师们真正遵照执行。

1. 第一个互惠生成的主题：七巧板教学

这一视角的转换缘于 2014 年 10 月多伦多大学博士生邱亦欣(Yishin Khoo)传递回来的消息。邱亦欣说森瑞学校的瑞伊老师对华坪小学黄老师的七巧板教学和顾老师的数学教学产生兴趣，还在教学中和学生们一起进行七巧板的学习。这一消息传到中国，不但我们很兴奋，连华坪学校的校长和老师们都觉得惊奇和振奋，教师之间的跨文化学习终于发生了。

这时，我们才注意到，瑞伊老师第一年(2013 年)便开始思考如何参与跨文化互动了。邱亦欣博士的田野记录这样记道：

我很好奇瑞伊女士为什么对姊妹校项目如此有兴趣。在走廊里,我问了她这一问题。她在教室门口停下向我解释说,她认为这个项目对她很有价值,她对全球化背景下的教师学习社群(PLC)很感兴趣。她说她的专业背景是数学,她认为学校中的其他教师在上数学课时并没有真正理解数学的概念。她对中国教师如何上数学课很感兴趣,并希望向中国教师学习教学经验。她提到在前任校长去中国访问的时候并不希望她同往,而其他教师从中国回国后,他们并没有做任何事情。去年,她理应和C校长一起去中国参观一些学校,但由于学校财政问题,她也没有与校长同行。她还告诉我两年以前当上海的教师来到森瑞学校时,校长安排她一个人负责欢迎的桌子。她希望这次项目交流能够超越表面的信息交流而真正促进学生间的合作,并与中国教师共同学习。(2013年12月5日记)

姊妹校教师层面的主动交流始于2014年9月瑞伊老师与顾老师的一次视频交流。顾老师是一位数学教师,30多岁,英语水平较高,可以和瑞伊老师进行英文交流。在交换新学期的计划中,顾老师提到在她所教的班级上将要开展一个七巧板的教学活动,用七巧板可以拼出不同的图形,比如一个正方形,可以结合古诗和其他能想到的东西用七巧板来联系起来。瑞伊老师听后很有兴趣,自己也希望尝试一下。

2014年9—12月间,华坪小学的黄老师给学校低年段孩子们上了8节七巧板课,华东师范大学的研究生志愿者刘燕婷和李玲玉均详细地记录了整节课并将之寄给瑞伊老师。瑞伊老师于同年12月也为自己班级的学生开展了8次七巧板教学活动。当然,瑞伊老师并不是直接复制华坪小学的课,而是结合自己的情况做了创造性的转化,她将活动分成两个环节。

第一环节,瑞伊老师希望她的学生能够用维恩图去区别传统七巧板和华坪小学七巧板的相同与差异。她提醒学生仔细看两组七巧板。属于传统七巧板特征的,记录在左边的圈里,属于华坪小学特征的,记录在右边圈里(如图1所示),然后瑞伊老师让学生谈对华坪小学七巧板的印象。在听了孩子们的评价之后,瑞伊老师在每个桌子上放一张大大的带有维恩图的纸,让学

图 1　两份学生的课堂作业

生比较异同。在学生做功课的时候，瑞伊老师在课堂中观察是否有学生能够发现两组七巧板都是 7 个，华坪小学的七巧板中有不规则图形。同时，她还想看看学生是否能发现两组七巧板的图形比例是如何匹配的。

第二环节是讨论交流。

瑞伊老师：这两组七巧板有什么异同？

学生 X：它们都是用塑料做的。

瑞伊老师：Okay……

学生 Y：每组都有 7 个。

学生 W：你只有在中国才能发现华坪小学七巧板。

学生 Y：传统七巧板中有两个小的三角形而华坪小学七巧板中有两个半圆形。

瑞伊老师：传统七巧板中有几个三角形？

学生(齐)：5 个。

瑞伊老师：华坪小学七巧板中有几个三角形？

学生(齐)：1 个。

瑞伊老师：看看三角形并看看你能够发现有多少角？

……

在接下来,瑞伊老师又和学生讨论了规则与不规则图形、不规则五边形的特点以及图形中的对称等问题。然后,她把讨论的意见都记录在维恩图中,如图 2 所示。学生也在讨论中作着自己的记录,如图 3 所示。

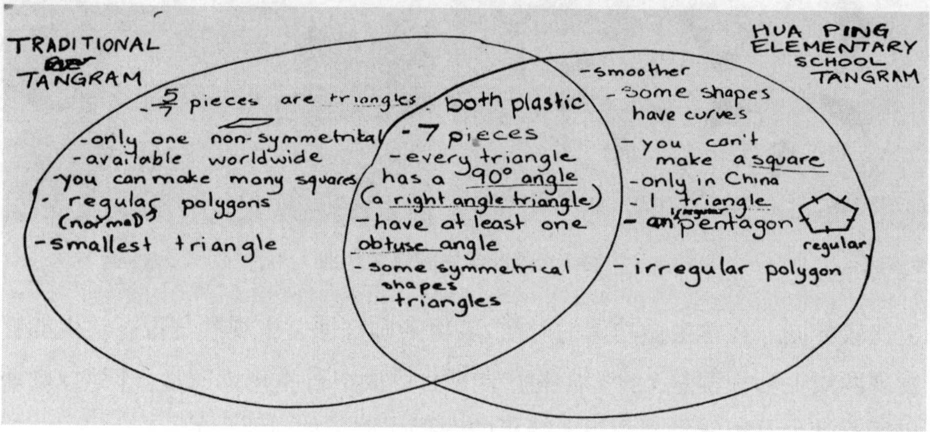

图 2 瑞伊老师的课堂示范图

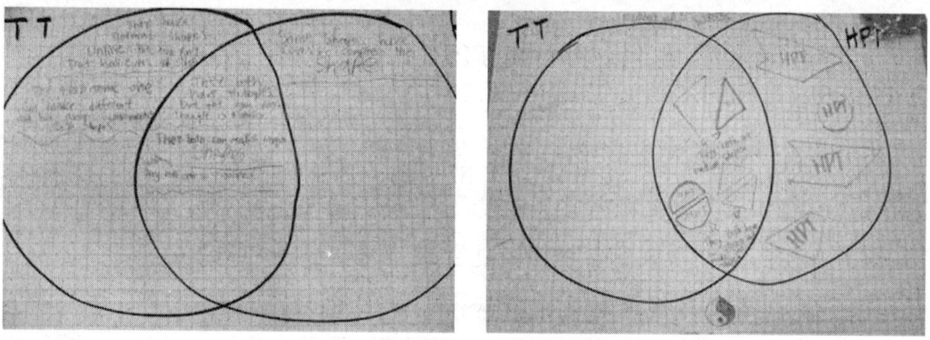

图 3 两张学生的课堂作业图

2014 年 9—12 月,华坪小学的顾老师和瑞伊老师就七巧板教学开展了研究。显然,瑞伊老师巧妙地将七巧板与数学、跨文化视角等融通在一起,非常精彩。同时,顾老师的教学也体现了学生自主探究和过程生成的特点,这一点也一直是 NBE 所主张的理念,但我们觉得瑞伊老师的教学课能够更好地体现这些理念,并期待着中方也能够从中学习。很遗憾的是,或许因为瑞伊老师的七巧板教学课开始得较晚,而中方老师的七巧板教学课已经提前结束了,所以,我们没有看到中方老师借鉴瑞伊老师教学课的内容。

2. 第二个深度共生的主题：水文化

自从瑞伊老师与黄老师的七巧板教学互动之后，瑞伊老师便成为两个姊妹校互动的主要人物，当然其他方面的研究也都仍然在持续，如节日文化师生互赠礼物、定期视频交流、相互传递教学视频等。从 2015 年 1 月开始，华坪小学把孩子们参加水文化节的活动照片和信息以及华坪小学水文化的校本课程介绍给了瑞伊老师。瑞伊老师对此产生浓厚的兴趣，于是在 2015 年的 2 月至 4 月，她和孩子们一起开展了一系列水资源的环保活动，这次活动据说得到了安大略省环境资源局的认可，并奖励他们 5 000 加元。这一事件成为森瑞学校和当地社区居民周知的事件，家长和学校都很重视，瑞伊老师自然也很开心。其中，她还请华坪小学的益民老师给他们提供各种“水”的中文写法，用政府给的 5 000 加元制定了写有中文“水”字的蓝色文化衫，如图 4 所示：

图 4　中国传统文华中“水”字的不同写法

于是，在 2015 年 5 月份的中加项目组的国际会议上，两校互惠学习的进展情况便以七巧板学习和水文化学习为例进行探讨，得到项目国际评审组的高度肯定。这一消息自然也反向强化了两校在中加项目跨文化互惠学习上的积极性。自此之后，瑞伊老师与华坪小学的益民老师开始了新阶段的交流。

在交流中，两校教师都觉得自己的收获很大。华坪学校的校长这样说：

在水文化活动的交往中，华坪小学的学生由衷佩服加拿大孩子在“水周”活动中的丰富想象和制作T恤义卖自筹资金的行动，森瑞学校的孩子们也发自内心地羡慕中华民族文化之美和我校“水孩子”社团丰富多彩的节水护水活动。这样的交流不仅传递着绿色环保的理念，更有助于培养孩子们独立思考和解决问题的能力，对孩子来说是大有益处的。这一影响不仅仅是对孩子的，在老师们的身上甚至在整个学校层面都产生了很大的影响。心系“水”源，姊妹校老师通过水文化活动重新唤起了教育的使命感，对教师职业的认同感，点亮了她们心中那闪亮的一盏教育明灯，有了目标、有了憧憬、有了希望、有了动力……我想这应该是互惠学习所带来的价值和意义所在吧！此活动，双方学校和老师都希望能够长久合作交流下去，我们也希望能够在此次会议中达成更多的共识与愿景。

总体上，此阶段姊妹校之间的互惠学习发生了，并呈现出两个特点：一是在局部领域进行的学习；二是呈现出非对称性学习的情况，即更多的是中国学校的教学经验被加拿大学校借鉴和学习，中国学校教师似乎对加拿大的教育经验没有敏感性。

(三) 对称互惠期(2016年3月—　)

如果说第二阶段姊妹校互惠学习更多的是中国教师输出经验，加方教师汲取并转化中国经验，那么，其互惠学习的特点是单向的，而非双向的，即加方教师在转化了中国教学的经验之后，中国教师并没有有意识地再借鉴和转化，真正的互惠循环没有生成。但双向互惠现象出现在2016年的3月，即森瑞教师的来访。

1. 转机：森瑞学校的两位老师访问华坪小学

2016年3月14日，森瑞学校的两位老师瑞伊老师和汉妮老师访问华坪小学。华坪小学作为接待方给予了热情而周到的接待，不仅向两位教师全面开放和呈现了教学与班级生活，还向她们展示了学校的其他日常生活内容：升旗仪式、早操、晨练、课间操等，以及学校特色课程，如该校的科学教室与水科技馆。此外，华坪小学的校长、教师、学生以及学生家长们还与她们一起包饺子、吃汤圆，孩子们还展示了自己的绘画、音乐与舞蹈，表达了对远方客人的欢迎之情。

此次交流活动为期五天。五天的活动内容丰富多样，老师们在语文、数学、英语、科学探究、音乐、自然、舞蹈等学科和班会活动中展开了全面交流。两校教师以合作教学为主要交流方式，基本上每个领域各呈现一节教学课，双方相互观摩，课后立即研讨切磋，交换意见。在此过程中，参与各方都收获丰厚，对彼此的学校生活方式、教学实践风格、学生成长的关怀等都有了更为直观生动而富有深度的理解。下面先呈现两节课，再对比分析其中的差异。

中加教师的英语教学课

上课的两位老师分别是华坪小学的丽丽老师和森瑞学校的汉妮老师。丽丽老师上第一课时，汉妮老师上第二课时，教学内容是上海牛津英语五年级教材第3单元的“look at the shadow”。

丽丽老师的教学过程分为六步。

第一步：丽丽老师先在PPT上呈现了一段谜语，请同学们猜测。内容是 You can see mein the dark. I can be long and short. Everything is my friend. Except the ghost. What am I? 同学们为这段有趣的谜语所吸引，纷纷猜测。丽丽老师在同学们猜测之后，在PPT呈现了几张有趣的手影，告诉同学们今天学习的主要内容是shadow，并将单词板书在黑板的上方。丽丽老师又问学生：“What shadow can you see?”她指着PPT上的几个手影：马、狗、狼等动物。学生因为明白了shadow的意思，积极地回答了出来。

第二步：丽丽老师又呈现了一张PPT，PPT上面出现了一个陈述句：Look at the sun. In the morning, it rises behind the hill. The tree's shadow is long. It is on the lawn.学生跟她一起朗读了一遍，她又让学生自读了一会后，面向全班学生，右手食指指向PPT，问学生：“Where is the tree's shadow in the morning/at noon/in the evening?”她让学生两两进行问答。

第三步：丽丽老师在学生对话完之后，请了三对学生问答，发现学生回答基本正确之后，她又呈现了第四张 PPT，内容是：In the morning, the tree's shadow is long. At noon, the tree's shadow grow short。同样，她先让学生朗读这些句子。接着她问：“How is the tree's shadow in the morning/at noon/in the evening?”同学们仍然采取同桌两两问答的方式进行练习。

第四步：丽丽老师采取了几乎同样的方式教学生陈述句子：In the morning, It rises behind the hill.最后，她让学生从早上、中午、晚上三个时段练习所学习的句子。

第五步：丽丽老师将所有的文本呈现了出来，让学生集体朗读课文，再请学生一一逐段读给同桌听，以巩固所学习的新语言。

第六步：布置家庭作业。

汉妮老师的教学过程是：

汉妮老师拿出一些小卡片，站在教室前面，对学生说：“上节课，你们学习了一些有关太阳变化的内容。我这里有些卡片，有的卡片上写的是单词，有的卡片上是一些画。每人都会拿到一张卡片，每张卡片都会找到自己的朋友。现在，我把卡片随机发给你们，等会儿你们根据自己手里的卡片去找朋友，找到朋友的同学坐在一块儿。”学生有的手里是图画卡片，有的是单词卡片。不一会儿，孩子们大部分都找到了自己卡片的朋友并在其座位旁坐了下来。这时，有四个同学好像还没有找到朋友。汉妮老师问她们发生了什么事情，一位女生说：“我虽然找到了卡片的朋友，但这位同学不是我的朋友，我不想和他坐在一起。”另一位女生也表达了同样的意思。汉妮老师听后，严肃地说：“我不同意你的意见。我们在生活中总会遇到许多陌生人需要合作，即便他们不是我们的朋友，但我们通常也需要与他人合作，只有这样，大家才会彼此建立更多的友谊，生活才会更美好，是不是？”学生似乎明白汉妮老师的意见不太可能改变，就找座位坐了下来。

在学生都找到卡片朋友并坐下后，汉妮老师请学生仔细观察书上的内容，并在空白纸上画出小山和树，然后剪下来，并按书上介绍的方式粘贴在一起。学生于是两两合作，画的画，剪的剪，粘的粘。在此过程中，汉妮老师在教室四处巡视，观察学生的进展。当学生完成制作之后，汉妮老师让学生用手电筒从不同角度（上面、斜上方、左边平行、右边、垂直）照射“树”，请同学观察“树”的影子有何变化。同学们马上开心地做起来，惊喜声不断，似乎都在做游戏而不是在学习。

待学生试验完成后，汉妮老师走到教室前面，手里握着一支笔，黑板上贴着一张大大的纸。她首先写下 First，问学生刚才第一步在做什么？学生大部分都在说：“Draw a tree and a hill.”她又写下 Next，学生又说：“Cut out the tree and the hill.”如此以往，直到全部描述了探索过程，黑板上出现了：First，draw a tree and a hill. Next，cut out the tree and the hill. Then，stick the tree and the hill on the desk. Lastly，shine the tree and the hill.

两节课下来，从语言知识的理解与掌握程度看，差异并不大，教学过程推进都比较有条理，学生似乎也都积极地参与其中。最大的不同表现在两位老师与学生的互动关系上。在丽丽老师的课中，学生是在积极地完成教师布置的任务，虽然也有自主探究的时间与空间，但学生所探究的是路径或方向清晰的任务，一般不会犯错误，也谈不上创造性学习，更不必期待有什么惊喜，因为教学任务中真正学生需要自主思考、个性化探索的空间是很小的。在汉妮老师的课中，学生探究的是路径或方向不清晰的任务，可能会犯错误，也可能会有新奇的发现，教师也不太清晰学生在探究中会遭遇什么样的困难。从教学环节来看，丽丽老师的课堂教学过程包括三大环节、六个步骤：导入教学主题、核心任务的呈现与推进（通常由 3—4 个分解的教学步骤构成）和巩固练习；汉妮老师的课堂教学一共三个环节：教师呈现教学任务、学生自主探究、学生呈现任务和教师反馈。所以，相较而言，丽丽老师的教学步骤复杂些，学生从任务通往目标的探索过程中的诸多困难都被教师提前化解了，这一化解本身就使学生出现错误、提出构想或是个性化地探寻通往目标的可能性都大大地减少了。丽丽老师的课堂在目标定位上专注于语言学习目标的达成,没有整合相关领域;汉妮老师的课堂学生不仅掌握了语言目标并重构了语言目标,而且探究性体验和认识了光的位置与物体影子长短之间的关系,融入了科学教育的要素。

对此,丽丽老师的理解是:

> 我真的很欣赏汉妮老师的教学方式,但我觉得我们国情不同。比如,我们是把英语作为外语课,我们自然关注学生对语言的掌握,而不是去完成科学教育,科学教育有专门的课程来完成;而且我认为没有必要让学生花这么长的时间进行探究,因为对五年级的学生而言,光的位置与物体影子长短的关系,他们已经具备这方面的生活经验;这样的课,无非是让学生感到快乐。在中国的课堂上,我们基本上不敢这样做,因为我们要考试,每节课都有特定的任务要完成。但他们不同,他们不需要考试,而且教师自己是全科教师,可以规定这节课的长短,或 80 分钟,一天或是一周都可以的。
>
> 当然,我觉得这节课有些方面我是借鉴了汉妮老师的经验的,比如,我让学生自主思考并回答问题,并提出三个问题: what、how、where,这是借鉴了汉妮老师的教学方式的,我认为这样使教学有了层次性和结构性。

汉妮老师对丽丽老师的反馈是:

> 丽丽老师的课很好,我学到很多,学生们都能够用所学内容自由地表达,这就是成功。我尽力把她第一节课教学的内容呈现在这节课里,也是希望学生能够更好地掌握和运用。这一点,我是向丽丽老师学习的。在加拿大上课,我一般不太注重两节课内容之间的关系,我看重的是学生如何思考问题,而不只是学生是否掌握了所教的内容。

可以看出，两位老师从中都进一步认识彼此的特点，自己可以学习的可能性，包括困难，同时，他们也在努力汲取对方教学的长处。

总之，此次面对面的深度、聚焦式的对话与交流，既加深了双方的友谊，也从相遇、相悦到相知，为进一步的互惠学习奠定了情感与认识基础。

2. 回访森瑞学校：全视角“我-他”眼光的生成

2016 年 5 月，华坪小学和森瑞学校均受邀参加加拿大教育学年会，并提交论文报告。在此期间，森瑞学校举全校之力给予华坪小学的校长和教师以最热情的接待，参与的人员有全校师生、家长、多伦多教育局的负责人等。华坪小学的校长和老师们在怀雅逊进行了 5 天的全方面考察和学习，期间，两校校长、教师都进行了深度交流，还进行了“同课异构”。

如果说，2015 年 3 月森瑞两位教师的回访，华坪小学更多的是从教学理念和方式上了解了彼此，那么，此次为期 5 天的回访活动，华坪小学的校长和教师们对森瑞学校的日常生活有了全面的感受和了解。

第一个主要感受是，森瑞学校在包班制教学下，教师是辛苦的。在森瑞学校，每位教师基本上都要教全部学科，语文、数学、科学、美术、音乐等，一周工作 1240 分钟，相当于在上海小学里每天要上 7 节课，还不包括比赛、俱乐部等的工作，工作强度很大。华坪小学的校长和教师对他们的日常生活进行了全天的体验，发现一天下来腰酸腿痛，都说身体吃不消。而且造成的影响是，教师间很少有时间和机会进行合作研讨、相互听课。教师的办公桌都设在班级里，随时和学生相处在一起，基本上没有备课的时间，所以，教师备课、准备课件的时间一般都在下午放学后和晚上休息时。

第二个感受是在民主管理型学校中，校长权威受到挑战，校长领导角色被弱化。在森瑞学校，校长与教师处于平等的关系，教师的自主权极大，从 2008 年到 2017 年的 10 年里，森瑞学校已经换了 6 任校长，原因在于学校工会和教师对校长不满意。因此，在森瑞学校，校长要做每一件事都需要征得教师们的认可，否则校长可随时被解雇。在此情况下，校长不得不小心翼翼地与教师相处，努力与教师们建立友好关系。森瑞学校校长带领我们参观校园时，看到后勤员工，都会停下脚步，和他们聊上几句，微笑握手；走进班级，向我们介绍老师时，说得最多的就是：“这位是非常优秀的老师”“她擅长教学”“她善于帮助学生”“她有很多经验。”华坪小学校长说:“我和 L 校长交谈自始至终没有听到他是如何领导学校变革的,在这上面,他的自主权不够。我跟他介绍了我们‘新基础教育’的校长如何在大学团队指导下,分析学校形势,审时度势,制定中长期发展规划,引领、凝聚团队,在课堂教学、班级建设、学校管理三大领域着力,进行持续变革的过程,他非常羡慕和佩服,说也要学习叶老师的理论。我由此感觉到在‘新基础教育’引领下的学校管理团队,有目标、有自信、有追求,校长是领导学校日常变革的第一责任人,这有助于学校形成秩序、推进变革、创造文化、成事成人。”

第三个感受是学生能舒展个性,自由自在地成长。在森瑞学校,虽然教师的日常生活是辛苦的,但孩子们却自由自在地成长。无论上课,还是玩耍,教师们注重的都是学生的自主探究意识和能力的养成,而不是知识和技能的掌握。所以,在教学中,常常会发现教师只是在一开始用 5 分钟左右的时间告诉学生今天要学习的任务,接下来的 40 分钟,甚至更长的时间是学生的自主探索,在此过程中,教师基本不干预,只是在巡视中根据学生的学习状况进行必要指导或提示,让学生在探索中遭遇困境,寻找化解困难的方法;让学生充分探究知识,教师也只是用 5 分钟左右的时间,简答地进行总结。在课堂上,你常常会发现学生因探究某个问题而钻到桌子底下思考,有的学生在笔记本上一遍遍地尝试解决问题的思路。自然,你会发现最后学生会形成富有自己个性色彩的作业。这种情况在华坪小学是很少能够发现的。

此次访问活动之后,在向全校师生汇报访问成果的报告会上,华坪小学校长这样说:“项目到 2019 年结束,但我们盼望姊妹校之间的友谊和研究,不因项目的结束而中止,而是持续深入发展。这取决于我们更自觉更努力地行动。全校要有更多老师加入到项目研究团队中。”总体上,此阶段,两校的跨文化交流已经进入了全面而对称的互惠学习阶段。

四、华坪小学在互惠学习中的成长

由于我们是中国姊妹校的支持者,无法对森瑞学校在跨文化互惠学习的具体成长进行充分了解，但对于华坪小学，我们要方便得多。碰巧的是，2017 年 10 月，华坪小学的跨文化交流成果引起地方教育局的关注和认可，并被推荐参选上海市基础教育教学成果奖，因此我们参与了华坪小学最近 5 年来在跨文化互惠学习中的成果展示。我们把华坪小学的成长概括如下。

（一）建构了“两校自主互惠、多方支持”的交流模式

显然，跨文化交流首先要思考的是交流方式问题，要克服跨文化交流所遇到的若干困难，比如语言、专业、时空差位等，所以，参与姊妹校的交流主体并不局限于两校本身，还包括中加两所大学（华东师范大学和多伦多大学）的高校研究者、研究生助理、地方教育局、家长等多方力量。其中，两所姊妹校是跨文化交流的主体，双方在自主交流中进行互惠学习。多伦多大学与华东师范大学的研究者分别作为姊妹校一方的学术支持力量参与姊妹校合作计划的制定和推进。同时，闵行区教育局与多伦多教育局的行政支持也保证了互惠活动的持续开展，两地教育局曾直接参与过交流。两所学校周边的社区以及学生家长也在互惠交流中作出了贡献。“两校自主互惠、多方支持”的交流模式组织架构如图 5 所示。

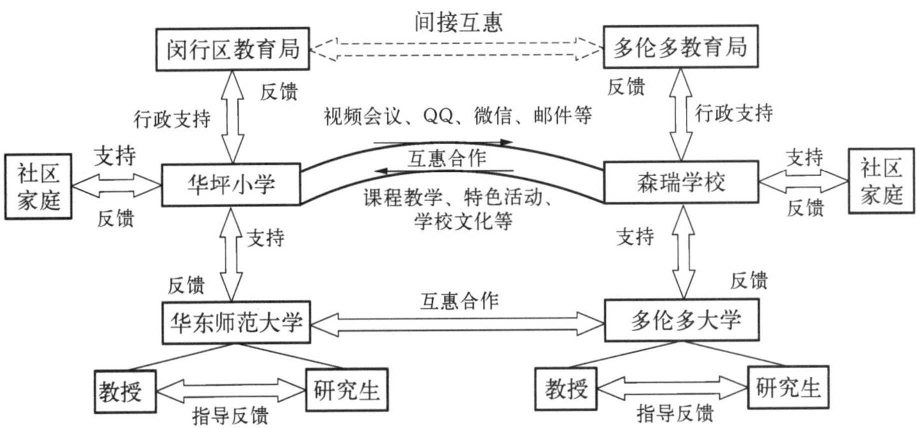

图 5　姊妹校跨文化交流组织示意图

姊妹校的交流方式主要有两类。一是即时交流与定时交流相结合。定时交流是指两校教师主要利用网络视频，结合双方互惠活动的开展进度，在

学期初和学期末的工作计划和总结会议的基础上,保证每个月至少一次的互惠活动交流。即时交流,是指姊妹校教师利用 QQ、微信等软件进行即时交流。此外,两所学校还将可共享的资源放在同一网络平台上,供交流主体随时获取和分享。即时交流与定时交流两种交流方式的结合也体现了两校交流呈节点计划与日常推进的特点(如图 6 所示)。二是群体交流与个体交流相结合。随着姊妹校双方互惠交流的主题不断扩展,内容不断丰富,方式不断增多,交流活动的辐射面也越来越大,呈现出群体交流与个体交流相结合的特点,提升了姊妹校多主体间交流的自主性和积极性,提高了交流频率。在群体交流方面,主要包括:(1) 双方校长、结对教师的基于工作计划制定、推进和总结的群体交流;(2) 双方学生在教师带领下展开基于活动的交流,如“世界水日”活动。在个体交流方面,姊妹班学生通过信件进行一对一的交流,孩子们用喜欢的方式(文字、绘画等)表达自己的想法,之后通过百度云、邮件或友人抄带的方式寄给对方。

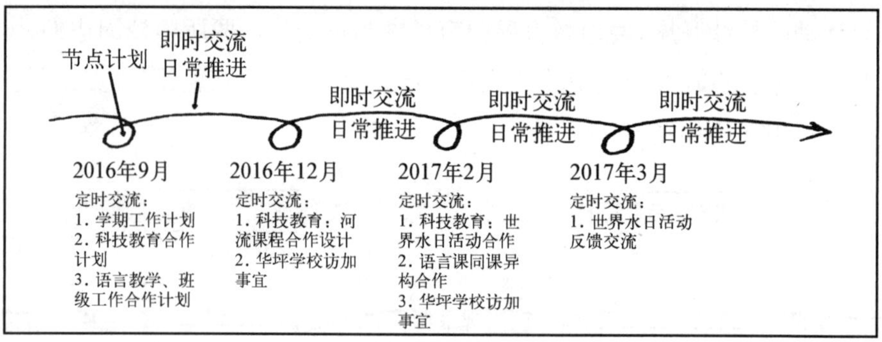

图 6　节点计划与日常推进

(二) 勾勒了有机整体的办学蓝图

在互惠学习过程中,华坪小学对办学宗旨、办学理念、学校文化以及相应的教育支持系统等有了更为有机整体的认识(如图 7 所示)。目前,华坪小学坚守以学生发展为核心价值,着眼于培养富有丰厚扎实的基础文化知识、积极主动的社会参与意识和健康发展的精神品格的现代型学生,并从课程实践模式、教学实践、教师发展、学生评价、学校文化建设以及家校社等多个维度进行调整、丰富、更新、完善和优化，形成了相互支持的现代型绿色学校。

图 7　华坪学校的办学理念

（三）发挥综合型课程的长处，融通了三类课程

姊妹校互惠学习前，华坪小学的课程模式以分科型课程为主体，包括基础课程、拓展型课程、探究型课程三大模块。这类课程的优点在于有助于向学生传递系统性的知识，每个学科和领域的独特育人价值容易定位而清晰，但其不足之处在于不利于融通各领域。通过互惠学习，他们有选择地借鉴了森瑞学校的综合型课程的做法，逐步探索在不失去学科课程优势的同时，融通现有课程。目前，他们开发了水文化课程、校园四季课程、STEM 课程以及创客教育等课程，这些课程都较好地体现了融通型课程的特点（如图 8 所示）。

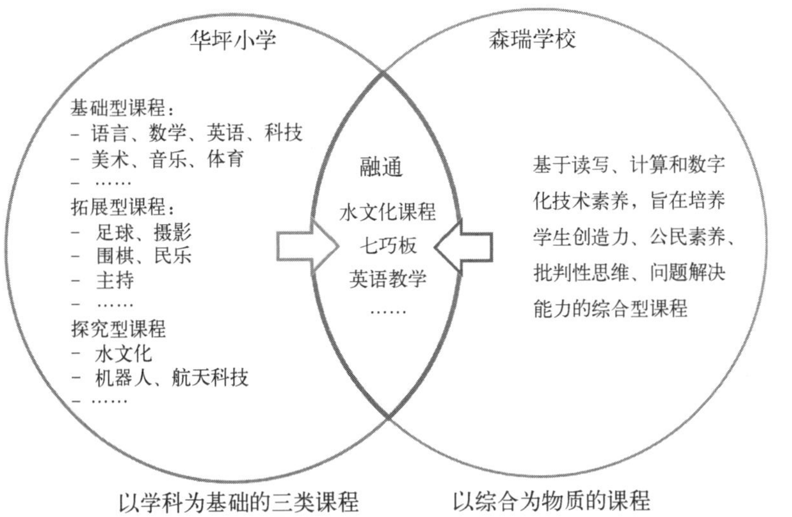

图 8　互惠学习中的课程融通

(四)探索了以学生自主探究为核心的“双主体交互型”教学模式

华坪小学以“新基础教育”理念为指导,形成了以“过程开放—交互生动—反馈回收”为主要特质的“双主体交互型”教学模式,这种模式注重教与学的开放互动和结构化推进,有助于激发学生的参与积极性和教师的适时指导,但学生自主探究的空间仍然不充分。森瑞学校是“学生自主探究型”教学模式,更有助于学生个性化、自主化的探究。通过多次的教学合作和研讨,华坪小学保留了自身的教学长处,也在学生自主探究方面吸收了对方的长处,形成了学生自主探究为核心的“双主体交互型”教学模式(如表2所示)。

表2 姊妹校教学模式比较与互惠生成

<table>
<tr><th></th><th>模式名称</th><th>优 点</th><th>缺 点</th><th>共同点</th><th>互惠域</th></tr>
<tr><td>华坪小学</td><td>双主体交互型</td><td>教学开放
结构化推进</td><td>学生自主探究时空不足;任务不够清晰</td><td rowspan="2">注重教学的开放性和学生的主体地位</td><td rowspan="2">森瑞学校向华坪小学学习“教结构用结构”的结构化教学;华坪小学向森瑞学校学习加强学生学习方式与学习工具运用的探究能力</td></tr>
<tr><td>森瑞学校</td><td>学生主体探究型</td><td>明确学习任务、方式与工具,充分探究</td><td>耗时多,互动反馈不及时</td></tr>
</table>

(五)开展了一系列“跨文化互惠型”的学生活动

在开展互惠学习之前,姊妹校双方都开展基于校本和带有本国教育文化特质的学生活动。例如华坪小学的班团队活动、环境保护和法制专题教育活动等,而森瑞学校则基于培养世界公民的教育理念开展了一系列慈善志愿、公民素养(如演说)训练的活动。开展互惠学习后,双方在原先的基础上实现了跨文化学生活动的共建,创生出了更多体现文化交融特色的学生活动(如图9所示)。

图 9　姊妹校跨文化学生活动共建

(六) 建立了“人员—技术—资源—评价”四大支持系统

为了促进姊妹校的有效跨文化交流,华坪小学建立了四大支持系统:一是语言交流的支持系统,即让英语水平较高的教师参与到互惠学习的队伍中来,既能独立与对方教师进行交流,也可为英语水平较弱的老师提供外语翻译上的支持;二是信息技术支持系统,为了解决跨时空问题,充分发挥现代媒体的作用,建立了多媒体实验室,为两校师生互动提供信息技术支持;三是资源系统,华坪小学提供专项经费,为师生交流提供经费、物资、平台等方面的支持;四是将跨文化交流纳入教师的评价系统,激励教师的参与积极性。以上几大系统的建立,为两校持续深入的互惠学习提供了有力保障。

五、小　　结

最初,姊妹校建设的目的是探索一条为普通老百姓的孩子服务的低成本、可持续的跨文交流路径。到目前为止,可以说姊妹校的跨文化交流都是持续而深入的,如何借助现代信息技术实现跨时空、跨文化的交流在“华坪-森瑞姊妹校”似乎找到了一条可行的路径。但我们知道,所有这些都不可能是自然产生的。我们作为大学研究人员,虽然以志愿者的身份参与,不直接干预两校的交流,但研究生志愿者的参与间接推动着两校的跨文化交流。就华坪小学而言,他们是上海的窗口学校,日常生活非常忙碌,基本上想不到跨文化交流的事情,因为跨文化交流并不是其日常教育生活的必需品,所以随时可以承担起,也可以随时放下不管。因此,如果不是两校近 10 年的交往情谊,以及研究生志愿者的促进,两校的跨文化交流能否像今天这样有深度而持续地进行,需要时间进一步验证。

此处有一个不得不说的故事。2014 年,瑞伊老师因看到益民老师开展的水文化课程而开始在自己的班级也开展水文化教育;2016 年 3 月她访问华坪小学时,益民老师为表达两校师生对水、生命、世界、友谊的共同美好愿望,请华坪小学的孩子们绘了一幅“愿景图”,并赠给了瑞伊和汉妮老师。两位老师将之带回国,又请森瑞学校的孩子们继续在这“愿景图”绘上了他们对水、世界、生命和友谊的理解与美好愿景(如图 10 所示)。2017 年 5 月华坪小学的校长和老师们又看到了这幅独一无二的美丽愿景图,并将其带回了华坪小学。

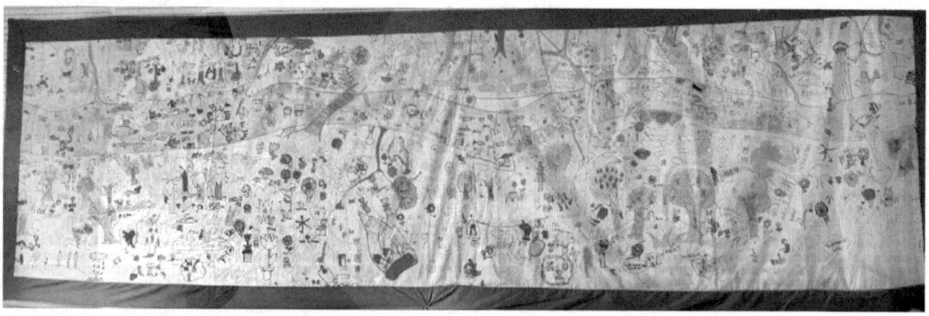

图 10　姊妹校孩子们的世界、水、生命、友谊和未来的“愿景图”

从这里,我们应如何理解跨文化交流对于参与者的意义呢?我们发现,姊妹校的师生们通过持续的跨文化交流,不知不觉中开始了一次个人演变,创造了他们自己的新的个人文化,教师们能更好地适应全球化和国际化所带来的不断增长的多样性,跨文化交流的经验为教师们提供了新的文化学习、自我意识和个人成长的通道,为重新创造一个跨越自身文化界限的成长提供了可能性。参与者在其中不知不觉会从一种文化身份,变成了一个融合更多文化的跨文化身份，这种身份能够使他们更好地适应不断发展的跨文化世界，在跨文化群体之内寻找自我和他人的真实性，这是一种独特的存在，能够超越特定的文化范围，并且能够把看似多样的文化元素包容并融合到自己独特的世界之中，它也是普通大众把自己拉出“习常性文化知觉”进行自觉的文化表达的良好途径。因此，虽然它未必是学校日常生活中的必需品，但其意义仍不可小觑。

比较视角下当前中加两国课堂教学的基本特质研究*

杨晓娟　卜玉华　山　雨　车子彤**

上海市闵竹小学和加拿大多伦多森瑞学校①是一对进行跨文化交流的国际姊妹校，自 2013 年至今，两校已在学校领导、教师发展、课堂教学、学校文化等领域进行了多方面的交流与学习，其中课堂教学是主要内容之一。本研究聚焦于两所学校的课堂教学，探析双方课堂教学在价值特质、过程特质和文化特质三个方面的异同，从而进一步明晰我国目前的课堂教学特质，反思并寻找进一步改革的可能路向。

一、研究问题与研究对象

课堂教学作为中小学教育教学的主要阵地，是实现教育目标和教育理想的主要舞台，同时，也是基础教育改革的重要场所，"学校改革倘若不以课堂改革为中心，就不可能有丰硕的成果"。② 伴随着基础教育改革的步伐，我国的课堂教学改革历经了三十余年理论和实践层面的探索，不断寻求着适合学生发展的课堂教学模式。20 世纪 90 年代后期，我国课堂教学改革开始突破

*　本文是加拿大人文社会科学基金会(SSHRC)资助项目"中国-加拿大教师教育与学校教育的互惠学习研究"项目(No.895 - 2012 - 1011)成果之一，并得到华东师范大学的支持。

**　卜玉华，华东师范大学教育学系教授；杨晓娟，华东师范大学教育学系 2016 级博士生；山雨、车子彤分别为 2015 级和 2016 级硕士研究生。

①　为遵循研究伦理，本文出现的中小学学校名称以及教师名字皆为化名。

②　钟启泉.课堂改革：学校改革的中心——与日本佐藤学教授的对话[J].全球教育展望，2004(3).

"特殊认识活动论"的框架，诸多学者开始从生命成长的层面重新理解课堂教学，[①]认为新型课堂教学在价值定位上，应从单一地传递教科书上呈现的现成知识，转向培养能在当代社会中主动、健康发展的一代新人；[②]在实践上应突破线性、封闭的传统教学模式，让学生从被动接受现成知识转型为主动参与和建构知识；[③]在文化上应形成师生之间彼此倾听、相互接纳、相互尊重的人际关系，创造一种民主平等、尊重差异的课堂文化。[④] 那么，历经数年改革，我们现在的课堂教学呈现出何种特质？与国际相比，我们的课堂教学特质又是什么？还有什么是需要进一步思考和探索的？跨文化的比较研究有助于这些问题的厘清，为此，我们选择了一对跨文化互惠学习的国际姊妹校作为研究对象。

上海市闵竹小学与多伦多森瑞学校是已有近十年交往的国际姊妹校，这对姊妹校由华东师范大学叶澜教授和多伦多大学康纳利教授在2008牵头建立。交往初期，两校以交换礼物、传递节日问候为主要交流方式；2013年，这对姊妹校参与了"中加教师教育与学校教育的互惠学习研究"项目，[⑤]在学校领导与管理、教学实践以及学生活动等领域开展了全面交流，其中课堂教学是交流最多的内容。闵竹小学在1999年成为华东师范大学"新基础教育"的实验学校，经过多年探索，学校在课堂教学、学科建设以及管理制度等方面有了新的发展和突破，2012年又成为华东师范大学"生命·实践"教育学研究的合作学校，并作为组长学校带动周边10多所学校共同发展。在课堂教学方面，该校以"新基础教育"理念为指导，努力探索新型课堂教学的实践样态。经过多年的努力，目前该校课堂教学整体突破了知识传递型教学模式，"有效开放""互动反馈""回收转化"成为课堂教学的基本推进逻辑，课堂教学也呈现出开放、动态生成的气象，学生能在动态、开放的课堂中进行主动学习。

森瑞学校现共有350名学生，30位教职工，是多伦多市的中心示范校。

---

① 叶澜.让课堂焕发生命活力[J].教育研究,1997(9).

② 叶澜.重建课堂教学价值观[J].教育研究,2002(5).

③ 钟启泉.课堂转型的挑战[N].中国教育报,2015-3-16.

④ 辛继湘,李金国.课堂教学改革的文化矛盾与教育自觉[J].湖南师范大学教育科学学报,2015(4).

⑤ 此项目的具体情况以及姊妹校的情况可参阅卜玉华等撰写的《中国-加拿大姊妹校的"跨文化互惠学习"的叙事探究》一文。

学生多来自社会的中下层家庭，学校实行混龄教学，班级人数多在25人以内，与中国的分科教学不同，森瑞学校实行教师包班制的全科型教学。在教学方面，近年来多伦多教育局注重学生探究能力的培育，提倡三部分探究式教学法(Three-Part Lesson)，要求教师在课堂上给予学生更多的自主探究的时间，让学生具有个体化的表现。三部分探究式教学是一种以探究性学习为基础的教学方法，最初用于基础学校的数学教学，由弗吉尼亚州立大学的数学家约翰·范登瓦利(John A. Vandedia)等人提出。第一部分是10—15分钟的课程导入阶段，意在引导学生思考前面课时的程序、策略或概念，教师会根据学生对特定课程的期望结果，让学生对解决问题做好思想准备。第二部分是30—40分钟的学生探究时间，学生单独、成对或小团体参与解决问题，并记录他们用来开发解决方案的思维过程，然后提出用来解决问题的策略、方法和具体材料，在此期间教师会巡视和观察学生的互动方式，并注意他们正在使用的语言以及他们用来解决问题的模型。教师在此阶段一般只做积极的听众，并记笔记，这也是教师评估学生的一个阶段。第三部分是10—15分钟的巩固和实践阶段，教师负责引导学生共享研究成果，可采用数学议会、作品赏析，或作品展示并报告等方式。如果发现学生有新的方法和策略，教师可将它们贴在班级的“战略墙”上，或用它们来开发一个“锚图”。教师通常不评价这一阶段的学生，而是积极聆听学生好的和不好的想法。虽然这一方法最初是在数学教学领域实行，但近年来逐渐在其他学科教学中得到推广，森瑞学校的老师们也采纳了这一教学法。

二、比较视角下两国课堂教学的基本特质

(一) 价值特质

20世纪末，叶澜教授率领研究团队深入到学校实践中，发现大部分教师将教学价值定位在传递知识与技能训练上，至于认识范围以外的目标则很少涉及。① 为重建适合现代社会的教学价值观，叶澜教授指出我国当代课堂教

① 叶澜.重建课堂教学价值观[J].教育研究,2002(5).

学应打破传统的知识化教学思维，将核心价值定位在培养主动、健康发展的一代新人。这一价值愿望能实现吗？从比较视角看，两校的课堂教学又分别呈现出怎样的价值特质？

教学片段 1：闵竹小学张老师的科学课

张老师将准备好的能源卡片（由文字和图片组成）分发给每个小组（共 6 个小组，每组 6 人），每小组基本都会分到三种不同的能源卡片。首先，张老师请学生认真阅读自己手中的能源知识卡，并至少提出一个问题。笔者就近观察的那个小组中，每个同学都在非常认真地阅读，等阅读完后他们会相互交流自己所提出的问题，“我拿到的是电能，卡片上说电能是可再生能源，可是我不知道什么是可再生能源？”“我拿到的是海洋潮汐能，海洋潮汐能为什么既是一种可再生能源，又是一次能源呢？”当互相交流完彼此的问题后，小组内开始有同学彼此交换卡片。张老师在每个小组之间巡视，并没有打断大家的交流，大约三分钟后，张老师提醒大家时间到了。

接着，张老师随机说出一种能源，如风能、液化石油、电能等，要求分到这一能源卡片的学生自愿到教室前面分享自己所了解到的详细内容，其他同学再根据分享内容提问。每个同学基本都在很认真倾听，并能够联系自己手中的能源卡片进行提问，如：“他说的海洋潮汐能和我拿到的风能是一样的，都是可再生能源，可什么是可再生能源？”在这个环节，张老师一共请了四组同学进行分享，并在黑板上记录了学生所提出的问题，问题多集中在可再生能源和不可再生能源的分类标准上。

最后，张老师统计了学生拿到的能源名称，在黑板上做了一个可再生能源和不可再生能源的分类表，请学生们根据分类表思考两类能源的区别。

学生 1：“太阳能、风能等都是可再生能源，我觉得是因为它们都用不完。”

学生 2：“它们是大自然给的，所以是可再生能源。”

张老师:“那想一想,煤炭、液化石油是不是大自然给的?为什么它们属于不可再生能源?”

学生3:“是因为煤炭挖完了就没有了,太阳能靠太阳,只要有太阳,就会有太阳能。”

张老师:“很好,大家看这些可再生能源,想一想在一两百年甚至千年之后,它们还会不会存在?”

在同学们思考、发言的过程中,张老师会适时给予纠正和补充,最终引导学生得出了可再生能源和不可再生能源的精确定义及其分类标准,并告诉学生应该保护环境、节约能源。

教学片段2:森瑞学校Edie老师的科学课

教学一开始,Edie(伊迪)老师将学生划分为三人小组,每组都分到一个蓝色的纸袋,纸袋中装有92颗灰色的珠子和8颗绿色的珠子。Edie老师告诉学生,蓝色的纸袋代表我们的地球,纸袋中的一百颗珠子代表地球上的能源,学生每次随机抓取10颗珠子,如果抓到绿色,则放回纸袋,如果抓到灰色,则放到桌子上的篮子里,共抓12次。抓取一次代表一年的时间,一颗珠子代表一个能源,10颗珠子则代表学生每人一年所消耗的能源总量,在活动过程中,学生需要记下每一次抓取的绿色和灰色珠子数量。Edie老师在布置完任务后,亲自示范了一遍活动规则,她从纸袋中抓取了10颗珠子,然后将其中3颗绿色珠子放回纸袋,7颗灰色珠子放到桌子上的篮子中,示范完后,她用手画了一个圆圈,并说:“我现在处在问题圈中,你们有任何疑问都可以问我,我一定会为你们解答,但是一旦活动开始,我会走出这个问题圈,到时候你们的疑问我就不再回答了,有吗?”Edie老师大约等了三十秒左右的时间,没人提出疑问,活动正式开始。

在活动过程中,笔者就近观察的三人小组分工明确,轮流抓珠子、记录。当活动完成后,Edie老师请同学们思考并回答两个问题:第一,绿色和灰色的珠子各代表什么能源?第二,你从这个活动中发现了什么？对第一个问题，学生的回答可谓千奇百怪，比如绿色是对大自然有益的能源，灰色是对大自然有害的能源；绿色代表的是有花草的能源，灰色代表的是没有花草的能源；灰色代表不可再生能源，绿色代表可再生能源；绿色代表可以重复利用的能源，灰色代表只能用一次的能源。教师对学生所有的回答都给予了肯定和鼓励。在第二个问题上，学生能够发现灰色珠子越来越少，随着他们“年龄”的增长，能源的总量也在越来越少。随后，Edie 老师随机给每位同学发了一张从张老师那里借来的能源卡片，她把教室左边划分为可再生能源区，右边划分为不可再生能源区，Edie 老师让同学们先仔细思考自己拿到的能源分类，然后站到该能源所属的位置中去。

以上两则课堂教学片段来自中加两位教师的“同课异构”，课程的主要任务是让学生初步认识可再生能源和不可再生能源以及两类能源的区别，并提升学生环保以及节约资源的意识。在教学片段 1 中，张老师采用学生独立阅读思考—全班互动分享—教师引导下的聚类提升三个步骤，意在让学生在对话中不断地丰富、重组和转换知识，理解两种能源的概念和分类标准，并促进学生的思维的深化与关联。在课堂片段 2 中，Edie 老师给予了学生足够的时间完成探究活动，学生自主建构对知识的理解，相比张老师，Edie 老师更为重视培养学生的环保意识以及节约资源的意识。在教学研讨中，她说：“对于两种能源的标准分类，这一节课学生没有得到清晰的概念是没有关系的，随着以后学习的深入他们会越来越清晰，但是，我希望从一开始就培养学生保护能源、关心环境的意识。”的确，相比张老师，Edie 老师更强调挖掘课程教学背后的社会、人文价值和意义。在教学哲学的视野中，知识的传承、智能的培育、品性的涵养等构成了当代人的整体素质，教学应该具有社会性、价值性和文化性，教学应该帮助学生建构独立的精神世界、丰富的生存感悟。①

---

① 张广军.教学的人为与人文：关注当代教学的文化历史使命[J].教育研究，2008(4).

教学片段 3：Edie 老师关于动滑轮原理探究课程的导入

Edie 老师在 PPT 上呈现了一副几个工人正在高架上修建铁路的图片。这是一张发生在日常生活中的图片，教师希望大家说一说自己从图片上看到了什么，并就自己看到的给出解释。可能是因为班里有很多华人小朋友，学生的讨论很快便集中到华人劳工的问题上，他们谈到了以前很多华人在加拿大打工，但是所从事的工作很辛苦，甚至很多劳工最后都死掉了。Edie 老师没有制止大家的讨论，她让大家思考为什么以前的华人劳工会有很高的死亡率，学生有的提到是因为加拿大凛冽的寒冬，有些则注意到他们所从事的工作性质、微薄的收入以及过高的医疗费用。等大家讨论完后，Edie 老师告诉大家这节课所探究和学习的内容，能够帮助这些华人劳工可以不用那么辛苦，学生们表示非常期待接下来的学习。

教学片段 3 是 Edie 老师在科学课(课程内容是学习动滑轮原理)上的教学导入，Edie 老师用了 15 分钟左右的时间让同学们讨论华人劳工的问题，使得这节科学课增添了很多社会以及人文情怀。通过如上比较可以看出，在价值定位上，两校虽然都注重让学生在自主探究中理解知识，但闵竹小学的教师更注重学生对知识的标准理解以及学生思维品质的锻炼和提升，而森瑞学校的教师则更为重视培养学生的自主探究能力，重视挖掘知识背后的社会、人文以及历史意义。

(二) 实践特质

教学片段 4：闵竹小学的一节数学课

顾老师在课堂上让学生思考角的大小可能与什么有关系。同学们的答案很多，有的小朋友认为角的大小与角的长度有关，有的小朋友认为与角顶点位置有关。顾老师没有给予反馈，而是让学生在练习册上随意用铅笔画两个角，等学生画完后，她请学生将其中一个角的两条边无限延伸，另一个角的两条边则借助橡皮无限缩短，通过这个过程说说自己的发现。

学生1:“角的边能一直延伸,一直到纸上画不开也是能继续画的,但是缩短不行,就只有一个点了。”

学生2:“我的也是,纸上都画不开了,能一直变长。”

教师:“恩,好,有没有小朋友通过这个过程发现角的大小有什么变化?”

学生:“角的大小没变。”

学生3:“可是我发现,一直变小的话,角也没了,就只剩下一个点。”

教师:“对,但是那就不是角了对不对?角一定是有顶点和两条边的。我们发现,角的大小与两条边的长度是没有关系的,那究竟与什么有关呢?好,大家把角的学具拿出来。”

顾老师手中也拿着一个学具,大家跟着顾老师的指令将角慢慢放大后再慢慢缩小,如此重复了两遍。

教师:“现在你们觉得角的大小与什么有关呢?”

学生1:“与两条边的变化有关。”

教师:“你们觉得呢?同意吗?(学生纷纷表示同意)对,角的大小啊,是与两条边的张开程度有关的。”

教学片段5:森瑞学校Mary老师的故事教学课

Mary(玛丽)老师这节课的任务是让小朋友们学习如何复述故事,诚如“三部分教学法”所希望的,教学在一开始需要回忆相关联的知识以及相关的思考框架。这节课也是这样开始的。

Mary:“小朋友们,请想一想,在故事的复述中首先要做什么?”

学生1:“介绍人物。”

Mary:“然后呢?”

学生2:“介绍环境。”

学生3:“还有故事中的问题。”

Mary:“是的,明确了这三个要素之后,我们就可以做什么了?”

学生:“就可以做一个故事概要。”

Mary:“对,但是故事概要是把所有的内容都写下来吗?(学生予以否定)对,只需要把最重要的事情记录下来。但是故事概要不是随便做的,要有一个清晰的顺序。另外,在故事概要里,我们还需要告诉别人,故事中的问题是如何得到解决的。”

Mary在和学生对话的过程中已经画了几幅“思维锚”,如图1所示:

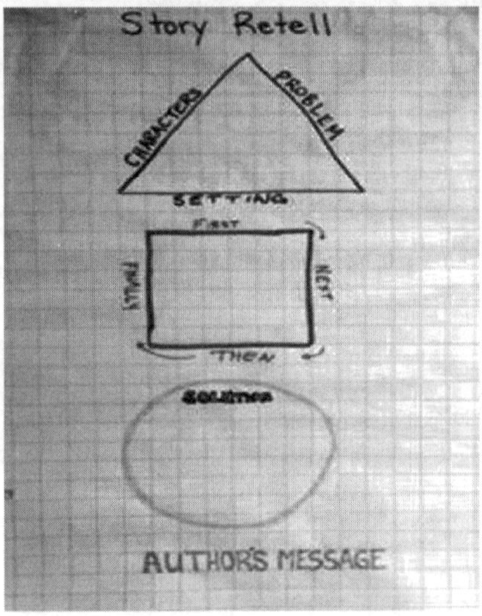

图1 故事的要素及其过程框架

在进行完上述对话后,教师带着孩子们一起读了故事“狮子和老鼠”,故事结束后,老师给每一个小朋友发了故事复述表格。表格包括几个部分:1. 基本信息,包括任务、地点和问题;2. 复述故事(用First, Next, Then and Finally);3. 作者想通过这则故事说明什么? 4. 这则故事让你想到了什么?拿到表格后,每个人都在很认真地填写,有的小朋友坐在凳子上,有的小朋友跪坐在地毯上,整个教室不同于先前讲故事时的热闹,变得非常安静。

在上述教学片段中,闵竹小学顾老师的课堂已经突破了知识传递型教学模式,抛弃了讲授—练习—检测的教学过程,采取了呈现任务—激发思考—自主探究—分享意见—对话生成新认识的步骤。学生自主探究的成分非常浓厚,教师在其中充当着指导者、激发者和对话者的角色。有学者认为,探究学习的本质是教师不把构成教学目标的有关概念、原理和认知策略直接告诉学生,而是创设一种智力和社会交往环境,让学生通过探索来发现有利于深入探索的这些内容和认知策略。[①] 这一点,中国教师也同样可以做到。在教

① 徐学福.论探究学习的失范与规范[J].教育学报,2009(2).

学片段5中，Mary老师一开始就和学生们一起建构了清晰的“思维锚”，它像一个脚手架一样，帮助学生有序而完整地复述故事，也使得学生的自主探究时间有一个整体性的方向，这种教学过程在闵竹学校是很少见到的。“思维锚”的搭建不仅能够帮助学生更好、更清晰地进行自主探究学习，而且也有利于学生掌握相关的知识结构。“新基础教育”其实也同样强调这类“思维锚”的重要价值，认为结构具有较知识点要强得多的组织和迁移功能，我们期望达到的目标不仅是学生对于相关知识的牢固掌握和熟练运用，更为重要的是学生具有发现、形成结构的方法及掌握和灵活使用结构的能力。[①]

在两位教师的课堂上，教师在其中适时充当着指导者的角色，让学生的自主探究作为教学推进的基础。诚如李普曼所说：“学校如以教育为其使命和目的，就应该全力帮助儿童去发现、去获得与自己的生活经历有关的各种事物的意义。”[②]两节课的不同在于，Mary老师的课堂教学中学生的探究学习时间较长，教师只是指导者和帮助者，也不注重教学最后环节的反馈提升。在中国，因为教学任务的压力以及教学时间的限制，教师留给学生自主探究的时间通常只有短短几分钟，从而不可能允许他们有充足的试误过程，但相比森瑞学校，闵竹小学非常注重教师对学生自主学习成果的反馈，认为教师的反馈影响着课堂的高度和广度，并能够帮助自主学习能力弱的学生也同样有所收获。

（三）文化特质

相比加拿大，我们的课堂人数较多，[③]在很多课堂中经常存在少数优秀生过多占用课堂资源的问题，教师为节约课堂教学时间，通常会让举手的优秀学生来回答问题。闵竹小学在“新基础教育”的影响下意识到了这一问题，开始注重让每一个学生公平而有质量地参与课堂学习。在闵竹小学的课堂中，经常可以看到这样的片段，当学生A表达了自己的观点之后，教师并没

---

① 卜玉华.“新基础教育”课堂教学改革的深化研究[M].福州：福建教育出版社，2014：136.

② 李普曼.教室里的哲学[M].太原：山西教育出版社，1997：13.

③ 在上海，公立小学的班级人数一般在35人左右，但是在我国其他地区，班级人数可能高达40人甚至50人左右。

有给予反馈,而是让B复述、总结或是评价、补充A的观点,如果有必要,还会让学生C继续复述、评价或者是补充,这一过程不仅能够培养学生认真倾听他人意见和积极思考、判断意见的合理性的习惯,而且有利于大家全面把握问题,也有利于生成新的教学可能性。为了避免小组合作教学中优秀学生的替代现象,让每个学生都能得到最好地锻炼,闵竹小学的老师们也是在努力想办法,比如说先请成绩差一点的或是相对安静的学生发表意见,成绩最好的、最活泼的学生最后发表意见,评论意见的时候也是按照这个顺序,最后再由一位学生将大家的观点和意见统和起来。

闵竹小学的教师已经认识到,在班级教学中,学生作为独立个体,是平等但又有差异的存在,差异意味着他们之间可以彼此学习、合作。一节高质量的课堂通常具有全员参与和开放的特征,学生们通常能够热烈地围绕某一话题或问题展开讨论,每位学生都在认真倾听他人的意见,在积极思考各种意见的合理性,进而不断参与其中,表达自己的见解,或者对他人的评论表示赞赏或感谢,在这样的课堂中,学生的收获一定是多元的。[①] 在森瑞学校,因为班级人数较少,教师能够很好地照顾到每一个学生,给他们最充分的探究时间和展示自己的机会,但是教师基本没有像闵竹小学的教师这样及时回收学生资源,通过学生之间的讨论、交流,进一步整合资源,并在班级内实现共享。

注重人文关怀,创建一种民主平等、尊重差异的课堂文化,已是两所教师的共识。在对两所学校课堂教学的观察中,笔者发现,相比闵竹小学的教师,森瑞学校的教师在一些细小的教学片段中表现出更为强烈的人文关怀。在下面几个教学片段中,Edie 老师的处理方式非常值得我们借鉴和学习。

教学片段6: Edie 老师的科学课,主动举手的学生非常少

Edie 老师看了看大家,说:“大家是不是还没有想好?那我再给大家一点思考的时间。(十几秒之后)现在愿意分享他的观点的同学还是不多,可是啊,我想要更多的小朋友来帮助我回答这个问

① 卜玉华.我国课堂教学改革的现实基础、困局与突破路径[J].教育研究,2016(3).

题，那些还没有举手的小朋友，勇敢地举起你们的手，我需要你们的帮助。”

教学片段7：当有同学在分享自己的观点，但是其他同学却在私下讲话时

Edie老师：“（对讲话的学生）是不是你的声音太小了，大家没有听清楚呢？你可以再大声一些，我们在听他人表达自己的看法时，是不是也想他的声音能够大一些，对不对？”

“（对全班同学）当你在分享自己观点的时候，其他人却在讲话，你心里会开心吗？你是不是也希望别人能够认真听我们的讲话，这是一种对人的尊重，我们应该尊重别人，这是一种起码的礼貌。”

教学片段8：小组合作之后，大家汇报自己的观点，但是汇报的同学声音比较低

Edie老师：“我们好像在举行一个聚会，但是我感觉自己被排除在整个聚会之外了，我听不清你们的想法，感觉就好像是发生了很多有意思的事情，但是我却不知道一样。可能是今天来听课的朋友[①]很多，你们有些害羞。但是我很想听到你们的声音，知道你们的想法，所以我想请Winston再重复一遍。”

理性的作用是告诉人们行动的方向，但并不足以促成人去行动，只有情感才是促成人去行动的内在动力。[②] 在闵竹小学的课堂中，虽然师生互动已不像传统课堂中那样生硬，比如课堂举手的人数比预期的要少时，教师通常会说“举手的同学有些少，大家可以再认真思考一下”等，但是与加拿大的师生互动比较起来，仍然缺乏一定的“情感性”与“温度”。这种现象与我们传统

① 当时班里听课的人比较多，既有中方的学者、教师、研究助理，也有加拿大多伦多大学的学者和研究助理。

② 杨茜，卜玉华.试析课堂教学反馈问题——以小学英语教学为例[J].中小学教师培训，2015(12).

文化中的师生伦理有一定关系,在传统教学中,师生之间存在严格的等级关系,这种等级关系渗透在课堂教学的每个细节之中,也影响到了我们今天的课堂教学。

三、反思与讨论

以上对中加课堂教学特质的对比分析,能够帮助我们比较清晰地把握两国当前的课堂教学在价值特质、过程特质和文化特质方面的异同。在本小节中,笔者希望借鉴加拿大课堂教学特质,分析我国课堂教学进一步的改革路向。

首先,从课堂教学的价值特质和定位来看,中国教师应该扩宽学生的视野,引导学生关注教学内容背后的人文意义和社会意义。在加拿大教师的课上,我们经常能看到“偏题”现象,如滑轮探究课上讨论悲惨的华工问题,蝴蝶生长探究课上讨论学生放飞蝴蝶后的心情,能源分类课上大多数时间都在关注学生的环保意识等,乍看之下,可能会感觉这是对课堂教学时间的浪费。杜威认为,教育应该是“务实的、美学的、以增长为导向的、历史主义的、社群主义性质的,……教育的核心目的就是自我教化,自我教化体现了教育过程的终极本质,也体现了其基本的道德特征,自我教育便是民主共同体的培育”。[①] 杜威反对“身”与“心”分离的二元论,他认为这种二元对立的方式抹杀了人的尊严,蔑视了人的主体性,应该坚决予以反对。在我国,许多教育改革者也在呼吁关注学生的全面发展,“认知能力”“道德品质”“精神风貌”等共同构成了新时期理想新人的特质,价值观的形成、责任感的培养以及自尊、自信、积极乐观等性格的养成同知识以及思维能力的锻炼同等重要。[②] 在实际的课堂教学中,教师因为教学任务、教学时间的安排等方面的原因,相对忽视了对于学生情感、道德等方面的教育,或者有教师虽然意识到了这方面,但只是在快下课的两三分钟的时间内用格言警句或者是大道理进行简单的总结,

① 郝大维.先贤的民主:杜威、孔子与中国民主之希望[M].何刚强,译.南京:江苏人民出版社,2004:72.

② 卜玉华.“新基础教育”课堂教学改革的深化研究[M].福州:福建教育出版社,2014:139.

这种割裂、浅薄的方式很难对学生起到真正的影响。加拿大两位教师的做法非常值得我们学习，情感、道德的获得从来都不应该是分离于教学的，而应该在教学过程中结合相应的教学内容进行。

其次，在课堂教学的实践特质中，加拿大教师对知识结构的强调、对学生自主探究能力的重视，都值得我们学习。在具有多民族和多元文化的加拿大，小学的特殊任务是为了能够给所有的学生提供机会以发展能够使他们有丰富多彩生活所需要的态度、技能和知识，并且使他们成为民主社会和整个社区中积极负责的参与者。① 在中国，古代便有“万般皆下品，唯有读书高”的学习风气，也有“学而优则仕”的信条和目标，虽然传统已逝、科举已废，但是通过读书改变自己的社会地位，通过读书而出人头地的功利思想至今仍在，再加上教育资源分配的不平等，学生之间、学校之间的竞争非常激烈，在竞争中，学生对知识的掌握是测评的重要砝码。在对两国课堂教学的对比分析中，我们可以看到中国对知识教学的重视程度明显高于加拿大。但需要强调的是，虽然重视知识教育，但是我们今天的很多课堂已不再是传统的“满堂灌”，教师开始从育人价值的角度重新思考知识教育，正如叶澜教授所说：“在教育活动中，知识的价值是育人的养料，传递知识是为了人的成长。知识只是手段、工具，人的发展与成长才是教育的不可替代的独特的目的。”②

最后，不同国家的课堂文化有其各自的优势和不足，这一点可以说毋庸置疑，与加拿大的教师相比，我们国家的教师在整体素质上并不逊色于他们，但不得不承认的是，加拿大的教师在教学细节中更为尊重学生，他们注重为学生营造自由学习的氛围，最大限度的尊重学生。叶澜教授提出在师生关系中，主体交往是教学过程中师生的第一性关系，师生交往应该走出主体—客体的人—物关系，走向以人与人之间在实践中的交往，即主体间性的模式来认识。③ 笔者认为，人与人之间的交往应该是带有情感和温度的，教师应该善于体察学生的内心世界，与学生产生思想和情感上的共鸣，应该真诚地尊重学生。很多时候课堂文化是体现在教学细节中的，课堂文化、师生关系的

---

① 吕明.今日加拿大小学教育的特点[J].外国教育研究，2003(6).

② 叶澜.让课堂焕发生命活力[J].教育研究，1997(9).

③ 卜玉华.“新基础教育”课堂教学改革的深化研究[M].福州：福建教育出版社，2014：251.

改革虽然不像教学方式的改革一样会有立竿见影的效果,但是这种"润物细无声"的影响通常是最为深远和长久的,课堂文化影响着课堂生活的性质,所谓"过什么生活,便是受什么教育"。①

① 董宝良.陶行知教育论著选[M].北京:人民教育出版社,1991:390.

五、新人新作

课堂空间视角下中加儿童形象的比较研究*

钟　程**

本文在国际比较的视野下，采用视频民族志的方法，对中国安徽省翡绿小学和加拿大安大略省森瑞学校小学中低年段在校儿童的学校生活进行影像拍摄和文本记录，并对剪辑后的视频进行描述和分析，试图比较中加两国儿童形象，并从中把握当代我国儿童的学校生活状态。研究发现，在不同的课堂空间中，相较于加拿大儿童"哲学家""探奇者"和"思考者"形象，中国儿童呈现出教学区的"向日葵"、反抗的"蜗居者"和听觉空间中的"失语者"形象，这其中既有我国人均教育资源短缺的现实原因，也是师道尊严和知识改变命运观念的社会教育文化的缩影。

一、问题的提出

进入21世纪以来，当代中国社会转型呈现出的全方位变革态势带动了学校教育变革的持续深入，学校生活具有前所未有的复杂性。在此背景下，对当代我国儿童的学校生活状态进行考察成为认识、反思和解决现实教育问题的关键。在教育学研究中，人的形象一直是一个基础性问题，是教育理论和教育实践的基石。对人的形象有怎样的认识，就会有怎样的教育理论和实

* 本文为国家社会科学一般项目"我国学校生活中的儿童形象研究"（项目号：BHA160096）、加拿大人文社会科学基金项目"中国-加拿大学校教育与教师教育的互惠学习研究"（项目号：895－2012－1011）成果之一。

** 作者简介：钟程，华东师范大学教育学系2016级教育学原理专业硕士研究生。

践。因此,聚焦现实教育问题的研究必须回归到人的形象之中,人的形象研究是认识当代中国儿童学校生活的基本路径。换言之,把握住学校生活中的儿童形象,就把握住了儿童的学校生活状态,找到了一把认识和解决现实教育问题的钥匙。

2017 年 3—6 月,课题组先后进入中国安徽省翡绿小学和加拿大安大略省森瑞学校开展儿童形象研究。我们发现,中加学校在课堂空间的布置、设计和组织形式上有着明显的差异:我国课堂空间布置为秧田式,空间密度大,课堂组织形式以班级授课制为主,儿童在课堂中的活动范围仅限于自己的座位和四人小组,活动形式则以听讲为主,儿童常常处于局促、被动的状态;加拿大课堂空间布置有明显的功能区划分,空间密度小,课堂组织形式多样,拥有更灵活和更丰富的空间,儿童在课堂空间中也表现得更为主动和自由。此外,处于同一文化中的儿童也会因为不同的空间位置呈现出不同的形象。可见,课堂空间作为儿童学校生活的主要场域,对儿童形象的塑造和理解具有重要作用。

据此,本研究尝试在国际比较的视野下,以课堂空间为视角,描述和分析中国与加拿大学校的儿童形象及其差异,并试图阐释课堂空间、儿童形象及社会文化三者之间的关系。

二、课堂空间视角的解构与重构

空间研究发轫于西方社会学家对都市空间的研究。在 20 世纪初,马克思(Karl Heinrich Marx)、涂尔干(Emile Durkheim)和齐美尔(Georg Simmel)等人就有对空间形态、空间结构的阐述,但都未成独立体系。直到 20 世纪 70 年代,在列斐伏尔(Henri Lefebvre)、吉登斯(Antony Giddens)、哈维(David Harvey)、福柯(Michel Foucault)、索亚(Edward Soja)等学者的共同推进下,空间才不再被简单地理解为一种纯净的或客观的物质构成,人们开始认识到,“物质和社会性构成的人类社会的空间性,就像生活自身的历史性和社会性一样,从本体论和认识论的意义上充分揭示了人类生活”。[①] 空间作为一种研究视角的价值得到了认可。

在我国，罗明东较早将空间引入教育研究，但当时的研究主要停留在自然空间层面。[②] 就笔者检索所及，教育社会学者苏尚锋与石艳最早尝试建构学校空间分析框架。苏尚锋在其博士论文中基于列斐伏尔的三元辩证分析法将学校空间分为固定空间、半固定空间和不固定空间，并从这三个层面分析了空间中主体间，及主体与客体之间的关系，但这一框架更多强调的是列斐伏尔理论中物质空间的实践层面；石艳结合了列斐伏尔和哈维的空间分析理论，提出了由物质空间的实践、空间的表征和表征的空间、空间的社会性和历史性三个层面构成的学校空间分析框架，[③]内含列斐伏尔和索亚的空间性—社会性—历史性三元辩证分析法，旨在“揭示出实际的空间生产过程”，[④]对学校空间的生产进行解码。

可见，国内教育社会学领域的学校空间研究主要以列斐伏尔的空间社会学理论为基础，将学校空间视为由物质要素和社会性要素共同构建而成的特殊的社会单元，强调空间中由主体互动产生的社会关系对社会性空间再生产的意义。这一分析视角包括三个维度：物质空间的实践、空间的表征和表征的空间。其中，物质空间的实践主要关注空间中的物质性要素对空间意义的建构，以及空间主体在空间中的经验。空间的表征和表征的空间强调学校空间中的权力和秩序，着眼于学校空间中权力实践对学生的规训，以及社会制度和社会结构对学校空间的控制。这一层面的分析还关注空间中的主体对空间权力的抵抗，认为表征性的学校空间是在主体与空间的互动中得以建构完成的。值得注意的是，石艳在研究中引入了哈维对空间的社会性和历史性的分析，进一步完善了学校空间分析框架。空间的社会性和历史性既考察人的身体在空间中的存在，认为学校空间是通过人身体的姿态和定位、声音的腔调和行动的偏好标示出来的，又关注社会现代化在学校空间转化中的推动

① Barney Warf. The Spatial Turn: Interdisciplinary Perspectives [M]. New York: Routledge, 2009: 12.

② 罗明东.教育地理学：一个崭新的研究领域[J].教育发展研究，1997(6).

③ 石艳，田张霞.作为社会空间的学校——基于西方空间社会学研究的新进展[J].外国教育研究，2008(7)：1—6.

④ Lefebvre, H. The Production of Space [M]. Oxford: Blackwell, 1991: 16.

作用。

但是,上述分析框架虽然强调了社会关系在空间构建中的作用,却忽视了社会关系在教育场域中作为教育活动主体间的关系的特殊性;虽然强调了空间中的权力实践,却窄化了课堂空间中的实践形式,遮蔽了课堂空间实践的教育性本质。可见,这一框架只是社会学视角在教育场域中的投射,并未关涉教育活动的空间性实践意义。此外,课堂空间是学校空间的内在构成,在物理性质上,二者是整体与部分的关系,在社会性空间上,二者是一般和特殊的关系,并在实际学校生活中相互叠加,相互构建。因此,在分析课堂空间中的儿童形象时,我们要对这一框架作进一步探讨。

首先,人与空间的互动关系主要表现在儿童在课堂中的物理性空间实践,即对教室空间的面积、布局、设计、色调、采光等物质性要素的经验。其次,课堂中的社会关系主要表现为师生关系和生生关系,其本质是指向师生生命成长的教育关系。再次,就课堂的社会性空间实践而言,空间中的权力规训只是对社会性空间实践机制的一种解读,而非其本身。哈维指出,"人类实践的产生和发展过程实际上也是人类创造和利用各种空间概念的过程",①也就是说,课堂的社会性空间是随着教育实践活动展开的,课堂的社会性空间实践的本质是教育实践。教育实践在课堂空间中的表现为师生的空间性实践,即教育活动中的主体互动,既包括课堂教学和管理过程中的主体互动,又包含物质性空间与主体之间的互动。最后,空间的历史性和社会性层面所关注的其实是空间性本身,而"所谓的空间性其实是人类具体的生存环境或文化语境的产物",②"空间是人类文化的首要造物"③,课堂空间的背后必然是特定的教育文化和社会发展现状。此外,儿童在进入课堂空间时也带有社会文化的印记。因此,对儿童形象的比较必须考虑到两国教育文化、社会发展等方面所存在的同质性和异质性。最后,"学校中众多身体的相

① Harvey D. Social Justice and the City [M]. London: Baltimore John Hopkins University Press, 1973: 73-85.

② 黄继刚.爱德华·索雅和空间文化理论研究的新视野[J].中南大学学报,2011(2).

③ Gruenewald, D.A. The best of both worlds: A critical pedagogy of place [J]. Educational Researcher, 2003,32(4).

互交往互动可以生产出非常丰富的各种空间形式”,①故空间中的身体是我们描述和分析儿童形象的关键所在。

三、研究过程与方法

(一) 研究对象

本研究分别以安徽省合肥市翡绿小学和加拿大安大略省森瑞学校两所公立学校为个案进行视频民族志研究。翡绿小学于 2013 年 9 月正式开始招生,是一所九年一贯制公立学校,位于合肥市经济技术开发区,这个区是合肥市经济发展的中间地带,周边是新建成和在建的居民住宅区。该校面向学区内所有适龄儿童招生,目前有教学班 28 个,学生规模约 1 300 人,大部分为回迁者子女。在研究过程中,课题组发现,翡绿小学的教师队伍和硬件设施虽然很新,但采取的教育教学方法依旧比较传统,是一所处于现代与传统转型中的学校。森瑞学校始建于 1877 年,位于多伦多市中心的唐人街,学校东边是加拿大最大的安居工程——亚历山大公园安居计划所在地。森瑞学校班级组织采取相近两个年级的混龄制(如一、二年级一个班),每班学生约 20 人。学生年段跨度从幼儿园到八年级,目前共有 350 名学生,其中 40%的学生具有亚裔背景,其他还包括阿拉伯裔、非洲裔和欧洲裔,是一所多语言、多文化、多民族的公立学校。

(二) 过程与方法

2017 年 3 月,课题组首先进入翡绿小学开展研究。课题组通过预研究,考虑到尽量减少对毕业班教学的干扰和儿童表达能力的影响,最终选取了四年级的一个班级为研究对象,并动员该班任课教师与部分学生参与学校生活拍摄。后期,在对视频图像的选择和剪辑过程中,我们将视频资料呈现给该校校长、教师、学生和家长,以及海内外学者,并围绕视频展开访谈,访谈内容既包括对视频中的学校生活的意义解释,也包括对视频中具有中国学校生活典型性

---

① 苏尚锋.论学校空间的构成[J].教育研究,2012(2).

的判断。结合访谈,我们按照时间顺序,截取并整合了以进校、早读、升旗仪式、大课间、课堂教学、午餐午休、夕会、放学为主题的 8 组镜头。2017 年 5 月,课题组进入森瑞学校开展了考察活动。课题组考察了森瑞学校两个一、二年级班、1 个四、五年级班和 1 个八年级班共 4 个班级,录制了包括语言、科学、数学、中文等在内的 10 节课,收集了约 950 分钟的课堂生活视频资料。

那么,我们应该如何来运用这些视频资料?视频图像作为研究方法的价值又在哪里?视频图像从单纯的研究对象到研究方法的转变,是社会科学研究力图“还原”生活世界的一种尝试。在教育学研究中,视频图像在为我们提供丰富、可靠的关于研究对象和研究环境的数据资料以外,其中蕴含的历史性、社会性、文化性也为我们考察和阐释教育主体和教育情境的复杂性提供了“入口”,“为教育研究者了解学校日常生活、追踪校园文化实践、把握教育的时代变迁提供了全新的途径与可能”。[①] 据此,本文采用视频图像分析的方法,着眼于视频图像中的主体的身体与物理空间的关系,及主体间的教育性互动行为,结合对两国教育现实发展状况、社会文化因素和历史发展的把握,对视频中蕴含的儿童形象、课堂空间及社会文化及三者之间的关系进行描述和阐释。

四、中加课堂空间中的儿童形象

(一) 中国和加拿大学校课堂空间表征

课题组所观察的中加学校课堂空间布局,是中国公立学校和加拿大安大略省公立学校(低年段教室)的典型布局方式。虽然加拿大学校教室布局类型多样,但基本的空间分割和功能设施是大体一致的。因此,个案具有一定的代表性(如图 1、图 2 所示)。[②]

我们从功能区划分与特征和空间密度两个层面来比较中国和加拿大学校课堂空间表征的异同点(如表 1 所示)。

① 陈红燕.视频图像阐释中的复杂性:一种方法论的探析[J].华东师范大学学报(教育科学版),2017(5).

② 图 1 与图 2 分别由课题组根据翡绿小学及森瑞学校教室的现实布局绘制。

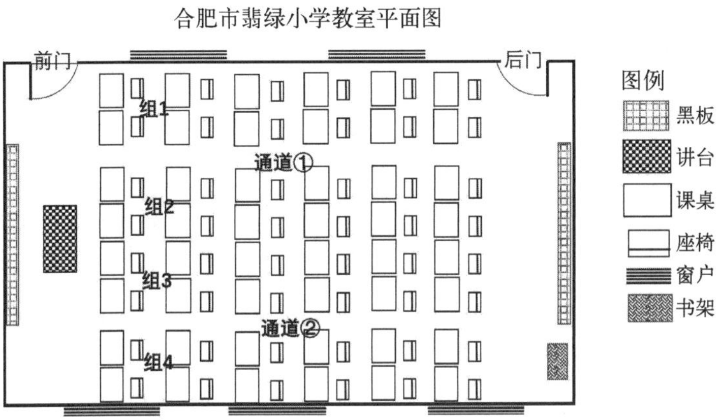

图 1　合肥市翡绿小学教室平面图

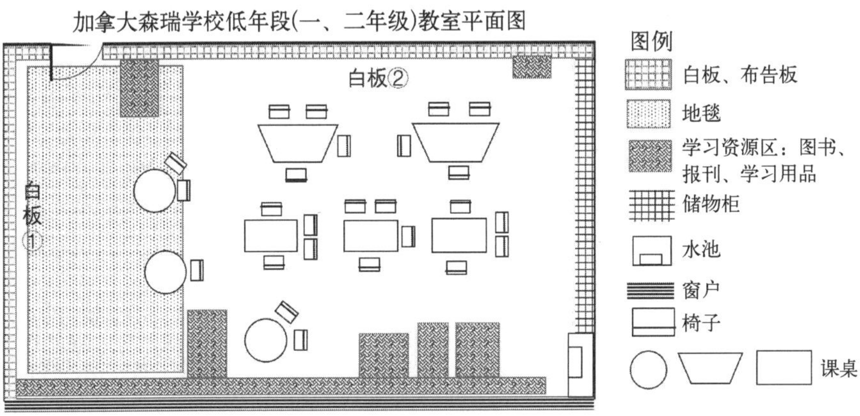

图 2　加拿大森瑞学校低年段(一、二年级)教室平面图

表 1　中国和加拿大学校课堂空间表征比较

	中　国		加　拿　大	
功能区的划分与特征	教学区	由讲台与课桌椅组成，占教室空间的 80%，实际容纳近 50 名学生，座位呈秧田式排列。承载着师生的全部课堂生活	地毯活动区	由白板①和一张约占教室 1/3 面积的大地毯构成，白板①占据整个墙面，保存有课堂教学中生成的学习资源。学生与教师在地毯上完成课堂教学的提问环节

续 表

	中 国		加 拿 大	
功能区的划分与特征	活动区	由大组之间的走道(通道①和通道②)与教室后方空地组成,狭长地分布在教室内,活动区更多的起着通道的功能	探究活动区	由白板②和梯形、长方形的桌椅组成马蹄型座位排列;学生在这里以个人探究,或小组合作探究的形式解决问题,并进行成果展示
	文化区	集中分布在墙面,用于展示班级文化、班级常规以及学生作品。教室前黑板上方是“筑幸福的班级,做更好的自己”标语,左侧是世界地图,右侧张贴着课表和规章制度;教室两侧窗户中间的墙面上是学生作品;后方黑板为“学习雷锋”主题黑板报,窗侧摆放着一个1米长的图书架	学习资源区	由门口和靠窗的书架、报刊架、教具、学习用品储存柜,以及圆形桌椅组成,存放着字典、Ipad、书籍、实验工具、文具用品等。学生在课堂上可以随时找寻自己需要的学习资源
空间密度	教室空间约60平方米,实际容纳学生约50人,人均所占空间约为1.2平方米		教室空间约60平方米,实际容纳学生约20人,人均所占空间约为3平方米	

通过比较可以发现,在空间功能区的划分上,中加课堂空间都可以分为三个功能区,不同的是,中国翡绿小学的课堂空间是根据空间的物理特征进行划分的,而加拿大森瑞学校的课堂空间则是根据课堂教学的不同环节进行划分的。森瑞学校课堂空间分类与安大略省的课堂教学活动指导紧密相关,安大略省识字与计算秘书处(Literacy and Numeracy Secretariat)于2007年发布了《能力建设系列:课堂三步法概述》,将教学过程分为提出问题、探究问题和小组展示三部分,课堂空间也相应地分为地毯活动区、探究活动区以及学习资源区三个区域。就空间所承担的功能而言,翡绿小学的教学区承担了课堂空间的大部分功能,包括教学、管理、储藏、休息、互动等,活动区承担了移动和课后娱乐的功能,文化区则在于营造求学、上进的班级氛围。翡绿小学课堂中各个功能区之间分工明确,但由于功能过于固定,呈现出相互孤立的状态。而森瑞学校的课堂空间功能区在承担各自独立的功能的同时还

是相互协调的,学生可以根据教学活动或自身的需要进入不同的空间,相对于翡绿小学课堂空间来说更具有灵活性和统整性。在空间密度上,翡绿小学课堂空间密度明显大于森瑞学校,这也意味着翡绿小学学生每人所占有的空间资源和活动范围更小。

(二) 中加学校课堂空间中的儿童形象比较

1. 教学区的“向日葵”与地毯上的“哲学家”

在物理空间层面,翡绿小学与森瑞学校的区别之一就是讲台的设置。翡绿小学的讲台设于教室中轴线上,教师在讲台上能够清楚地看到台下学生的一举一动,而森瑞学校却没有讲台。国内的一些学者认为,讲台是教师的专属阵地,讲台因教师权威的吸引而成为课堂空间的中心。[①] 那么,在没有讲台的森瑞学校课堂中,课堂中心又在哪里? 即使在翡绿小学,讲台就真的是课堂中心吗?

视频片段 1: 翡绿小学课堂教学

上课铃一响,学生便放下语文书,齐刷刷地看向讲台上的 S 老师,……S 老师从讲台边踱步到教室右通道(图中通道①)前排的位置,面向教室后排的学生提问。教室右前排(通道①)的学生都侧着头看向身边的 S 教师,而教室左(图中通道②)前排的学生并未回头。组 3 的一名男生举了手,S 老师请他发言,并退回讲台边,全体学生的目光都向 S 老师汇聚过来。男生回答完问题后,S 老师点头示意他坐下,并走到中间两组的狭窄通道中,面向后排的学生提问:“还有吗?”除组 4 前两排靠窗的学生外,其余学生的目光都汇聚在教师身上。

在这一教学场景中,翡绿小学教师在教学区的空间位置发生过两次变化,学生的目光和身体转向也随之发生变化。当教师在讲台上时,全体学生

---

① 潘跃玲.教室空间构造的现象学研究[D].宁波:宁波大学,2013:32.

的目光都汇聚于教师一人;当教师离开讲台时,只有那些直接面对教师,或离教师较近的学生会将目光保持在教师身上。但就总体而言,教师所在的位置即是课堂空间的中心,学生如同向日葵一样,始终面朝着教师。据此,真正的课堂空间中心是处于权威地位的教师而非讲台。符号互动论认为,"对于学生而言除去教师的言语行为不谈,单单教师本身作为一个符号就被赋予了与一般成人不同的意义"。[①] 可以认为,正是教师这一象征着知识和权威的符号,使其在与学生的互动中获得了中心地位,而讲台则以其特殊的位置增强了教师中心地位。此外,学生也是一种符号,在儿童与"学生身份"互动时,儿童对自身作为求知者和被管理者形象的认可,是帮助教师建立和稳固其中心地位的必要条件。在此,我们也能够看到福柯所描述的空间规训技术,教师不断变换自己的位置,带动课堂空间的不断重构,将学生置于持续的、有节奏感的权力支配和控制之下,高质量的肉体自始至终被投入其中。由此,我们可将这些"向日葵"式的学生所表征的形象理解为"被规训的知识学习者"。

同样的提问环节,在没有讲台的森瑞学校课堂上则是另一幅场景。

视频片段 2: 森瑞学校课堂教学

H 老师坐在地毯活动区近白板①一侧的一个 60 cm 高的矮凳上,身边是一块画架式黑板。学生陆续回到教室,自觉地走入地毯活动区,围坐在 H 老师身边,有的盘膝,有的跪坐,坐姿各式各样。待学生都坐下后,H 老师面向着大家,翻开一页画架上的纸,这时,孩子们似乎明白老师要上课了,都安静了下来。

H 老师小心翼翼地拿出一枚保存完好的蝴蝶茧,神情认真地说:"这个蝴蝶茧非常脆弱,如果大家能保证做到小心仔细的话,我愿意让每个人都能拿在手里观赏一会儿。"孩子们热切地看着 H 老师和她手中的蝴蝶茧,点了点头。

H 老师轻轻地将蝴蝶茧递给离自己最近的 Ariel,Ariel 忙伸出两只手,小心地接过蝴蝶茧,边观察边自言自语道:"蝴蝶那么大,它

---

① 张玉婷.师生互动:基于符号互动论的分析与改进[J].江苏教育研究,2009(07).

是怎么把自己装进去的?”

H老师听到Ariel的问题非常高兴,“是啊,蝴蝶那么大,这真是一个好问题,我要把它写下来”。说完,H老师起身用彩色马克笔在画架上写下了Ariel的问题,并将Ariel的名字写在了问题后面。

这一教学场景发生在地毯活动区,学生们在保证自己和他人能够正常活动的情况下,以自己最舒适的姿势坐在地毯上。儿童“闲适的身体”在地毯活动区中构建出了一个“闲暇”的课堂空间。此时,每个孩子都是他自己的中心。当H老师开始教学活动时,所有人的注意力都集中在了教师和蝴蝶茧上,儿童与教师的互动构建了求知空间,课堂由多中心的状态变为单一中心。而在教师将蝴蝶茧传递给学生后,拿到蝴蝶茧的学生沉浸在自己和蝴蝶茧的世界中,又希望能够向教师提出问题,此时的学生既是他自己的课堂中心,又以教师为中心,课堂回到多中心的状态。森瑞学校课堂空间中的儿童宛若一个个“哲学家”,不断提出问题,追问事物的意义,这种“哲学家”式的形象表征可以理解为“自由的求知者”。

比较来看,两校学生都积极参与课堂提问环节的互动,呈现出求知者的形象。不同的是,翡绿小学的课堂提问环节以教师问,学生答为主,教师在大部分时间是唯一的课堂中心,学生始终处于教师的权力规训之中;而森瑞学校的提问环节以学生提问为主,课堂中心呈现出灵活多样的特点,学生在课堂中也更为自由。

2. 反抗的“蜗居者”与自由的“探奇者”

两校课堂空间的另一个区别是座位。在中国翡绿小学的40分钟课堂教学中,学生无时无刻不是待在座位上的。座位是他们在课堂空间中唯一可依附的物质环境,也是他们生产和再生产新的空间的依托。朱光明曾将座位比作中国学生在学校“流动的家”,不同座位有着不同的体验,构成不同的群体,是学生自我认同体验以及体验同学关系和师生关系的生活场域。他感慨道:“这小小的地盘是他们在校生活中真正属于自己的空间。”[①]对于加拿大森瑞

① 朱光明.座位的潜课程意义——中小学生座位体验研究[J].教育学报,2006,2(6).

学校的学生来说,他们并没有专属的座位,60分钟的上课时间里只有当他们需要用到课桌椅时,才会根据老师的分组进入探究活动区。如果说翡绿小学学生的“家”是座位,那么森瑞学校学生在学校的“家”则是整个课堂空间。然而,对于翡绿小学学生来说,座位真的是属于他们自己的空间吗?

在翡绿小学视频中有一组典型镜头:课桌紧紧地挨着,学生双手交叠放在课桌上,腰板挺直,胸离课桌一拳的距离,等着老师发出上课指令。学生在座位上的身体表现出强烈的规范性和细节性。从福柯的观点来看,这些课堂常规所表达的是教师对学生身体细致的权力规定,学生的身体是“被权威操纵的肉体”。[①] 翡绿小学课堂中的课桌椅与身体之间的空间关系为我们呈现了学生在物质和社会性层面都处于教师权力控制中的“蜗居者”形象。但是,为什么在倡导儿童自由和主体性价值的今天,中国学校仍然选择了这样的空间关系呢?翡绿小学是如何理解自己行动选择的意图的呢?几位翡绿小学老师在访谈中一致认为常规做得好的学生在今后的学习中能够更自律,更能静下心来学习。但他们也赞同常规做得好的班级上课时的思维并不活跃,而相比于课堂常规的养成,他们更愿意培养孩子的思维能力。可以看到,翡绿小学老师在面临行动抉择时是处于矛盾中的,他们一方面强调对儿童主动思考和自我管理能力的培养,认为过于严格的常规执行不利于学生的发展,但另一方面他们又认为班级常规对学生的约束能够更好地帮助学生养成自律的习惯。

此外,正如福柯在《性史》中指出的,哪里有权力哪里就有反抗。学生往往如同斯科特(J.C. Scott)笔下的塞达卡农民——“不断地试图抓住每一个小的优势并使之坚持到底,试探现存关系的辩解,准确地把握如何能够越界而逃避惩罚”,[②]他们的反抗是有策略性的,是隐匿的。当学生发现自己不在教师视线内时,他们往往会潜入“后台”获得短暂的休息,尽管空间狭小,“隐匿的反抗”却时时发生着。

---

① [法]福柯.规训与惩罚[M].刘北成,杨远婴,译.北京:生活·读书·新知三联书店,2012:175.

② [美]斯科特.弱者的武器[M].郑广怀,张敏,何江穗,译.南京:译林出版社,2007:310.

视频片段 3：翡绿小学课堂教学

M 老师请同学们在草稿本上列下算式。在学生低头完成学习任务时，M 老师转身面向黑板，开始写板书。这时，左前排的两名男生停下了手中的笔，似乎发现了什么有趣的东西，两人相视一笑。……M 老师请后排的一名女生回答问题，在包括老师在内的大部分人的视线都聚焦在后排女生时，左中排的一名女生将手肘放到了她同桌（男生）的手肘上。老师听完后排女生的答案又转身开始写板书，左中排的那名男生抽出了自己的手肘，同桌两人开始用手肘争抢课桌，直到老师转过身来才停止。

片段 3 中，背过身去的老师失去了对学生的"监视"，教师权力实践的"盲区"即学生的"安全区"。学生的顽皮窃笑，正是他们从教师手中夺回权力的表现，他们在消解严肃的教学空间的同时，建构起了属于自己和同伴的娱乐空间，在机械化的生活中偶尔激起的一点涟漪，数秒过后，生活又照常进行。

可以看到，以座位为"家"的翡绿小学学生呈现出了反抗的"蜗居者"形象，那么，以整个课堂空间为"家"的森瑞学校儿童又是如何？

观察片段 4：森瑞学校课堂教学

学生依组次向 H 老师领取了 Ipad 后，离开地毯活动区，四散在教室中寻找教师藏好的任务图片。Atic 组走到门口，高举着 Ipad 扫描门两侧的图片。这时，Leon 组率先在学习资源区的橱柜缝隙间找到了图片，Leon 组成员喊着："在这里，在这里。"Winston 组找遍了地毯活动区和靠窗的学习资源区都没有找到。这时，其他组都陆续地完成了任务。

在片段 4 中，教师为学生设计了"寻宝活动"，要求学生找到藏在教室里的任务图片，通过 Ipad 扫描获取图片信息后进行后续的活动。在这一环节中，学生们以合作的形式，或一齐寻找，或分头搜寻，如同一个个"探奇者"带着自己的寻宝工具——Ipad，在教室的各个角落进行知识的探奇。学生的探奇活动,占据了整个教室空间,在与同伴和物质环境的互动中实现了空间的再生产,将原先的地毯活动区、探究活动区和学习资源区统整成了一个探奇的空间,儿童的活动在生产探奇空间的同时,也在塑造着自己的形象——自由而又好奇的“探险者”。

比较来看,不论是在物理空间还是社会性空间层面上,翡绿小学学生对课堂空间都享有更少的权力,但他们与森瑞学校学生一样在课堂空间中主动建构着新的空间,进行着新的自我形塑。

3. 听觉空间中的“失语者”与纸箱里的“思考者”

不论是课堂空间中的课堂中心,还是学生在学校的“家”,这些问题背后所指向的其实是学生个人的空间。在课堂中,学生个人的空间与课堂空间是重叠与交错的关系,一个能够培育学生主动思考能力的课堂空间一定要给予学生必要的个人空间,以利于学生在其中开展具有自主性的研究。那么,在两所学校的课堂中,学生的个人空间呈现出什么样的特征呢?

视频片段 5:翡绿小学课堂中的学生自主空间

数学课开始。M老师请学生根据PPT上的三条已知信息提出用加法计算的数学问题。M老师话音刚落,前中排就有三名学生举起了手,老师请中排的一名男生分享了他的问题。……M老师请学生思考算式呈现的计算法则,课堂一下子安静了下来,学生或低头翻书,或凝视黑板上的算式,片刻后,最后排的一名女生举起了手。

女生:“呃……就是数字的位置不同,但它们的得数相同。”

M老师边写板书边说:“嗯,她说得不错,两个数的位置不同但得数相同,那我们是不是可以在‘a+b’和‘b+a’中间画上等号呢?”

学生异口同声:“可以!”

片段5所呈现的是课堂导入环节的思考活动,教师在其他环节也会根据教学需要组织相应的活动。翡绿小学教师的课堂教学是由大量逻辑连贯,但内容彼此独立的教学任务构成的,这意味着学生要在课堂中不断地根据教师教学任务的变化来建构思考空间。如此,思考活动被零散地分配在课堂教学活动中，在内容和时间分配上呈现出快节奏和碎片化的特征。据统计，在翡绿小学45分钟的课堂教学中，思考活动占了1/3左右的时间，但单次思考活动长则1分钟，短则不过数秒。我们发现，不是每个学生都能够在那么短的时间内想出问题的答案。此外，也不是每个学生都有机会展示自己的思考成果，教师常常通过请个别学生分享，或集体作答，或教师替代作答的方式来公布答案，由此，教师的声音、个别学生的声音和集体的声音取代了个体的声音。个人的思考空间被消解在他人的声音之中。翡绿小学课堂空间从总体上来说是一种听觉空间，个体的声音被淹没于教师、集体和他人的声音当中，成为听觉空间中的"失语者"。

视频片段6：森瑞学校课堂中的学生自主空间

课堂上，学生正以小组形式全神贯注地进行活动。这时，一个男孩忽然带着Ipad起身，走到学习资源区拿起一个斜靠在橱柜上的瓦楞纸板，走到远离同学的一个墙角坐下，用瓦楞纸板把自己围在里面。研究者上前询问男生进入纸箱的原因。男生回答说："我在这里思考。"接着，男孩在箱内举着Ipad向研究者演示如何一边操作故事创作应用中的人物，一边口头创作故事情节。

课后，课题组对K老师进行了访谈。K老师谈及自己设置思考箱的初衷就是为了给孩子们一个独立的私人空间来进行思考。研究者发现，在上课过程中，需要创作故事的学生都曾自觉进入过思考箱进行独立活动，这说明思考箱已经成为学生日常课堂生活中的一部分。思考箱是教师为学生设置的私密空间，当学生的身体进入思考箱时，思考箱作为一个私密空间被建构完成。范梅南(Van Manen)曾论述过秘密场所对于人的价值："人们在这里体验了秘密，体验了自我。在这里，人们的内心世界和外部世界融为一体，这是一个独特的私人空间。"①不难看出，思考箱对儿童也发挥了这样的作用：思考箱在课堂空间内与其他形式的空间相互叠加、相互共存的同时为儿童营

① 范梅南.儿童的秘密——秘密、隐私和自我的重新认识[M].北京：教育科学出版社，2004：27.

造了独立而私密的空间。

比较发现,虽然中加两国的学校课堂空间中都有学生的个人空间,但在表现形式和教师对个人空间的态度上是不同的。就表现形式而言,翡绿小学并没有独立的个人空间设置,在时间比上也小于森瑞学校,且这些时间碎片化地分布在课堂教学过程之中。而森瑞学校学生拥有特殊的个人空间设置,且在时间上更具有连贯性。就教师对个人空间的态度而言,根据对教师的访谈,两校教师都重视培养学生的独立思考能力。但在实际教学中,翡绿小学学生只有在教师“授权”可以进行思考时,他们才获得了构建个人思考空间的许可。而且,翡绿小学学生在展示思考成果的机会上是不均等的。而森瑞学校的情况则不同,森瑞学校老师在提问环节中几乎会请所有的学生分享自己的看法,还会将学生的名字写在他们所提的问题后面,并在最后小组展示环节中请每个小组都上台展示,充分尊重了儿童的思考成果,尊重了每一个人的声音。

五、讨　论

以上以课堂空间与人的生存关系为视角,描述、分析和比较了中加两国课堂空间所蕴含的教学区的“向日葵”与地毯上的“哲学家”、反抗的“蜗居者”与自由的“探奇者”、听觉空间中的“失语者”与纸箱里的“思考者”这三组儿童形象,及其与课堂空间之间的关系。但正如课堂空间及儿童形象本身所蕴含的文化性和历史性所要求的,我们需要进一步讨论历史文化和社会发展现状对课堂空间和儿童形象的影响。

从社会发展进程看,19 世纪后半叶,大工业时代下的中国社会对初级文化工人的大量需求与班级授课制相结合使得工厂制式的教室空间成为主流。这种教室空间在物理环境上呈现出标准化的秧田式布局,在社会空间层面则主要表现为空间主体交往过程中的单一中心、封闭性与强制性的特征,同时,座位布局体现了教师中心的理念。而同一时期的西方社会却因工业革命和信息技术革命的发展,逐步走向教室空间现代化,教育技术信息化,以及课堂社会性空间多中心化。我国课堂空间现代化、信息化、多样化的进程始于 20 世纪末,目前依旧处于过渡阶段。

从社会发展现状看，安徽省由于靠近东部地区，教育硬件水平相比中西部其他地区是较为领先的，但与东部一些地区相比依然存在差距。同时，学龄期人口数量众多的问题依旧存在。在此背景下，既能容纳尽可能多的学生，又能有效开展教学和管理的现代性课堂空间标准化的秧田式布局依旧是包括安徽省在内的大部分地区学校的不二之选。

不过，安徽省课堂空间并非完全是社会发展现状的产物，其中还包括传统教育文化的因素。被规训的儿童之所以产生，一方面是由于现代知识型课堂空间对儿童物理和社会性空间的双重挤压，另一方面是由于师道尊严的传统教育文化所带来的外部权威压迫，及从古代士志于道到近代知识改变命运的思想对内心关于知识学习的道德化、义务化和功利化。可见，现代型课堂空间是符合我国现阶段的基本国情的。但是，具有现实合理性不等于不要课堂空间变革，处于转型期的社会也要求重新审视单方面追求知识传授，忽视人的全面发展的教育。近年来不少学者已有重构课堂物理环境的研究，我们认为，课堂空间变革不仅在于物理环境的重构，更重要的是变革课堂中的主体互动形式，也就是变革课堂教学，这需要我们树立新的课堂教学观。叶澜教授在《让课堂焕发出生命活力》一文中从生命的层次来重新认识课堂教学，将课堂教学视为师生人生中的重要生命经历，关注学生生命的整体发展，强调在课堂教学过程中发挥师生生命活力。[①] 可见，只有生命发展取向的课堂教学观进入课堂空间，才能在学生立场，关怀生命的多主体互动中，实现课堂空间从传统的“知识工厂”“学习空间”到焕发生命活力的“成长空间”和“生命场”的转变，带动儿童在校生活的整体改善。

最后，需要说明的是，我们的研究无意于评判两国课堂空间或是儿童形象的优劣。从教育的外延来看，教育是社会的子系统，而教育的空间作为一种社会空间，必然带有社会结构和社会文化的烙印，中加两国学校生活中的儿童形象自有其基于历史和现实的合理性。我们需要做的是在课堂空间、社会结构和文化及儿童形象三者的关系中，进一步探讨研究中所呈现的我国儿童形象的合理性，并反思其中存在的问题。

---

① 叶澜.让课堂焕发出生命活力——论中小学教学改革的深化[J].教育研究，1997(9).

图书在版编目(CIP)数据

“生命·实践”教育学研究. 第二辑，校园四季系列活动设计 / 华东师范大学“生命·实践”教育学研究院编. —上海：上海教育出版社，2018.7
ISBN 978-7-5444-8400-8

Ⅰ. ①生… Ⅱ. ①华… Ⅲ. ①生命哲学—教学研究—高等学校 Ⅳ. ①B083

中国版本图书馆 CIP 数据核字(2018)第 099646 号

责任编辑 董 洪 谢冬华
封面设计 王 捷
封面照片 张艳琼 尚琳琳 贺湘恒等

“生命·实践”教育学研究
——校园四季系列活动设计
华东师范大学“生命·实践”教育学研究院 编

出版发行 上海教育出版社有限公司
官 网 www.seph.com.cn
地 址 上海永福路 123 号
邮 编 200031
印 刷 上海昌鑫龙印务有限公司
开 本 700×1000 1/16 印张 21.75
字 数 323 千字
版 次 2018 年 7 月第 1 版
印 次 2018 年 7 月第 1 次印刷
书 号 ISBN 978-7-5444-8400-8/G·6958
定 价 49.80 元

如发现质量问题，读者可向本社调换 电话：021-64377165